唐代の禅僧 11

田中良昭・椎名宏雄・石井修道 監修

雲門

立て前と本音のはざまに生きる

永井政之 著

臨川書店

はじめに

中国に仏教が伝わっておよそ五〇〇年、隋の一時代前、南北朝の時に広州に渡来した菩提達磨《ぼだいだるま》によって、初めて禅の教えが伝えられたという。

中国禅宗初祖として達磨を位置づける営みは、それ自体が中国禅宗の発展過程にほかならないとは、先達の成果に明らかである。かくして途上で付加されたさまざまなエピソード――つまり現代の我々が常識的に知るそれが後代の創作であることは言うをまたない。

それでも歴史の中で実在したダルマ（菩提達摩）が北魏の都洛陽で異彩を放っていたことは、『洛陽《らくよう》伽藍記《がらんき》』にその名を留めえたという一事をもってしても窺い知れる。いかに渡来僧であっても、平々凡々な人物であったら『洛陽伽藍記』の著者である楊衒之の注意を引くことはなかったであろう。そしてその特異な部分に後世の禅宗の人々が標榜するような「実践性」を推測することはさほど困難なことではない。

よく知られるように『洛陽伽藍記』巻二は、間違って地獄へ連れて行かれたものの、間違いであることが分かり、生還しえた崇真寺の慧凝《えぎょう》にかかわるエピソードを収録する。慧凝は閻魔大王の前で査問を受ける。五人の僧が一緒であった。閻魔大王の判決が下される。生前坐禅に励み苦行をおさめた宝明寺の智聖《ちしょう》は極楽へ行き、『涅槃経』を誦した般若寺の道品《どうぼん》も極楽へ行った。二人は極楽行きだったが、弟子が千人もいて『涅槃経』や『華厳経』の講釈が得意だった融覚寺の曇謨最《どんもさい》（曇無最《どんむさい》）は

「経の講釈には彼我対立の心がある」として地獄行きの判決。施主を教化し一切経と金の仏像一〇体を作った禅林寺の道弘には「貪りの所行」であると、やはり地獄行きの判決。出家前は役人で、霊覚寺の建立に努めた宝真にたいしても「役人時代の悪行」を理由に地獄行きの判決。いずれも実在の人物で、これを伝え聞いた洛陽の僧侶たちは「みな坐禅誦経に励むようになり、講釈を問題にしなくなった」という（大正蔵五一‐一〇〇五b）。洛陽の仏教界の盛んなる様を記す『洛陽伽藍記』に、このような話が記録されるのは皮肉なことだが、そのような仏教界であったからこそ実践をその仏法の中心に据えたダルマの存在がクローズ・アップされることとなる。今に残る「二入《ににゆう》四行《しぎよう》」の教えは、ダルマの唯一の親説とされるものだが、そこでは理論と実践の相即が説かれる。

このようなダルマが毒殺されたとは後世の資料が伝えることだが、それは経典の翻訳や解釈、さらに伽藍の造営や権力者との結びつきは「仏教」の本質ではないという禅の立場が、五〇〇年来の中国仏教と軋轢を生じたということを象徴したものであった。

ともかくその教えを嗣いだと主張する人々がダルマの教えやその立場を顕彰し、さらには中国仏教界を席捲するまでに約二〇〇年、本シリーズでもすでに刊行されている六祖慧能とその派下の人々の活躍が、晩唐における中国禅宗のもっともビビッドな時代を出現させる。先達はそれを「純禅の時代」と呼ぶ。いまさらではあるが、ダルマ以後の禅の流れを法系（教えの系図）で見ると次のようになる。

菩提達磨―二祖慧可―三祖僧璨―四祖道信―五祖弘忍―六祖慧能
六祖慧能―南岳懐譲―馬祖道一―百丈懐海―黄檗希運―臨済義玄
百丈懐海―潙山霊祐―仰山慧寂
六祖慧能―青原行思―石頭希遷―薬山惟儼―雲巌曇晟―洞山良价―雲居道膺
洞山良价―曹山本寂
石頭希遷―天皇道悟―龍潭崇信―徳山宣鑑―雪峰義存―雲門文偃
雪峰義存―玄沙師備―羅漢桂琛―法眼文益

もっともこの法系図とても、実は五家を中心とする極めて便宜的なもので、実際の禅者の活躍がこの図にとどまらぬことは、かの「一七〇〇則の公案」（この数字は『景徳伝灯録』が収録する禅者の数。個個の人の生き方が公案であるの意）の言葉によっても明らかである。考えてみれば、一口に「五家」と言っても、この言葉を知っている人は中国禅宗にそれなりの関心を持っている人であることは言うをまたない。日本にまで伝わる曹洞宗や臨済宗ならともかく、ほかの三つは何かと言うことになるし、今に伝わらない宗派など、研究することにどのような意味があるのかと、逆に問われそうである。

そもそも「五家」の考え方とその呼称については、五代に生きた法眼文益《ほうげんもんえき》（八八五―九五八）の

『宗門十規論《しゅうもんじっきろん》』が、次のように言うのが初出とされる。

曹洞は則ち敲唱《こうしょう》を用《ゆう》と為し、臨済は則ち互換を機と為し、韶陽《しょうよう》は則ち函蓋截流《かんがいせつる》し、潙仰《いぎょう》は則ち方円黙契す。谷の韻に応ずるが如く、関の符に合するに似たり。規儀に差別《しゃべつ》ありと雖も、且く融会を礙《さまた》ぐるなし。（続蔵、四四〇a）

洞山良价《とうざんりょうかい》と曹山本寂《そうざんほんじゃく》師資（曹洞宗）の宗風は敲《たた》いた途端に応ずる働き、臨済義玄（臨済宗）の宗風は相互に呼び合う働き、韶陽は函《はこ》と蓋《ふた》との関係、流れを截るするどさ、潙山《いさん》霊祐と仰山《きょうさん》慧寂の師資（潙仰宗）の宗風は則ち方（四角）と円とが暗黙のうちにピッタリするところに特徴がある。どの宗派においても師と弟子の関係は、谷が響きに応じてこだまとなるように、あるいは関所の手形のようにピッタリしている。それぞれの宗派のやり口には違いがあるが、たがいに融和するのを妨げるものではない。

ここに法眼自身を加えて「五家」とし、さらに北宋代になって中国の禅界を代表する臨済宗を、黄龍派と楊岐派の二派に分けて「七宗」とするのである。言わんとするところは、それぞれの特徴を持った各派ではあるが、それはやり口の違いで目的は一つであるという部分であって、むしろ法眼はダルマ以来の禅宗の分派については否定的である。

祖師の西来するは、法の伝うべき有りて、以て此《こ》こに至るを為すに非ず。但だ直指人心《じきしにんしん》、見性成仏《けんしょうじょうぶつ》のみなれば、豈《あ》に門風の尚ぶべき有らんや。然るに後代の宗師の建化は殊《こと》なり有るも遂に相い沿革《えんかく》す。且らく能秀（慧能・神秀）の二師の如きは、元と同一の祖なるも、見解差別す。故に世に之を南宗、北宗と謂《い》う。能は既に往けり。故に思（行思）と譲（懐譲）の二師有りて化を紹《つ》ぐ。思は遷師（希遷）を出し、譲は馬祖を出す。復た江西、石頭の号有り。二枝の下より各おの派を分かつ。列して皆な一方を鎮む。源流の濫觴《はじまり》は殫《ほと》んど紀《しる》すべからず。其の徳山、林際（臨済）、潙仰、雪峰、雲門等に逮《およ》べば、各おの門庭の施設、高下の品提有り。相い継ぐに至りては、子孫は宗を護り祖を党として真際を原《たず》ねず、竟《つい》に多岐を出し、矛盾相い攻め、緇白弁ずるなし。嗚呼、知らずや、大道は無方にして、法流は同味なることを、云々。（続蔵、四三九c）

先に図示したところを文章化したものとお考えいただければよいが、要はダルマがやって来て伝えたのは「直指人心、見性成仏」の教えで門風（宗派）の立ちようがないのに、後代になると分派が起こり、それぞれの分派が、真際（本質）を忘れて派閥争いのようになって、本質を見失っていると批判するのである。

近代の宗師は拠《よるべ》を失い、学者は稽《まな》ぶなし。人我を用《も》って、以て鋒を争い、生滅を取りて所得と為す。接物《せつもつ》の心に安んぞ破邪の智在らんや。聞くを蔑んで、棒喝、乱りに施して、自ら云く、曾て徳嶠《きょう》、臨済に参ずと。円相、互いに出して惟だ言う、深く潙山、仰山に達すと。対答は既に綱宗を弁ぜず、作用は又た焉《いずく》んぞ要眼を知らんや。群小を誑謼《たぶらか》し、聖賢を欺き昧す。誠に笑いを傍観に取り、兼ねて尤《とがめ》を現報に招く、云々。（続蔵、四四〇a）

あらまし「近頃の禅僧どもは、依って立つ本質を見失い、修行者は学びを疎かにしている。我見を丸出しにして相争い、妄心を得て本物を得たとしている。このようでは衆生教化のための智慧などがあろうか。正しい教えを聞くことを軽蔑し、棒喝をもてあそんで、自分は徳山（徳嶠）や臨済に学んだとうそぶく。互いに円相を出して潙山、仰山の奥義に達したと言う。応答に真髄はなく、はたらきに肝心なものはない。衆生を瞞《だま》し、聖賢を瞞している。人々の笑いを招き、現世に罪をうけるほどだ」となろう。

法眼が現状を憂うる気持ちは我々の予想を超えている。そのような分派のことも含めて、それぞれの宗派の確立にかかわった禅僧については、本シリーズの各冊で詳しく論じられるであろう。

いったい雲門宗にしても、派祖雲門文偃《ぶんえん》についても、これを知る人は必ずしも多くはないであろう。しかしたとえば「日々是好日《にちにちこれこうにち》」という茶掛けの言葉はどうか。ある政治家はこの言葉を好んで揮毫したという。あるいは現代においても禅僧が法要や葬儀に際して「法語」などを述べるときに大きな声を出す一字関《いちじかん》はどうか。前者が雲門その人の言葉であり、後者もまた修行者を接化する際の雲門の短言寸句の影響下にあるということになると、雲門の存在が我々の身近なものになりはしないか。

さらに『碧巌録《へきがんろく》』の存在も見逃すことはできないであろう。雲門宗に属する雪竇重顕《せっちょうじゅうけん》が、先人の残したエピソード一〇〇則に頌（漢文の歌をもって禅の奥義を表現したもの）を付して成立せしめたものが『雪竇頌古《せっちょうじゅこ》』であること、そしてその『碧巌録』に臨済宗の圜悟克勤《えんごこくごん》（一〇六三—一一三五）が提唱（禅的な解釈）したものが『碧巌録』である。

『碧巌録』は中国日本の禅宗に大きな影響を与えた。わが道元禅師が帰国に当たり、白山妙理大権現の助力を得て、一晩のうちに書写したといういわゆる『一夜碧巌』にはじまり、中世から江戸時代

雲門文偃 頂相（駒澤大学図書館所蔵『仏祖正宗道影』より）

にかけてはしばしば提唱され、数多くの「抄物《しょうもの》」や注釈書が成立している。人々の関心の強さは「宗門第一書」の名に恥じない。この『碧巌録』一〇〇則の内の一八則に雲門の名前が出ることからしても、雲門が往時の禅宗界に与えた影響の大きさが推察できよう。

ところで先の『宗門十規論』に関して確認しておくなら、「韶陽」は広東省韶州の地を指すとともに、韶州雲門山で開法した文偃その人を指すことが知られている。そして「函蓋」も「截流」も、のちに雲門三句と呼ばれる函蓋乾坤《かんがいけんこん》、截断衆流《せつだんしゅうる》、随波逐浪《ずいはちくろう》を承けたものであり、ある時期、これらが雲門の宗風を表すものと認識されていたことも、『宗門十規論』の記述によって知りうる。記したように「函蓋」は箱と蓋がぴったり合うように、弟子の機根にぴったりあった接化が行われることを言う。もっと広く考えるなら、現実と仏性が不即不離の関係にあることを、雲門が強く主張したことを指しているかもしれない。

「截流」は截断衆流の略、有無をいわさず衆生の煩悩を断ち切るの語感がある。つまりさほどの厳しい接化がなされるの意となろう。仏性現前の世界を強く主張し、仏性界に生きていることを強調するが故に、煩悩を断ずるための接化は厳しくならざるをえない、そこに雲門禅の特徴があるとされたことになる。

「随波逐浪」は「計らいなしで、あるがままに生きていく」という意味とされる（『禅語辞典』二四〇頁）。そこでは個々人が我欲を捨てて生きることになる。ただしそれは安易に時流に妥協する主体性のなさにも通じよう。また相手の機根に応じての自在な接化を指しているともとれる。いずれにせよ随波逐浪の生き方が許されるためには自己の確立を必須条件とせざるをえない。それは雲門とて例外であろうはずもない。「随波逐浪」は他人事ではないのである。

後に述べるように北宋代に大きく展開する雲門宗の人々の中には、禅浄一致の人あり、三教一致の人あり、国家権力と結んだ人ありで、北宋代の中国禅宗の思想的な展開を考える上で重要な各分野において、その人材を欠くことがない。そしてそれらさまざまな特徴の萌芽を、派祖雲門その人に見出すことはさほど難しいことではない。雲門の生きた時代は政治的な区分からすれば、一応、唐代の範疇におさめざるをえないのだが、述べたような雲門宗の人々の動向を踏まえたとき、逆に雲門その人を「唐代の禅僧」という言葉が含意する「純禅の人」というイメージだけでくることはできない。それは『碧巌録』はもちろん、『人天眼目《にんでんがんもく》』や『五家《ごけ》正宗賛《しょうしゅうさん》』など後代の公案書がするように、雲門の禅を余人の追随を許さぬ険峻さをもっていたと位置づけるだけでよいのかという意味でもある。

考えてみれば、北宋代、公案禅隆盛の流れの中で、いやまして評価される雲門の禅は、ある期待を担わされた結果と見ることも可能である。公案集に顔を出す雲門は、本人の意図とは別に「理想の禅者群」の一翼を担ったように思われる。「理想」のために「現実」は排除され、純化のうえに純化を重ねたものだけが「公案」として生き残る。

しかし歴史の中で生きた雲門は、ほかの禅僧と同じように常に現実と自己をつきあわせつつ、「理想」の世界を自らの生き様の中に体現しようとしたはずである。雲門の場合の「現実」は、一つは達磨以来の禅をどのように継承するかということであり、いま一つは五代における一方の雄、南漢朝とどう対応するかであった。第一の点をめぐっては何を今さらと思われる向きもあるやもしれないが、雲門の嗣承を考えれば大きな問題を含むように思う。また第二の点をめぐっても、広く見るなら政治と宗教の関係ということであるが、とりあえず問題となるのは、いったい南漢朝の人々が雲門の禅を十全に理解していたのであろうかということになる。また長い行脚の結果、「獦獠《かつりょう》」が住む嶺南に教線を展開することが雲門の本旨であったかどうか。そしてそれらさまざまな紆余曲折を乗り越えて雲門がどう生きていったのか、興味は深々として尽きぬものがある。

以下、いささか想像をたくましくしつつ雲門の人物像やその思想を考えてみたい。

目　次

第一章　雲門文偃の伝記

第一節　雲門の伝記資料

灯史の雲門伝

雲門宗の祖となった雲門文偃《うんもんぶんえん》（八六四―九四九）は、法系図において示したように、

六祖慧能―青原行思―石頭希遷―天皇道悟―龍潭崇信―徳山宣鑑―雪峰義存―雲門

と次第する。

賛寧による『宋高僧伝』（九八八年成立）が雲門を無視するのは、唐朝や宋に敵対した南漢の絶大な保護を受けたことや、北宋における雲門宗の隆盛への反発があったものと推定されるが、それ以外の禅宗の灯史は雲門についてそれなりの注意を払う。すなわち九五二年成立の『祖堂集』巻一一、一〇〇四年成立の『景徳伝灯録』（以下『伝灯録』）巻一九、一〇六一年成立の『伝法正宗記』巻八、一一二三年成立の『禅林僧宝伝』巻二、一二五二年成立の『五灯会元』巻一五、宝洲覚岸（一二八六―?）による『釈氏稽古略』巻三、さらに『碧巌録』第六則等で、かなり詳しく立伝言及されるから、その生涯はそれなりに明確のようである。しかしよくよく検討してみると、資料の述べるところには相互に微妙なずれのあることが窺える。史実としてどこまで信用してよいのかと思われるものもある。それらの一々には必要以上に触れないが、そもそも禅者たちの言葉・思想の記録に重きを置く「灯史」に、「史実」を期待すること自体が、灯史固有の性格を誤って理解したことにほかならないことに気がつく。

したがって今日的な方法論にもとづいて雲門の伝記を解明するためには、少なくとも灯史以上に史実を伝えようとする、以下の碑文等を中心にすることが、一応、妥当であると思われる。

一、最古の資料「雲門山光泰禅院匡真大師行録」

雲門の伝歴について記す資料で最も古いものは、雲門の葬儀が営まれた、南漢乾和七年（九四九）の四月二五日——雲門が亡くなったのは同年四月一〇日——に、集賢殿学士の雷岳が撰文した「雲門山光泰禅院匡真大師行録《あんろく》」（以下「行録」）である。

この「行録」は、現在、『大正新脩大蔵経』（以下、『大正大蔵経』あるいは大正蔵と略す）四七巻所収の『雲門匡真禅師広録』（以下『広録』）に収録される。この類の資料の常として潤色のあることを否定できないが、その成立時期をはじめとした諸条件、また集賢殿学士、もしくは御書院給事郎なる役職に任ぜられるほどの、撰者雷岳の立場を考えると——それが南漢という地方政権の官僚であったにしても——「行録」の資料としての価値は十分にあると思われる。

まずその全文の訓読と現代語訳を掲げておこう。

雲門山光泰禅院匡真大師行録

集賢殿　雷岳　撰

師、諱は文偃、姓は張氏なり。世《よ》よ蘇州嘉興の人にて、寔《こ》れ晋王冏《けい》の東曹参軍翰の十三代の孫なり。師、夙《つと》に霊姿を負い、物《もつ》の為に世に応ず。故に纔か髫齓《ちょうしん》より志は尚《たか》く、己を率《まも》りて俗を厭う。遂に空王寺の志澄律師に依りて出家し弟子と為《な》る。其の敏質の生知、慧辯の天縦なるを以て、凡そ諸典を誦するに再閲を煩わすことなし。澄、深く之を器美とす。長ずるに及びて落髪《らくさい》し、具を毘陵の壇に於いて稟《う》く。後、還た澄の左右に講に侍すこと数年、四分の旨を賾窮《きわ》む。既に毘尼は厳浄、悟器は淵《ふか》きより発《おこ》る。乃ち澄を辞して睦州《ぼくしゅう》の道蹤《どうしょう》禅師に謁す。蹤は黄檗の裔《すえ》なり。道を知るも世と偶《あ》わず、己を引いて自ら処《お》り、潜かに古伽藍に居す。世に揖《ゆず》りて高踏たりと雖も、世の慕う所となる。凡そ来る者に応接するに、機辯は峭捷《きびし》く佇思も容《ゆる》すことなし。師、初めて往参するに、三たび其の戸を扣く。蹤、纔かに関を啓けば、師、入らんと擬す。蹤、之を托《お》して云く、秦時《しんじ》の轆轢鑽《たくらくさん》。是に因りて釈然として朗悟す。既にして諮参すること数載、深く淵微に入る。蹤、其の神器の充廓して、覚《さとり》への轅《ながえ》の任すべきを知る。因りて之に語りて曰く、吾、汝の師に非ず。今、雪峰に義存禅師あり、往きて之に参承すべし。復《ま》た此こに留まることなかれ。師、旨に依りて嶺に入り雪峰に造《いた》る。温研すること稔を積み、道、存と契う。遂に密かに宗印を以て師に付す。是れ由り回りて存に稟《う》く。師、参じ罷《おわ》りて嶺を出で、遍く諸方に謁す。覈窮《まなび》は軌を殊にし鋒辯《べんぜつ》は険絶にして、世に盛んに聞こゆる所となる。後、霊樹知聖禅師の道場に抵《いた》る。知聖、夙《すで》に其の来るを憶《し》り、忽ち鳴鼓して衆に告げ、往きて首座を接《むか》うを請う。時に師、果たして至る。是れより先、知聖、霊樹に住することと凡そ数十年、堂は首席を虚しくす。衆、屢《しば》しば上座を命ずるを請う。知聖、許さず。嘗て曰く、首座、纔かに遊方せり。師の至るに及び、始めて首衆を命ず。知聖、将に示滅せんとするに洎《およ》び、師に其の席を踵がしめんと欲し、乃ち書を秘函中に潜ませ、門弟子に謂いて曰く、吾が滅度の後、上、或いは此こに幸《みゆき》すべし、請う、以て遺さんことを。上、果たして駕を会して山に幸す。知聖、預《あらかじ》め上の至るを測《し》り、乃ち堂に升《のぼ》り加趺して終れり。帝の至るに及べば已に滅せり。帝、師に遺示を詢ぬるに、門人、函を出して之を奉ず。上、函を啓き書を得るに云く、人天の眼目は堂中の上座。帝、乃ち刺史何希範に勅し、礼を具して師に命じ、以て法会を襲《つ》がしむ。上、是に於いて之を欽美し、累《しば》しば召して闕《きゆうちゆう》に至らしむ。毎に顧問さるるに酬答は響きの応ずるがごとし。帝、愈いよ揖服し、遂に紫袍と師名を賜る。後、徙《うつ》りて雲門山に居し、廃址を鼎革し、大いに棟宇を新たにす。師、祖域に衡居して自《よ》り凡そ二紀と半ば有り、風、四表に流れ、大いに法化を弘め、禅徒、湊集す。登門入室の者、勝《た》えて紀すべからず。今、白雲山実性大師は乃ち其の甲《だいいち》なり。師、乾和七年己酉四月十日順寂す。夙に表を具して以て帝に辞し、兼ねて遺誡を述べ、然る後、加趺して逝けり。尋《つ》いで勅賜の塔額を奉ずるに、師の遺旨を以てし、全躯を方丈の中に置かしめ、或いは上、塔額を賜るも、秖《た》だ方丈に懸け、別に営作すること勿《な》し。門人は乃ち教えに依り、師を丈室に瘞《う》め、以て塔を為《つく》る。師、先に法を実性に付し、覚場を紹《つ》がしめんとするも、僉議するに実性は已に伝道し育徒せるが為に、乃ち命を革《あらた》めて会に在りし門人法球をして師席を継がしむ。嗚呼、世導滅びたりと云う。塡《みつる》を擿《なげう》って冥行する者、何れの所にか従い適《ゆ》かん。岳、幸いに参じて師の余化を目のあたりにし、師の為す所の大略を知れり。敢えて之を書かざるも、以て方来のものに貽《のこ》すべし。

時に己酉の歳、孟夏の月の二十有五日　　雷岳　録す

先生は名を文偃といい、俗姓を張とおっしゃる。代々、蘇州嘉興の人であるが、もとは晋王冏《けい》の東曹参軍であった張翰の一三代の遠孫である。先生は生まれながらに勝れたお姿で、衆生を救うためにこの世に生まれられた。幼きより志は高く、己《じぶん》を律せられて俗世間と交わることがなかった。とう空王寺の志澄律師につかれて出家し弟子となられた。生まれながらに敏《さと》く、また智慧弁舌も勝れていたので、仏典を学ぶに二度読むことがなかった。志澄は文偃の才能を高く評価した。大きくなって

落髪し具足戒を毘陵の戒壇で受けた。その後、志澄のもとに帰って講義の席に列し、四分律の奥義を究めた。律を護持することは厳格であり、その悟りは心底からのものであった。

志澄を辞去して睦州の道蹤禅師に参じられた。道蹤禅師は黄檗希運の弟子で、仏道を明らめられていたが、世に媚びることなく、自分の生き方を守り、ひそかに古寺に住まわれ、世間をはなれて超然とされていたが、世の人々に慕われていた。やってくる修行者への応対はきびしく、いささかのたじろぎも許さなかった。先生は初めて訪問されたとき三度その門を叩かれた。道蹤禅師が扉を開いたとたんに先生は入ろうとされる。道蹤禅師は先生を推し出して、「秦時の轆轢鑽（役立たずめ）」と言われる。これで先生はハタと悟られた。これ以後、道蹤禅師のもとで学ばれること数年、奥源に達せられた。道蹤禅師は先生の機根が勝れていて悟りへの導き手として任せうることを知り、「私はお前の師匠ではない。雪峰に義存禅師がおられるから、行って義存禅師に学びなさい。これ以上、ここにいてはならない」と言う。

先生は指図に従って山に分け入り雪峰山に到着した。綿密に修行すること数年、義存禅師の奥義に契った。義存禅師はひそかに教えを先生に付され、先生は教えを義存禅師に嗣がれたのである。先生は十分に学び終わった後、山を出て諸方の禅僧に参じられた。それぞれの異なった教えを究めるためのやり口や弁舌の厳しさは世の中に知れ渡ることとなった。

後に霊樹山の知聖禅師如敏の道場に到った。知聖禅師はとっくに先生がやってくるのを知っておられ、太鼓を鳴らして修行僧に山門で首座《しゅそ》を迎えるよう命じたのである。予知されたとおり先生が霊樹院へやってこられた。これ以前、知聖禅師は霊樹に住職すること数十年であったが、僧堂に首座を置かなかった。修行者達はしばしば首座の任命を願ったが、知聖禅師はそれを許さなかったが、かつて「首座は行脚している」と言ったことがある。先生が到来して初めて首座として任命された。知聖禅師は亡くなるに当たり、先生に霊樹山の後席を継がせようと思い、ひそかに手紙を文箱に納め、弟子に言うに「私が死んだら、もしかすると帝《みかど》がお見えになるかもしれぬ。お願いがあって遺すのである」と。はたして帝が乗り物を連ねて山にやってこられた。知聖禅師は帝が来られるのを予知し、法堂に昇り坐禅して亡くなられた。帝が到着されたときはすでに亡くなっていた。帝が先生に知聖禅師の遺言を尋ねられたところ、門人は文箱を呈した。帝が文箱を開いて手紙をみると「人天の眼目となるのは、堂中の上座」と書かれていた。帝は韶州知事の何希範に勅を下し、礼を尽くして先生に命じて法《ほう》会《え》を継がせたのである。帝は先生の徳をしたってしばしば宮中に召し出された。質問されるたびに答えたが、その応答はこだまが応ずるようであったため、帝はいよいよ徳を慕われ、とうとう紫衣と師号を賜ったのである。

先生は、後に雲門山へ遷られ、廃屋を改め堂塔を新たにされた。先生は雲門山に住まわれておよそ三〇年、その徳風は四方に流れて大いに教えを弘められ、修行者が雲集した。教えを嗣いだ者は数え切れないが、今、白雲山におられる実性大師子祥が筆頭である。

先生は乾和七年（九四九）己酉《つちのととり》四月一〇日に亡くなられた。これより先に帝に「表」を書かれてお別れし、また弟子達に「遺誡」を述べられ、その後に坐禅して亡くなられた。それに次いで墓塔のための額が勅賜されたが、先生の遺言にしたがって、全身を方丈に安置し、あるいは帝が額を下さっても方丈に懸けて特別に扱わなかった。門人は教えにしたがって先生を方丈に埋め、墓塔を建立した。

先生は生前に教えを実性大師子祥に付して雲門山を継がせようとされたが、協議したところ子祥はすでに白雲山にて伝道し弟子を養成していたため、先生の命を革《か》えて法球を雲門山の後継とした。ああ世の指導者は亡くなられた。満たされた教えをなげ捨てて、夜の闇を行くがごとくなってしまった者は、どこへ行けばよいのであろうか。私雷岳は幸いにも先生の教化のさまを目の当たりにし、その教えのおおよそを知ってはいるものの、あえて全てを書くことはせず、四方より来る人々のために遺そう。

時に己酉（九四九）の歳、孟夏四月二十五日　　雷岳　録す

二、雲門没後一〇年の碑文「雲門山光泰禅院故匡真大師実性碑並序」

次に常盤大定『支那仏教史蹟記念集評解』（仏教史蹟研究会、昭和六年）によって広く我国に紹介され、また佐藤泰舜『支那仏教思想論』によってもその存在が指摘される雷岳撰「雲門山光泰禅院故匡真大師実性碑並序」（以下「実性碑」）がある。常盤氏は、昭和三年（一九二八）の訪中の際、韶州《しょうしゅう》の雲門山に登り、「実性碑」の現存するのを知り、その拓本をもとに前掲書において翻刻紹介する。この「実性碑」の銘文は、すでに清代において呉蘭修によって編纂された『南漢金石志』巻一に「雲門山匡真大師塔銘」（以下「塔銘」）と命名されて収録される。『南漢金石志』は、現在静嘉堂文庫において所蔵される。この「実性碑」も、前述した「行録」の撰者である雷岳の撰になるもので、雲門没後一〇年を経た南漢大宝元年（九五八）一二月一日の建立である。

同一の撰者である以上、両者は重複する部分なしとしないが、「実性碑」独自の内容もあるため、

以下、雲門の伝記に関わる部分に限定し、適宜改行してその訓読文を掲げ西暦等を注記する。ただし紙数の関係もあるため現代語訳は略す。

師、諱は文偃、姓は張氏。晋の斉王冏の東曹参軍翰の十三代の孫なり。翰、世の将に泯《ほろ》びんとするを知り、機を見て禄を休め江浙に従《うつ》る。故に胤、我が師に及び、蘇州嘉興郡に生まる。師、幼きより出塵を慕い、乃ち嘉興空王寺の志澄律師の下に栖《とどま》りて童と為《な》る。凡そ諸経を読むに再閲を煩わすことなし。長ずるに及びて落彩《らくさい》し、常州の壇にて具足す。後、澄公の講に侍すること数年、頗る四分の指帰を窮む。乃ち澄を辞し、睦州道蹤禅師に謁す、則ち黄檗の派なり。一室常に閉じ、四壁唯だ空なり。或いは復た人を接するに、佇思を容《ゆる》すことなし。師、巻舒《いきざま》に志を得んとし、径《ただ》ちに往きて門を扣く。禅師問う、誰そ。師曰く、文偃。禅師、門を関《と》じて云く、頻頻《しばしば》来りて什麽をか作《な》すや。師云く、学人己事明らかならず。禅師云く、秦時の轅轢鑽《たくらくさん》。手を以て托出して門を閉ず。師、是《こ》れに因りて発明す。又た数載を経るに、禅師は心機の秘密を以て、関鑰《とざ》すこと弥《いよ》いよ堅くするも、師の終《つい》に法海の要津と為《な》り、定《かなら》ずや禅天の朗月と作《な》るべきを知り、因みに師に語りて云く、吾は汝の師に非ざれば住《とど》まること莫かれ。

師、遂に閩《びん》に入り、纔かに象骨《ぞうこつ》に登り、直ちに鵬程《ほうてい》を奮い、因りて雪峰の会に造《いた》る。三たび礼して施を欲す。雪峰乃ち云く、何をか得て諸麽に到るやと。師、糸髪も移さざるも、重ねて全機を印さる。截流に等しきと雖も還って戴角に同じし。

是れ繇《よ》り学徒千余、凡聖審《あきら》かにせず。師、昬旭に参問し、寒燠屢《しば》しば遷る。衣を揭《かか》げて唯だ虚心に切にして、果を得て冥《ひそ》かに実腹に輸《うつ》す。

因みに僧有りて雪峰に向かいて云く、如何なるか是れ触目道を見ずんば、足を運ぶも焉んぞ路を知らんとは。峰云く、蒼天。僧、明らかならず、師に問う。師曰く、両斤の麻、一段の布。僧、後、峰に聞こす。峰云く、嘻《ああ》、我、常に箇の布納《(ママ)》を疑えり。師、会裏に於いて密かに玄機に契う。是れに因りて会を出で、遍く諸山の尊宿に謁し、頗《すこぶ》る言句有りて、世に聞かるるなり。後、雪峰遷化す。学徒、峰の仏法、誰に付すやと。峰云く、松の偃《よこた》わる処に遇わば住《とど》まれ。学徒、其の機を識るなし。偃とは蓋し師の名なり。今に至るも雪峰の遺誡もて尊宿を立てず。

辛未《かのとひつじ》（九一一）、曹渓を礼し、旋りて霊樹《れいじゅ》の故知聖《ちしょう》大師に謁するに、心機相い露わすを以て膠漆のごとく契情す。

歳、丁丑《ひのとうし》（九一七）に在り、知聖一日、師及び学徒を召して曰く、吾れ若し滅しし後は、必ず無上の人の、吾が為に茶毘するに遇うべしと。

戊寅《つちのえとら》（九一八）に至り、高祖天皇大帝、韶石に巡狩し霊樹に幸すれば、知聖遷化《せんげ》す。果たして前約に契えり。勅して為に之を爇《や》きて舎利を獲、形を塑《つく》りて方丈に於いてす。旹《とき》に師に詔して入見せしめ、特恩もて紫を賜う。

次の年、師に勅賜して本州の庁に於いて開堂せしめんとす。師、是《ここ》に於いて知聖の筵に踞し雪峰の法を説く。実《まこと》に謂えり、禅河洶湧《わきあが》り仏日輝華すと。道俗数千、問答響きの応ずるがごとし。郡守何公希範、礼足して曰く、弟子、請益す。師曰く、目前に異草なし。学人有りて問う、如何なるか是れ本来心。師曰く、挙起分明。別に言句有り、録して世に行わる。

後、大師、心、唯だ恬黙たり、奏して庵を移すを乞う。勅して允《ゆる》す。

癸未《みずのとひつじ》（九二三）、学者を領して雲門山を開く。五載にして功成り、四周、雲、合せり。殿宇の簷楹は翼のごとく翿《あが》り、房廊の高下は鱗のごとく差えり。邃壑幽泉、暑月を挫き、寒は戸牖《まど》に生ず。喬松修竹、香風は冨して、韻、宮商に雜わる。近《ほと》んど三十の来秋《このかた》、半千の衆を減ぜず。歳どし、他方の供を納れ、日び香積《こうしやく》の厨を豊かにす。舎衛《しやえい》の城と殊《ことな》ること有るも、何ぞ霊山《りようぜん》の会と異ならんや。院主の師伝大徳、表もて院の畢《おわ》るを奏せば、勅して光泰禅院の額及び朱記を賜る。

戊戌《つちのえいぬ》（九三八）の歳に至り、高祖天皇大帝、師に勅して闕に入らしむ。帝、親しく向かい、如何なるか是れ禅。師云く、聖人に問い有り、臣僧に対え有り。帝曰く、作麽生か対うるや。師云く、請うらくは陛下、臣の前の語を鑑《み》られんことを。帝、悦びて云く、師の孤戒なることを知れり。朕、早に欽《よろこ》べり。宣下して師に左右街僧録を授けん。師、黙して対えず。復たび宣下するに左右曰く、此の師は修行して已に蹊径《みち》を知れば、応に栄禄を楽《ねが》わざるべし。乃ち詔して曰く、師の山に帰るを放《ゆる》して可なり。師、欣然として三たび万歳を呼ぶ。翊日《よくじつ》、内帑《おかね》、香薬、施利、塩貨等を賜り山に廻らしむるに、并びに師号を加え匡真と曰う。厥《そ》の後、毎年、頻しば須宣を降すも、繁くして尽くは紀さず。恭しく惟みれば、我が当今大聖文武玄徳大明至道大広孝皇帝、歳は単閼《ぜんあ》に在り（卯年）、聖謨《おかんがえ》を運びて手ずから内難を平らげ、神武を奮《ふる》い力《つと》めて中興を建つ。恩もて八紘を拯《すく》い、道もて三教を弘めんとし、乃ち師に詔して入内せしめ、月を経て供養す。六銖の衣一襲、香薬、施利等を賜りて廻らしめ、并せて御製の塔額、預め賜り、宝光の塔、瑞雲の院と為す。師、自ら示衆に従うに、卓爾たる宗風もてす。凡そ機に応ずる在れば実に当に奇特あること常なり。一時《あるとき》、衆の集まるを見て、久しくして乃ち云く、汝、若し会せざれば、三十年、老僧に見《あ》わずと道うこと莫かれ。時に三人の僧有り、一時に出来して礼足す。師云く、三人一状。禅を問う者有れば、則ち云く、正に好し弁ずるに。道を問う者有れば、則ち云く、一字を透出す。祖師の意を問う者有れば、則ち云く、日裏に山を看る。纔かに門を跨ぐ者有れば、則ち杖を以て之を打つ。有る時、衆に示して云く、直下無事なるも早に是れ埋没せり。迷いの縁已まず、豈に是れ徒然ならんや。略《ほ》ぼ大綱を挙げ、将に徳を代《よ》よに禆《ま》さんとす。師、法を以てするに定相なく、学に維常なし。毎に一の忌斎を修し、用《も》って二嗣の諱に酬いんとす。師、一たび道場に坐してより三十余載なり。法宝を求むる者、四表より雲来し、心印を得る者、葉のごとく諸山に散ず。則ち覚路の程開するを知る。双林の果満ち、諸漏已に尽き、万法皆な空なり。仮に漳に臥すと雖も、未だ少しも参問を妨げず、終わるに云く、虚幻。乃ち示寂するに韜光を以てせんとす。侍者、湯を奉るに、師、盌子を付して曰く、第一は是れ吾れ便を著く。第二は是れ汝、便を著く。表を修し祝《いの》りて皇王に別るるを遺すを記取せよ。乃ち自ら遺誡を扎《か》きて曰く、吾れ滅度の後、汝等、俗の教えを学びて孝服を着《つ》くべからず。哭泣、喪車の礼は仏制に違い、禅宗を紊すこと有り。法を白雲山実性大師志庠に付す。師は会下にて已に徒衆を匡す。己酉《つちのととり》（九四九）の歳四月十日子の時、師、順世す。嗚呼、慈舟壊れ輪廻は渡しを失う。法山摧け飛走は何に依らん。緇倫、朝薤《はかなさ》の悲しみを感じ、檀信は式微《おとろえ》の詠を動ず。宋雲の遇いし処、但だ隻履を携えて以て還るなく、慈氏の来時、三峰に応召して再び出ず。月二十有五、諸山の尊宿威儀を具し、道俗千数、師を浮図に送る。霊容は昔の如し。師の訓に依り、当山の方丈の内に塔す。法齢七紀二、僧臘六旬六なり。日に于いて行雲は態を斂め、壠樹に春なし、觑嶽の孤猿、啼くに助哀の苦を帯び、穿林の幽鳥、声に惜別の愁いを添う。弔客は襟を掩い、佇立し以て泣けり、云々。（云々

とした部分には、弟子たちの名前が列挙されるが、ここでは省略し、後、必要に応じて掲げる）

三、没後一六年の碑文「大漢韶州雲門山大覚禅寺大慈雲匡聖弘明大師碑銘並序」

陳守中撰「大漢韶州雲門山大覚禅寺大慈雲匡聖弘明大師碑銘並序」（以下「碑銘」）は、南漢大宝七年（九六四）に至って「西御院使、集賢殿学士、承旨大中大夫、行左諫議大夫、知太僕事」なる役職にあった陳守中によって撰され、南漢朝の権臣である李托と龔澄枢によって建立されたものであり、『全唐文』巻八九二、『南漢金石志』巻二、さらに常盤氏・前掲書に収録されている。

『南漢金石志』では、呉蘭修がその巻末において註記をなして「右の碑は、乳源県の雲門山に在り。県志の載す所は譌《あやま》って三四十字を脱す。今、拓本に拠りて著録す」とし、また『南漢書考異』を引用して、銘文中の年代の誤り等を指摘する。この「碑銘」は、文偃の伝記とともに建碑のきっかけとなった没後の奇瑞について銘文中で記している。むしろ主たる目的はこの奇瑞の部分にある。ここでは重複の煩を避けるため、「碑銘」については原文を掲げず、また没後の奇瑞については項を改めることとしたい。

その他の資料

雲門文偃の伝歴に関しては、以上が中心資料となろう。その他としては、先に挙げた灯史とともに、文偃自身の「遺誡」「遺表」、韶州刺史何希範による「請疏」、あるいは「遊方遺録」等を参考にする必要がある。これらはいずれも『広録』に付載される。

また『宋史』巻四八一の「世家四・南漢劉氏」の項、及び『南漢紀』の記事は、文偃と南漢朝廷との交渉等について、また『韶州府志』巻九は雲門山の歴史的な変遷を知るための参考となろう。

ところで三中全会以降の中国政府が改革開放に政策の方針を転回して以後、雲門山訪問がまがりなりにも可能となったことは、隔靴掻痒の感なしとしなかった雲門研究に大きな前進をもたらした。とくに近年では道路事情もよくなり、広州に入れば高速道路を利用しての日帰りすらできるようになった。筆者も都合三度の雲門山訪問を果たし、現地刊行の新たな資料『雲門山大覚禅寺』も入手しえている。

それらを総合的に利用しつつ雲門の生涯を明確にすることは、単にその伝記を知るというだけでなく、文偃の禅者としての成長過程、あるいは他の祖師との関係、さらには雲門の伝記の潤色の部分等を明確にしていく上で一助となるであろう。

そこでここでは、先に列挙した三資料を中心として雲門の伝記を考え、必要な資料を随時引用したい。

なお、小論の文偃伝を考える上での資料のうち「行録」は、『大正大蔵経』四七巻所収の『広録』に付されるもの、「実性碑」及び「碑銘」は、常盤大定『支那仏教史蹟記念集評解』に掲載されるものによる。『祖堂集』は中文出版社本、『伝灯録』等の灯史の類は『大正大蔵経』、あるいは『続蔵経』所収のものを使用した。煩雑なるを避けるため特別な場合を除いては頁数のみの註記にとどめるものとし、叢書の巻数などは省略した。

また文中、特に伝記を考える部分では、生涯の事蹟については「文偃」を呼称の中心とし、その没後は「雲門」としたい。ただし厳密ではない。

第二節　文偃とその時代

戦乱の時代

文偃の生年については諸伝とも記さないが、その没年が南漢乾和七年（後漢乾祐二年・九四九）四月一〇日であったという点では一致する。のちの「実性碑」が「法齢七紀二、僧臘六旬六」とするのは、「紀」が十二支一めぐりを意味することから、畢竟「碑銘」の「寿齢八十六、僧臘六十六」と同じことを述べるのであり、単純計算するなら、その生年は唐の懿宗の咸通五年（八六四）のこととなる。

ところで唐代末期に位置するこの時代は、一体どのような時代だったのであろう。

仏教教団を取り巻く状況からすれば、武宗による破仏ののち仏教復興に力を注いだ宣宗の治世をうけ、引き続き懿宗も仏教保護政策を打ち出したことが知られるから、仏教教団にとっては安寧な日送りであったことが想像される。咸通一四年（八七三）には長安郊外の法門寺の仏舎利奉迎の法要が盛大に行われている。

しかし政治的には唐王朝の衰退は蔽うべくもなかった。文偃誕生の二年前には徐州（安徽省）や邕州（広西省）で軍が反乱を起こしているし、その後も各地で少なからぬ乱が勃発する。熱心な仏教信者であっても民衆にとってよい治世を行うとはかぎらない。乾符元年（八七四）の王仙芝の起義、翌年の黄巣の起義、ともに唐王朝の奢侈に起因する民衆の不満が底流にあることは自明である。

いったんは山東省から河南省、湖北省等を勢力範囲とした王仙芝は、乾符五年に湖北省黄梅の地で曾元裕に敗れるが、冲天大将軍を自称した黄巣の軍はさらなる勢いで河南、安徽、浙江、福建、広東、さらに江西へと侵攻し、広明元年（八八〇）一二月には長安へ入り、大斉を建国する。

李克用やのち後梁を建国する朱全忠らによって黄巣軍は壊滅するが、中国全土にわたる戦乱が唐帝国の滅亡に拍車をかけたことは疑いない。また戦乱と無縁の民衆はいなかったであろう。

文偃の幼少期はこのような時代であった。

張翰の末裔

ところで文偃の本貫および生地が、長江下流、上海の西南、嘉興の地であること、諸伝一致する。揚子江下流のデルタ地帯に発展した嘉興は、「浙江潮」で名高い銭塘江沿いにある。この地の稔りの多寡が、その年の中国全土の食糧事情を左右したとされる江南の、典型的な農村である。餅米を使った「肉入り粽子《ちまき》」は今でも嘉興の名物である。

しかし文偃の出自は農民ではない。西晋代その名をはせた文人張翰《ちょうかん》から一三代目の末裔だと伝える。それが雷岳が族譜などで確認した裏付けある事実なのか、はたまた文偃その人の主張を承けたものだったのか、今となっては真偽は定めがたいが検討に価することは言うまでもない。

『晋書』巻九二「文苑」はつぎのように言う。

張翰、字は季鷹《きよう》、呉郡の呉の人なり。父は儼、呉の大鴻臚なり。翰に清才有り、善く文を属《つく》る。而して縦任して拘わらず、時の人は号して江東の歩兵と為す。会稽の賀循、命に赴いて洛に入らんとし、呉の閶門を経るに、船中に於いて琴を弾ず。翰、初め相い識らず、乃ち循に就いて言譚し、便ち大いに相い欽悦す。循に問いて、其の入洛を知り、翰曰く、吾も亦た事、北京に有り、と。便ち同じく載りて即ち去くに、家人に告ぐることなし。斉王冏《けい》、辟《め》して大司馬東曹掾《えん》と為す。冏、時に権を執るに、翰、同郡の顧栄に謂いて曰く、天下は紛紛として、禍難、未だ已まず。夫《きみ》、四海に名有れば、退くを求むること良《まこと》に難し。吾は本より山林の間の人にして、望みの時なし。子《なんじ》、善く明を以て前を防ぎ、智を以て後を慮《かんが》うべし。栄、其の手を執り、愴然として曰く、吾も亦た子と与に南山の蕨を採り、三江の水を飲むのみ。翰、因みに秋風の起こるを見、乃ち呉中の菰菜、蓴羹、鱸魚の膾を思いて曰く、人生の尊ぶべきは志に適うを得るにあり。何ぞ能く宦に羈《そくばく》さるること数千里し、以て名爵を要《もとめ》んや。遂に駕に命じて帰る。首丘賦を著すも、文多ければ載せず。俄にして冏敗れ、人皆な之を機を見ると謂えり。然るに府は其の輒ち去るを以て、吏より名を除く。翰、心に任せて自適、世に当《もちい》らるるを求めず。或るもの之に謂いて曰く、卿は乃ち縦適なるも一時なるべし。独り身後の名の為にせざらんや。答えて曰く、我に身後の名有らしむるは、即時の一杯の酒に如かず。時の人、其の曠達なるを貴ぶ。性は至って孝にして、母の憂に遭い、哀毀、礼を過ぐ。年五十七にて卒す。其の文筆、数十篇、世に行わる。(中華書局本、第八冊、二三八四頁)

あらましを述べれば次のようになろうか。

張翰は呉の人で、優れた才能を持っていた。文章をよくしたが気ままな生き様で常識にとらわれず、人々は「江東の歩兵」と呼んだ。会稽の賀循は命令をうけて都に行こうとした。呉の閶門を通過するころ賀循は船中で琴を弾いていた。初対面であったが、話しているうちに歓談するに至った。賀循が都に行くことを知って、自分も都に用があると言って、船に同乗して、家族に告げることなく出かけてしまった。斉王司馬冏は張翰を大司馬東曹掾に任じたが、張翰は同郷の顧栄に「天下は乱れに乱れています。貴方のように名のある方は退くことはできないでしょう。私は田舎もので名声を求めていません。貴方はその才知で前や後ろを守りなさい」と言った。顧栄は張翰の手をとり「私は君と苦労を共にしようと思っていたのに」と悲しんだ。張翰は秋風が吹くころになると、故郷の食べ物を思い出し「人生で貴いのは志に適《かな》った生活をすることだ。宮仕えして数千里もやってきたが、どうして身分・爵位を求めようか」と言い、故郷に帰ってしまった。首丘賦を著したが長い文章なので省略する。斉王冏は戦に敗れ、人々は張翰が時機を見たのだと言った。役所は彼が突然故郷に帰ったことで、役人の名簿からその名を削った。張翰は気ままに生きて、世に用いられようとはしなかった。或るものが「貴方は気ままにやっていますが、それは一時のこと。どうして死後の名誉のために生きないのですか」と聞いた。答えて言う「死後の名誉は、今の一杯の酒ほどではない」。時の人はそのこだわりのない心を称えた。孝行者で、母が亡くなったときは悲しむこと「礼」を超えるものがあった。五七歳で亡くなったが、著述数十篇が残る。

文中の「呉中の菰菜、蓴羹、鱸魚の膾を思い」が、「呉の名物、まこも、じゅんさいの羹《あつもの》、鱸《すずき》のなますを思い出す」の意味で、それは「故郷を思う情の譬え」と言うから（『大漢和辞典』九‐八六二）、それだけでも張翰の生き方が人々によく知られていたことになる。しかし考えるべき部分は少なくない。

結局、諸資料で、文偃が張翰の一三代の遠孫であるとされることを、現時点では肯定も否定もできない。傍証のための資料を他に見出しえないからである。そもそも同じ張氏の出身で、その遠孫である文偃が幼いときから出家を望んでいたという構図は、同じ韶州で開法した六祖慧能の場合にも通じる。周知のように六祖が范陽の名門盧氏に連なるという主張はかなり早い時点からなされるが、これとてもどこまで事実なのか傍証する資料はない。

言ってしまえばこれらの主張は、それなりの身分の生まれであるが不幸にみまわれ不遇をかこつという、いわゆる「貴種流離譚《きしゆりゆうりたん》」の構造そのものである。世俗における名聞利養を終始否定する禅者、あるいはそれを取り巻く人々の意識の根底に何があるのかは今後の課題としなくてはならないが、ともかく彼らは常に名聞利養に恬淡としていたと、一方的に片付けてすむような問題ではない。

また文偃自身が張翰の末裔を主張していたとするなら、これも話が複雑となる。出家して世俗の事柄は気にしないのが立て前の世界で、文偃自らがその出自にこだわったことになるからである。

ともあれ嘉興の張氏の出身であることは信じて好いであろうから、ある時期から張翰の末裔として扱われた結果が雷岳の記事につながったとみることはできる。文人一族の伝統や雰囲気を幼い文偃がどう受け止めていたか。何より「文偃」という名前自体が文人一族の出身であることを予想させる。何より「文偃」という名前自体が文人一族の出身であることを予想させる。この疑問も資料の上では解決できないが、やはり何らかの誇りをもって一族の歴史を捉えていたと思われる。

また張翰の末裔という部分が事実を述べているとするなら、世の人々による張翰にたいする評判「皆な之を機を見ると謂えり」という部分をどう見たらよいのか。いかに故郷を想ったからといって、戦の場から突然きびすを返すのは、どうみても敵前逃亡であろう。右の言の背景には相当に複雑な張翰評のあることが窺える。

出家の動機

このような先祖をいただいたと目される文偃である。出家の理由も一筋縄ではいかないかもしれない。名家であればあるほど男子の後継者は大切で、戦乱の時代なら余計気を遣うべき世界である。便法としての出家など当たり前のことであった。雲門の出家が便法かどうかは分からない。ただ出家後、多分、志澄によって「文偃」と命名されたのは、当人の鋭敏なる才能を踏まえつつ、『書経』を始めとした諸古典に「偃武修文」――戦をやめて学問を修める――とあることによろう。出家した僧の諱《いみな》に儒教の聖典のことばを典拠としたこと自体異例だが、それも文人張翰を先祖にいただくことに起因するのであろうか。

さらに命名の背景に平和への切実な願いが込められているとみることも可能である。のちに文偃の禅が「文字禅」と評されるのはあくまでも偶然だが、喝や棒でなく、言葉で修行者を接化した――言葉で心の平和をとりもどさせた――ことと、何やら共通するものがあるようにも思われる。

結局、文偃の出家の具体的な動機は定かではない。名聞利養に対して恬淡たることを誇りとする一族に育った故かもしれないし、先に述べたような背景からすれば、ある種の屈折を想定することも可能である。張翰の遠孫という誇りからすれば、ふつうの中国人なら誰もが夢見る科挙に応じて官僚になり、立身出世をはかることなぞは思いもよるまい。かの丹霞天然の「選仏か選官か」という故事が示すような状況が、文偃にあったかもしれない。後で述べる、ブッダの誕生を言祝《ことほ》いで、逆説的に

「我、当時、若し見れば、一棒もて打殺して狗子に与えて喫却せしめ、貴むらくは天下太平を図らん」というその言葉は、文偃その人の心の底からの発言かもしれない。「仏の教えなぞなければ俺の人生も変わっていたかもしれぬ」という想いを文偃が持っていたかもしれないという想像は穿ちすぎかもしれないが如何であろうか。

また幼き子の出家を許した周囲の事情はどうだったのか。残された資料によるかぎり、出家前の文偃の周囲に仏教的な匂いを感じないのにもかかわらず、出家が許された背景に何があったのか。いかに優れた能力を持っているにしても、各地に破綻の見え始めた唐王朝の官僚になることが、どこまで将来を保証するかという危惧があったとしても不思議はない。「機を見るに敏」なのは張翰に限らない。先に述べたように、男の子に戦乱の世の中を避けさせたいという家族の想いも想像できる。

出家修学

文偃は、嘉興の名刹空王寺に入り志澄律師のもとで童行《ずんなん》（見習い僧）となる。「行録」や「実性碑」で見たとおりである。長じて出家、常州（江蘇省）の戒壇で具足戒を受け、さらに志澄のもとで四分律を学びその指帰を究めたという。単に四分律を学んだとするだけでなく、「既に毘尼は厳浄、悟器は淵《ふか》きより発《おこ》る」と記すその文言は、文偃の生真面目な性格を示唆したものと言えよう。「碑銘」も同内容であり、草歳を逾えて志澄により沙弥戒を受け、依年（定められた年、二〇歳の意であろう）に受具したとする。「草歳」なる年齢は、大体一二歳以上、一五、六歳までにあたるから、それは『祖堂集』で記す

年十七にして空王寺澄律禅師の下に依りて受業す。（二一六頁）

とする記事とほぼ一致する。

文偃に沙弥戒を授けた志澄律師については、資料にその名を見いだしえない。ただ『宋高僧伝』巻二三に「唐呉郡嘉興法空王寺元慧」の伝が収録されることは注意してよい。そこでは元慧が大中七年（八五三）に法空王寺を重建し、その後、元慧は法空王寺を出て天台山等へ遊歴し、乾寧三年（八九六）に尊勝院なる寺で没したことが述べられる。

法空王寺と空王寺は同寺であろうから、志澄は元慧の後をうけて法空王寺に住したのであろうか。のち『至元嘉禾志』巻一四「仙梵」では、

僧文偃は嘉禾の人なり。俗姓は張氏、因みに出外遊方して、遂に道を雪峰禅師に得たり。韶州に至るに、広王、康《（ママ）》真と賜号す。葬るに肉身壊れず、宋の太祖、大慈雲康真《（ママ）》洪明禅師と賜号す。今に至るも雲門の一宗、遂に伝われり。雲門井有りて兜率寺中に在り。病いの者、其の水を飲み以て疾を療ず。（中華書局『宋元方志叢刊』第五冊、四五〇九頁）

と伝えている。誤字等もあるが趣旨は理解できる。さらに同書の巻一〇では、

兜率寺は、郡治の東北一里に在り。考証するに旧の放生池なり。唐の乾元元年（七五八）置き、法空寺と名づく。銭氏改めて輪王寺と為す。宋の大中祥符元年（一〇〇八）、名兜率を賜る。〈徳祐元年（一二七五）、廃して教場と為す。今は北営と為す。〉（同前、四四七五頁）

と言う。かくしてこの寺、仏教史的にはさほど有名ではないものの、唐末には法空寺、あるいは法空王寺、さらには輪王寺の名をもって呼ばれていたこと、そして志澄が住した空王寺とは、元慧が住し

た法空王寺に一致し、宋代には兜率寺の名称をもって呼ばれていたことがわかる。ここに雲門井があるというのも宋代になって隆盛を迎える雲門宗の動向と、その派祖文偃の受業した寺という意識が、地元で強かった結果であろうし、此地における雲門をめぐる信仰の一端を示すものとも言えよう。

また正式な出家の準備のために童行のうちから律を学ぶことは珍しいことではないが、特に四分律あるいは小乗の教学を学んだというのだから、空王寺（兜率寺）は律学を中心とする寺であったのかもしれない。

のち雲門は具足戒を毘陵（常州）の戒壇において受ける。この点も諸伝一致し、また「寿齢八十六、僧臘六十六」の記事からすれば、それは中国仏教界の慣例に従って二〇歳の時であった。ただ『祖堂集』では、

己卯《つちのとう》に登《いた》りて尸羅《しら》を具すを得。四分を南山に習い、三車を中道に聴く。（二一六頁）

として己卯の歳の登戒を記す。この己卯を雲門の年齢と考えると、それは一六歳の時となり、年代を示すものとすると、それは大中一三年（八五九）あるいは貞明五年（九一九）となり、種々の事実と合致しない。とするとこの己卯なる語は誤りということになるが、「尸羅を具すを得」たという記事を、具足戒受具ではなく出家した年とみることも可能であろうから——慣例からすれば遅いと言えようが——あながち誤りとも言えず、検討を要しよう。なお四分律を学んだほか、三車の教え、つまり『法華経』の教えを学んだという記事は『祖堂集』独特のものである。

文偃が具足戒を受けた毘陵の戒壇が、どこにあったのかは当面不詳である。唐代には、一切の経済的援助を国家が行う、いわゆる官寺が、四度にわたって中国各州に設立されたというから、これらの

一つに戒壇が存在したのかもしれない。その毘陵の戒壇で受具した文偃は、その後再び志澄の会下に帰って、その左右に侍すこと数年、多分、二二、三歳の頃までは志澄の膝下で律学に親しむ。

睦州参学

その後、文偃は志澄の会下を辞し、睦州道蹤《ぼくしゅうどうしょう》（道明とも）に参じる。実はその理由も定かではない。この時代、少なからぬ江南の寺院が禅宗化していた。ともに日常の生活のありようを重視する立場にある禅宗と律宗が、現場で交流することは、当時の風潮としてはさほど不思議なこととは思えないから、文偃の睦州参学は当時の修行者とさほどかわらぬ、当然の流れのなかで行われたのであろうか。

その初相見のさまについては『碧巌録』第六則等を通じて人口に膾炙する。睦州は周知のように黄檗希運の法嗣で、その伝は『祖堂集』巻一九、『伝灯録』巻一二、『五灯会元』巻四等において記される。『聯灯会要』巻八によれば、かの臨済義玄をはげまして黄檗に相見せしめたのが首座の任にあった若き日の睦州であったという。

黄檗に得法した後、いったんは睦州（浙江省）龍興寺に住したが、のち跡をくらまし、蒲鞋《わらじ》を作りつつ母を養ったため陳尊宿とか陳蒲鞋とか尊称されたという。もっともこのあたりの動向については諸説があったようで、覚範慧洪《かくはんえこう》の『石門文字禅』巻二三「陳尊宿影堂序」では、

陳尊宿は断際禅師の高弟なり。嘗て高安の米山に庵す。母の老いること睦に於いてするを以て遂に帰り、蒲屨《わらじ》を編みて售《う》り、以て養いを為す。故に人は之を陳睦州と謂えり。（中略）公の影堂は高安の南の四十里に在り、所謂る米山なる者なり。（明文書局『禅門逸書』初編、第四冊、三一一頁）

睦州道蹤（道明）頂相
（駒澤大学図書館所蔵『仏祖正宗道影』より）

黄檗の会下にあった睦州はのちに高安県（江西省）の米山に庵居していたが、母を養うために睦州へ帰ったと言う。この文脈では睦州でいきなり「蒲履」作りをしたようで、龍興寺へ入ったことは触れられていないが、のち米山には徳を顕彰する意味で影堂（祖師堂）が建立されたというのである。北宋の江西省では睦州の米山庵居が信じられていたことになるし、また事実であったのかもしれぬ。右の文章の中略の箇所では、睦州が臨済、雲門二人の修学に関わったことが述べられるが、ともかくその禅風を諸伝ひとしく「機弁《きべん》峭捷《しょうしょう》」「関鑰高険《かんやくこうけん》」、機鋒弁舌は鋭く、教えの枢要は凡人の知解の及ばざるところであったという。それにしても「母を養うために寺を出て草鞋をつくる」などの行履は、耳ざわりはよいのだが、考えようによっては禅者による親孝行の問題、ひいては儒仏二教の関係への対応などさまざまに解決しなければならない問題を含んでいて、睦州は、宗教的には相当に深刻な人生を送った人ということになる。

いったい睦州の師匠の黄檗は、史実か否かは保留せざるをえないにしても「一子出家すれば、九族、天に生ず」のエピソードを遺す。儒教で説く「孝」をつくすことよりも、仏教者として出家する方に、より大きな功徳を認めるのである。この言葉は洞山良价（八〇七―八六九）の「北堂を辞す書（母に別れを告げる手紙）」にも出ている。また出家者の「葬送」をどう行うかということも、唐代ではしばしば議論の対象となる。儒教的な丁寧な葬儀を行うか、諸行無常と見定めて簡素なそれですませるか。「孝」をとるか、「仏法」をとるかは、中国の仏教者にとっては永遠の課題、公案だったのである。

ともかく黄檗にせよ、洞山にせよ、母と別れて出家の道を歩むことでその名を遺すが、睦州は、師匠黄檗と反対の道、寺を出る道を選ぶことでケジメをつける。寺を出ることはそのまま還俗を意味するものではないが、少なくとも第一線を退こうとしたことは疑いない。その結果であろう、世に陳尊宿・陳蒲鞋と親しまれたというが、それは表立ってのことで、裏に回れば毀誉褒貶こもごもの評価があったはずである。ちなみに後に触れる『祖庭事苑』の撰者の睦庵善卿は、睦州の生き方に傾倒した一人である。

このような睦州の生没年代は不明だが、『釈氏稽古略』巻三は、「是れ乾符四年（八七七）に至りて門人を召して曰く、（中略）寿九十八。臘七十六」として、その寂年を乾符四年（八七七）と明記する。また陳垣『釈氏疑年録』はその寂年を、「唐の乾符中に卒す。年九十八なり」とする。乾符四年（八七七）が正しいとするなら、それは文偃一四歳の時となる。また乾符中（八七四―八七九）なら、一一歳より一六歳の間となる。当面、二人の相見は史実であったとしか考えられないから、文偃の伝歴と比較してみても『稽古略』の言うところは明らかに誤りで、『釈氏疑年録』の説についても再検討を必要とよう。

なお『祖堂集』は、

辞して閩嶺に入り、纔に象骨に登る。（二一六頁）

として、志澄のもとを辞した文偃は、閩《びん》（福建省）に入って、直ちに雪峰（象骨）山に登ったとし、文偃と睦州との関係に言及しない。『祖堂集』が二人の関係に言及しないのが、単純にそれを知らなかったのか、それとも編者の書き落としなのか、その書き落としも、あるいははじめに法系図に掲げたように、青原系の文偃と南岳系の禅者である睦州との関係をあえて隠そうとするような意図的なものなのか。『祖堂集』では記さない両者の関係であるが、それ以外の、『伝灯録』より『碧巌録』に至る間の資料が記す二人の関係には、相当な修飾増補のあることが窺える。

特に『碧巌録』第六則、圜悟による「評唱」は、相見に際して文偃が一脚を損し、その痛みの故に「忽然《こつねん》大悟」したとする。

雲門、初め睦州に参ず。州、旋機電転して、直に是れ湊泊し難し。尋常《ふだん》、人を接するに、纔に門に跨れば、便ち搊住《すうじゅう》して曰く、道え道えと。擬議《たじろ》ぎて来らざれば、便ち推し出して云く、秦時の𨍏轢《たくらく》鑽《さん》と。雲門、凡そ去きて見ゆるに第三回に至りて纔かに門を敲く。州云く、誰そ。門云く、文偃と。門纔に門を開けば、便ち跳《おど》り入る。州、搊住して云く、道え道え。門、擬議ぎ、便ち推し出さる。門の一足、門閪《しきい》の内に在り。州に急に門を合せられて、雲門の脚、拶折《へしおら》る。門、痛みを忍んで声を作し、忽然大悟す。後来、語脈もて人を接するに、一摸《いちも》に睦州を脱出す。後、陳操尚書の宅に於いて

住すること三年、睦州、指して雪峰の処へ往かしむ。（大正蔵四八―一四五c）

いかにもドラマチックな出会いである。

睦州の教え方は素早く自由自在で、他人が窺い知るようなものではなかった。教えを請うものがやってくると門を跨いだとたん搊住し（ひっとらえ）て「言ってみろ、言ってみろ」と問いつめ、少しでも躊躇すると「秦時の轅轢鑽」と言い放ったという。秦時の轅轢鑽はかの始皇帝の阿房宮建設につかわれた車仕掛けの大きな錐で、いまとなっては役に立たぬものの意味という。「役立たず」の怒声である。文偃の時も同様で、三度目、門が開いたとたんに飛び込んだが、やはり「言ってみろ、言ってみろ」の挙げ句に門外に推し出され、閉められた門扉で足を骨折してしまう。『祖庭事苑』では、骨折したのは右足であったという。ともかくあまりの痛みに声を上げたとたんにハタと気付く。三度の訪問の挙げ句、怪我までして、そこで気付いたと記録されるあたりにも文偃の生真面目さが窺える。

以後、雲門が人を導くときは、睦州と同じやり方であったというから、その影響の大きさを推測し得よう。「一摸脱出」は「一模脱出」とも書かれ、同じ型から抜き出すことを言う。のち文偃は、睦州の外護者である陳操尚書の家に三年滞在し、睦州の指示で雪峰に参じたという。

言うまでもなく圜悟克勤の評唱は、雲門の禅に強い関心を寄せていて、その後の雪峰との機縁、さらに広東へ赴いての霊樹如敏との関係にまで言及する。そこには北宋代に至るまでの間に史実を超えた相当な脚色のあることを窺わせるものがある。

ところで「行録」「実性碑」「碑銘」をはじめとする古い伝記資料は折脚のエピソードを記さない。

しかしのちの雲門の語録は、雲門がいつも手元に拄杖《しゅじょう》をおき、それを仏法にたとえての接化のさまを伝えるから、あるいは雲門その人は――それが睦州との初相見に由来するかどうかは断定できないまでも――脚が不自由であったのかもしれない。『禅林僧宝伝』も「偃は足の跛なるを以て嘗《つね》に拄杖を把《と》りて行く」とする。そのことについては後述する。

この睦州に、文偃がどのくらい師事したかは不明である。そもそも「忽然大悟」という表現は、単なる参学以上の意味を持つはずである。「行録」では「既而諮参数載」とするのであるから、多分、二、三年の間はとどまったことになるし、それはいわゆる「悟後の修行」ということにもなる。加えて、『碧巌録』の記述からすれば、それは陳操尚書の宅であったという。このことについては、当面、他の資料に見出しえないのだが、存外このエピソードは事実を伝えているのかもしれない。のちの『雪竇頌古』第三三則に陳操と資福の一円相をめぐる問答が収録されるのは、問答の内容もさることながら、修学途上の文偃と睦州や陳操との交流を重視する雲門宗内部の動向を知らしめるのではないか。

ただし陳操その人については、『伝灯録』巻一二に睦州の法嗣として立伝されることと、『広録』所収の「遊方遺録」で「師（雲門）江州に到るに陳尚書あり、師を請して斎す、云々」（五七四b）とされる以上には分からない。睦州の龍光寺退院の経緯などからすれば、文偃もその退院にしたがって龍光寺を去り、陳操宅に滞留しつつ睦州に参じたのかもしれない。あるいは睦州自身が、陳操の宅に寄寓していたのかもしれない。

もちろんこれらのことはあくまで推測に過ぎないのだが、寺を出て第一線を退いた睦州が、文偃を自らの弟子とせず、他の禅者に推薦することだけは十分に想定できるし、ある部分やむを得ないことであったようにも思える。

雪峰参学

その後文偃は、生涯の師となる雪峰義存（八二二―九〇八）に参ずる。「行録」では、睦州自身が「吾、汝の師に非ず」と語り「今、雪峰に義存禅師あり、往きて之に参承すべし」と勧めたといい、その勧めによって文偃は雪峰の会下に投じたという。

言うまでもないが、「行録」の記事の基本には、間接的ではあっても文偃の日頃の発言がある。つまり「行録」の記事から推して、文偃自らが雪峰に嗣いだと述べていたことになる。それはそれで問題なさそうであるが、しかしそこに表れる雲門の嗣承観といったものは、今日のそれとは異なっていることを窺わせる。

そもそも「行録」は、文偃は睦州との最初の出会いで「釈然朗悟」したと言い、圜悟の『碧巌録』もそれを認めて「忽然大悟」したと言う。初相見で大悟し、数年参学し「一摸脱出」するほどの影響を受けたにもかかわらず「吾、汝の師に非ず」の一言で、睦州の会下を離れ雪峰に参じている。そこに何か悩んだ風はない。つまり縁があればその人が師匠ということになるから、ここには江戸時代以来の日本曹洞宗が主張するような「一師印証――本当の師匠は生涯ただ一人――」の世界はない。それは三章で取り上げた薦福承古における「代付」と呼ばれるような嗣承観につながっていきはしないか。

ともかく睦州会下を離れて雪峰に参ずるのは文偃の二四、五歳の頃であったと思われる。ちなみに

雪峰山全景（上）と雪峰山枯木庵の義存像（下）（筆者撮影）

文偃が参じた当時、雪峰は、王審知（？—九二五）をいただく閩王室の帰崇を一身に集め盛大にその化を振るっていた。雪峰については本シリーズ巻九において論じられるから、詳しくはそちらに譲るが、ともかく彼が余人の追随を許さない包容力を持っていたことは疑いない。『宋高僧伝』巻一二で、

（義）存の化を行ずること四十余年、四方の僧、争いて法席に趨《はし》る者、勝《た》えて算うべからず。冬夏、一千五百を減ずることなし。（大正蔵五〇-七八二b）

と言うのは単なる誇張ではあるまい。そしてその経済的な実力は第二義的なものとして、何より睦州とはまた異質なその禅風も雲門にとっては魅力あるものだったはずである。

さらに地理的な条件も文偃の足を南に向かわせる要因となりはしなかったか。浙江省の中央部に位置する睦州と、福建省北部にある雪峰の地理的距離は思いのほか近く、雪峰の会下を離れた後、北上して浙江で活躍する禅者は少なくない。

言うまでもなく南方最大の教団の指導者である雪峰と文偃の相見の一段は、いずれの資料においても等しく記される。

枝末のことながら、この件に関する雷岳の「実性碑」の一段「師、遂に閩に入り、纔かに象骨に登り（中略）還って戴角に同じし」は、実は『祖堂集』の記事と若干の文字の異なりはあるもののおよそ一致する。成立した時期の前後から考えてみて、雷岳は「実性碑」を撰するにあたって、『祖堂集』の記事を知ったうえで引用したことになる。また「遊方遺録」（『広録』）は次のように記す。

師、雪峰の荘に到り一僧に見《まみ》ゆ。師問う、上座、今日、上山し去るや。僧云く、是なり。師云く、一則の因縁を寄せん、堂頭和尚に問うべし。秖是《た》だ是れ別人の語と道うことを得ざれ。僧云く、得。

師云く、上座、山中に到りて和尚上堂して、衆、纔かに集まるを見れば、便ち出て腕を握り立地《ただち》に云え、這の老漢項上の鉄枷、何ぞ脱却せざる、と。其の僧、一に師の教えに依る。雪峰、這の僧の与麽に道うを見て、便ち座より下り胸を攔《さえぎ》り、其の僧を把住《つかまえ》て云く、速かに道え速かに道え。僧、対えず。雪峰、托開《つきとば》して云く、是れ汝の語にあらず。僧云く、是れ某甲の語なり。雪峰云く、侍者、縄棒を将ち来れ。僧云く、是れ某の語にあらず。是れ荘上にて一の浙中の上座、某甲をして来道せしむ。雪峰云く、大衆よ、去きて荘上に五百人の善知識の来るを迎取せよ。師、次日、上山するに、雪峰、纔かに見て便ち云く、什麽に因りて与麽の地に得到するや。師乃ち低頭す。茲れ従り契合す。（五七三b）

文偃は雪峰山に至るや、山下の荘で一僧に会い、この僧に、鉄枷《てつかせ》でがんじがらめになっているマネをして雪峰に「どうしたら抜け出せるか」と問わせたところ、雪峰はこれを看破し、優れた人物の到来を知り出迎えさせた。文偃が低頭することで二人の機縁は契ったという。

このエピソードは「行録」「実性碑」「碑銘」には記されないから、相当脚色されている可能性を否定できないが、雪峰に到ったとき、禅者としてすでに十分な力を持っていたと考えられていたと見てよい。

雪峰の会下に投じた文偃の修学について「行録」では、「温研すること稔を積み、道、存と契う。遂に密かに宗印を以て師に付す。是れ由り回りて存に稟《う》く」とする。「温研」は誠実あるいは濃密に研鑽を積むの意であろう。そのような生活を営むこと数年、義存の仏法にかない、法を嗣いだという

のである。『伝灯録』でも、

益ます玄要を資《たくわ》うるも、因りて器を蔵《かく》して衆に混ず。（大正蔵五一-三五六b）

とするのであるから、文偃は睦州より得た境涯に加え、雪峰の会下で学ぶこと多くしたが、その機（実力）の優れたるを隠して大衆とともに修行していた。雪峰のみ文偃の実力を知って、密かに付嘱したとする。ちなみに「実性碑」では、雪峰と文偃の嗣法をめぐって

後、雪峰、遷化《せんげ》せんとす。学徒、乃ち峰に問う、仏法、誰にか付すや。峰曰く、松の偃《よこた》わる処に遇えば住《とど》まれ。学徒、其の機を識ることなし。偃とは蓋し師の名なり。

と記録する。「碑銘」も同様の記事を記す。このあたりの記事は明らかに意図的である。

そしてこのような微妙な表現、実は雪峰会下における文偃の立場を暗示しているように思う。第二章でも触れるように、雪峰と趙州、そして雲門文偃、玄沙師備の立場や相互の意識をめぐっては、入矢義高氏に「雪峰と玄沙」（『自己と超越』所収）などの論考がある。そこでは「南に雪峰有り、北に趙州有り」とか「雪峰は南、趙州は北」などの言葉が知られているものの、それは単なる並列的な表現では決してないこと、懐の深い雪峰の宗風と対比的に厳しい趙州の禅、師の教えすら乗り超えようとする玄沙と文偃のことばなどが具体的に提示されていて、きわめて示唆的である。

入矢氏は、師すら超えようとする玄沙と雲門を雪峰門下の「鬼っ子」と評され、さらに雲門は玄沙すら乗り超えているとする。

このような文偃の禅は雪峰の指導だけで形成されたわけではない。根底に睦州の禅があるように考えうること、再三述べるとおりであり、それが結果として、雪峰会下での文偃の立場を複雑にする。

たとえば『広録』の「室中語要」に引用される雪峰の言葉と、それに対する文偃のコメントなどは、敬意を払いつつもすでに雪峰と対等、時に雪峰を超えている。

挙す、雪峰、僧を喚ぶ、近前し来れ。僧、近前す。峰云く、去れ。師、挙し了って僧に問う、爾、作麽生か叉手《しゃしゅ》の句を道得するや。爾、若し叉手の句を道得せば、即ち雪峰に見《まみ》えん。（五五四c）

叉手近前は質問の恰好。喚ばれたからといって、わけも分からず出ていけば途端に見破られる。文偃は、雪峰のエピソードを踏まえて僧に質問するが、まともに質問できれば雪峰に出会える、一人前といったところであろう。

挙す、雪峰云く、飯籮《めしびつ》の辺《ちかく》に坐す餓死の人。河に臨む渇死の漢。玄沙云く、飯籮辺に坐す餓死の漢。水裏に頭を没し浸す渇死の漢。師云く、通身是れ飯、通身是れ水。（五五六c）

仏法と紙一重までいっても一体になれない凡夫たち。雪峰や玄沙はそれぞれ修行者に警句を発するが、文偃からすればもともと一体なのにどうして紙一重、別のまま死なくてはならないのか。雲門は二人の発言をさらに深める。

このように見てくると、時間的には後のことになるにしても、次のことばも文偃の雪峰下における微妙な立場の延長線上にありはしないか。

師、僧に問う、甚《いず》れの処より来る。僧云く、崇寿より来る。師云く、崇寿に何の言句か有る。僧云く、崇寿、橙子を指して衆に謂いて云く、橙子を識得すれば周匝余り有り。師云く、我は即ち与麽ならず。匝云く、和尚、又た如何ん。師云く、橙子を識得すれば天地懸殊す。（五七三a）

「橙子《とうし》」は腰掛けの一種という。崇寿は言うまでもなく玄沙―羅漢桂琛と嗣ぐ法眼文益（八八五―九五八）。文偃より二二歳ほど若い。法眼の言うように、一個の腰掛けに全法界を見るのは禅で言えば基本中の基本だが、そこにこだわれば途端に天地ほどの違いができるというのが文偃の主張である。さらに

　挙す、崇寿、僧に問う、還って灯籠を見るや。僧無語。師、代って云く、灯籠を推倒せよ。（五五七b）

灯籠に象徴される全法界＝仏法の立場を、文偃は「灯籠をひっくり返せ」と否定する。このほか羅漢桂琛と法眼との次の問答に対するコメントも、すでに仏法中にある存在を、いまさら済度するとかしないとかと問題にするなぞは論外のことで、自分なら、一棒をあたえる（ひっぱたく）か、あるいは言説を離れて、ただ近前させ口出しさせないようにするだけだとする。

　挙す、地蔵、崇寿に問う、爾、久しき後、什麽を将って人を利済するや。寿云く、利済せざるなし。蔵云く、一法も利済を得るなし。師（雲門）云く、直饒い与麽なるも也た好し棒を喫するに。又た云く、当時、但だ喚びて近前し来らしめ、已後、伊《かれ》をして鴿啄《かんたく》の処なからしめん。（五六一b）

文偃における羅漢、法眼の師資に対する対抗意識――それは当然玄沙を見据えてのものであろう――は隠しようがないように思う。

一方、法眼がブッダの誕生をめぐる文偃の言葉、

　師云く、我、当時、若し見《み》れば、一棒もて打殺して狗子に与えて喫却せしめ、貴むらくは天下太平を図らん。（五六〇b）

に対して、『法眼録』の中で次のように言うのも、両者が互いに意識しあっていたことを示していよう。「要且《ようか》つ」は「つまるところ」の意。

師（法眼）云く、雲門の気勢、甚だ大なるも、要且つ仏法の道理なし。（大正蔵四七―五九二b）

ともかく『碧巌録』第二二則「雪峰鼈鼻蛇《べつびじや》」における文偃の位置づけなどは、すでに雪峰会下において別格に扱われていたことを主張してはいないか――もっともこの公案における文偃の言葉は、『祖堂集』や『伝灯録』では記録されていない。とすれば文偃の言葉が追録されることにどのような意味が持たされたのかを問題としなくてはならないのだが――、ともかく『碧巌録』のもととなった『雪竇頌古』（禅の語録一五、筑摩書房、一九八一年）から当該の箇所の訓読文と現代語訳を引用しよう。

挙す。雪峰、衆に示して云く、「南山に一条の鼈鼻蛇《べつびじや》有り。汝等諸人、切に須《すべか》らく好く看《み》るべし。」長慶出でて云く、「今日堂中に大いに人有って喪身失命《そうしんしつみよう》す。」僧、玄沙《げんしや》に挙似《こじ》す。沙云く、「須らく是れ稜《りよう》兄《ひん》にして始めて得べし。此の如くなりと然雖《いえど》も、我は即ち与麽《よも》ならず。」僧云く、「和尚は作麽生《そもさん》。」沙云く、「南山を用いて作麽。」雲門、拄杖《しゆじよう》を以て雪峰の面前に攛向《ざんこう》し、怕《おそ》るる勢を作《な》す。（同書、六八頁）

雪峰が大衆に教えて言った、「向うの山に鼻のひしゃげた蛇が一匹いる。君たちみんなよくよく気をつけて見ることだ。」長慶が進み出て、「今日という今日は、僧堂で一人みごとにやられることうけあい。」ある僧が、玄沙にこの話をすると、玄沙、「稜の兄貴なればこその答えだ。だがしかし、俺ならそうは言わん。」僧、「和尚ならどう言われます。」玄沙、「向うの山なんぞ持ち出して何になる。」雲門は〔それを聞くと〕、拄杖を雪峰の前に放り出して、おっかなびっくりの様子

をした。（同書、六九頁）

ここでも文偃はすでに雪峰子飼いの弟子の域を超えている。雪竇が、雲門宗に属することを踏まえるにしても、次に記す雪竇のコメントも明らかに文偃を顕彰している。

象骨山はけわしくて誰も登りきれぬ。登りきれるのは蛇つかいの男にかぎる。稜先生も備先生もまだまだ手が出せん。ここで命を落した者は数も知れぬ。雲門は心得たもの、用心ぶかく草をはらったが、南も北も東も西も、どこにも見つからぬと見るや、いきなり杖をつきだして、雪峰めがけて投げつけ、ぱっくり口をあけた、云々。（同前）

雪峰会下の人間関係に深入りしすぎたようなので、話をもどす必要がある。

いったい上堂の際に嗣承香を焚くことで自分が所属する宗派や師匠を明らかにするという、宋代にいたって慣習化する儀礼が時代的にどこまで遡及できるか定かでない。はじめての説法、開堂にあたって文偃が雪峰に嗣承香を焚いたかどうかも分からない。

ただ「実性碑」や「碑銘」が、あくまでも秘密裏に行われたと記すにしても雪峰から文偃への「伝法」を言う以上、文偃自身が「自分の本師は雪峰である」と述べたことになろう。同時に文偃に最も近い人たちが関係する伝記資料が、口をそろえて雪峰から文偃への隠密裏での伝法を強調する背景には、明らかに史実を超えての意図がある。

一つは同じ韶州で開法する六祖との近似性である。くわしくは本シリーズ『慧能』に譲るが、五祖から六祖への伝法が秘密裏におこなわれたことは『六祖壇経』などをとおして誰もが知るエピソードであった。雲門も、六祖と同じように秘密の内に大法を相続し、これまた同じように韶州の地で開法したと、会下の人々から信じられたのではないか。文偃その人の思いは別にして、その会下の人々の胸の内に、大法の相続者は今は亡き六祖はもちろんながら、現に雲門山に開法された文偃禅師もまた大法の相続者である、という主張がありはしなかったか。

いま一つは先にも述べたような雪峰教団内部の複雑な人間関係である。それは禅風のちがいにとどまらない。常盤大定『続支那仏教の研究』(四五九頁)、あるいは柳田聖山「祖堂集の資料価値」(禅学研究四四、一九五三年)の指摘によれば、当時の雪峰門下、もしくはその法嗣の間――特に玄沙派と鼓山派の人々の間――には、種々なる確執暗闘があったとされる。文偃がその禅機を方寸に秘めて表に出さなかったとするのは、あるいはこの派閥間の抗争を嫌ったからかもしれない。見てきたように文偃は雪峰子飼いの門人ではないし、また代表格として扱われているわけではない。

『雪峰真覚大師年譜』の乾寧元年(八九四)の条が、

時に嗣法の門人の、大法を闡揚する者、五十六人有り。玄沙備、鵞湖孚、岩洞休、招慶稜、雲門偃、鼓山晏等なり。(続蔵二-二四-五、四九〇a)

とするのは、それなりの意味があろう。中国文献における順序重視を踏まえるなら弟子の筆頭は玄沙であり、文偃は長慶と鼓山の間と言うより、評判芳しからぬ鼓山よりは上位という所に位置するということになる。鼓山にしてみれば、外様の雲門よりも評価が低いということになる。また『伝灯録』巻一八、一九でも文偃の位置は二九番目である。再三言うように文偃は雪峰の子飼いの弟子ではない。子飼いでないからこそ大法の相続は、秘密の内になされたと主張することが、雲門系の後人にすれば自らの正統性をより強調するためには、どうしても必要だった。手本は近在する曹渓の慧能にある。

もっともこのように言うと、雪峰と文偃の関係はまったくのでっち上げのように受け取られかねないが、しかし後に述べるように雲門の禅の特徴の一つとして他者の言葉へのコメント・著語《じゃくご》を挙げるとき、その基本はやはり雪峰への修学の過程で培われたとみるのが妥当と思われる。当時、雪峰教団にはさまざまな禅者が出入りするが、そのもたらした情報が『祖堂集』や『伝灯録』の成立を促す。その意味で文偃を雪峰教団の申し子と言うことはできる。文偃のコメントは後に「室中語要」（『広録』）などにまとめられる。集積した情報を整理し、コメントし、コメントすることで自身の禅を特徴づける。その意味で文偃を雪峰教団の申し子と言うことはできる。

ともあれ文偃は、この時点で黄檗―睦州と次第する南岳系の禅と、雪峰に伝わる青原系の禅をともども学んだことになる。そしてこれも雲門の禅の特色の一つ――一字関――につながる。

遊行の旅

結局、それがいつかは定かでないのだが密かに付法された文偃は、その後、存命中の雪峰の会下を辞して――それは他の雪峰の門人たちとは一線を画すことをも意味するが――、諸国の祖師の会下を遊歴する。文偃自ら「遺表」（『広録』）において、

風霜に困ずること十七年の間、南北を数千里の外に渉る。（五七五a）

と遊歴の事実を述べる。この「十七年」という数字がどこを起点としたものかという問題がのこるかもしれないが、二〇歳で具足戒を受け、志澄に数年近侍、睦州に参学、雪峰に参学、遊方という大まかな流れを勘案すると、風霜に困じた一七年間とは遊方の期間を指しているとみて不都合はない。

後述のように、この一七年間の遊方の結果、九一一年、文偃四八歳の時には韶州の霊樹如敏の会下に投じている。とすれば逆算して遊歴をはじめたのは八九五年、文偃三二歳の頃であったと推定できる。先に述べたように、文偃は二四、五歳で雪峰に参じたと思われるから、七、八年間は雪峰会下にあったことになろう。

いったいこの時代は、雪峰や洞山の場合にもみられるように、諸方の尊宿を歴参することは決して特別なことではなかった。ただそれは本当の師にめぐり合うことが主たる目的であって、得法の後、しかも一七年の長きにわたる遊歴となるとそれは他に例があるのかどうか。ともあれ文偃の場合、雪峰山を出た理由が何にせよ、雪峰会下で学んだ禅、すなわち後に雲門の禅の特徴とされる、他人の生きざま・言葉への関心の強さが遊行の根底にあったにちがいない。

かくして文偃は、雪峰生存中にもかかわらず、その会下を辞して諸方を遊歴する。その編集はあきらかに後世ながら「遊方遺録」(『広録』)には、文偃とさまざまな禅者との問答が収録される。洞巌、疎山、曹山、鵞湖、帰宗、乾峰、灌渓等である。かつて睦州の刺史を務めた陳操も、ここでは江州刺史として名を連ねる。

見るかぎりその遊歴の中心は、福建とは武夷山脈を隔てて隣接する江西の地である。江西は五代では南唐の版図であるが、往来は比較的自由だったのであろう。なによりこの地は江湖の禅の一翼を担う。加えて北地に比べれば政治的にもそれなりの安定を見せていた江湖の仏教界というものは、やはり大きな魅力を有していたのではあるまいか。

いま一つは「生縁」を求めてではなかったか。強い影響を受けた睦州に縁なく、雪峰にも縁のなかった文偃である。のちに「生縁はここにある」と喝破する文偃だが、それはさまざまな意味において理解者があってのことである。後の発言から推しても、理解の程度にはさまざまあるにしても法の興隆に外護者は必要と考えていたに違いない。

いま一つ。後にふれるように入矢義高氏は、文偃の禅を一処にとどまることを拒否するものと特徴づける。心身ともに「一処不住」となれば、文偃の遊行はますます単なる遊行ではないことになる。

霊樹如敏との出会い

一七年間の遊歴の最後に、文偃は韶州にあった霊樹如敏（?―九一八）の会下に到る。

霊樹山の位置はいま一つ定かでない。近代になって雲門山の復興に尽力した虚雲（一八四〇―一九五九）が探索しても、結局、判然としなかったらしい。いずれにしても「実性碑」では、「辛未《かのとひつじ》（九一一）に文偃は、曹渓にて六祖慧能の真身像を礼し、めぐって霊樹に謁し、文偃と霊樹は互いに心機を以って応対するのであり、両者の交情は大層深いものがあった」と伝えている。「碑銘」でも同様の記事を掲げる。一見して機縁が契ったことになるが、そこにはともに南岳系の禅を学んだということ、さらに文偃がすでにひとかどの禅者となっていたことが前提にあろう。

そもそも霊樹は、馬祖―百丈―長慶大安―霊樹と嗣いだ人であり、その伝は『祖堂集』巻一九、『宋高僧伝』巻二二、『伝灯録』巻一一に見出される。それらによれば閩川の人である如敏は、得法ののち韶州霊樹山に開法、「頗《すこぶ》る異迹が有る」とみなされ、南漢劉氏の帰依を一身に集めていた。れっきとした禅僧と「異迹」（すぐれたあと形、ここではすぐれた神通力をさす）とは一見そぐわないが、拙著

『中国禅宗教団と民衆』において述べたように禅宗教団の展開と「異迹」とは、我々の想像以上に深いつながりがある。ともかく黄檗―睦州の禅を学んだ文偃と霊樹の関係は思いのほか近しい。

相当に脚色された結果であろうが、『碧巌録』第六則は次のように伝える。

霊樹、二十年、首座《しゆそ》を請ぜず、常に云く、我が首座生ぜり。又た云く、我が首座牧牛せり。復た云く、我が首座、行脚せりと。忽ち一日、鐘を撞かしめて三門前に首座を接す。衆、皆な之を訝る。雲門、果たして至る。便ち請じて首座寮に入らしめ包を解かしむ。霊樹、人、号して知聖禅師と曰う。過去未来の事、皆な預知せり。（大正蔵四八－一四五c）

霊樹と文偃のつながりが単なる偶然ではないとする一段である。霊樹は文偃の誕生から、行脚に出て自分の所へやってくるまでの総てを予知していたといい、やってきた雲門を、長い間空席であった首座に任命したというのである。

どこまでが事実なのか、これも定かではない。ただし霊樹その人が禅者としてではなく、むしろ神通力をもって知られていたとは、諸伝等しく伝えるところである。その神通力を仲立ちとして霊樹と文偃が結ばれたとする記述は、霊樹の後席を文偃が補すためにはどうしても必要であった。ここでは修学や法の近さはあまり意味を持っていなかったこと、さらに当時の霊樹院や、のちの文偃を取り巻く南漢朝の期待がどのようなものであったかが暗示される。

文偃が霊樹の会下に投じてから八年後に霊樹は遷化する。この八年間の文偃の動向は全く不明である。後に見るように現存する『広録』は、文偃による霊樹山での初開堂から始まる。『祖庭事苑』が見た雲門の『語録』は、現存の『広録』の言葉以前にも文偃の語のあることを示すから、この失われた部分に両者のやりとりが収録されていた可能性を否定できないが、しかし当面、霊樹と文偃が、日常どのようなやりとりを交わしたかを知る手だてはない。

ともかく「行録」は、遷化の時が迫ったことを自覚した霊樹が遺書を南漢の高祖に認め、文偃にその法席を継がしめるよう願ったと伝える。

文偃が霊樹の法席を継いだ経緯は、『伝灯録』に詳述される。すなわち『伝灯録』巻一一は、霊樹の示寂と文偃が継席する前後のさまを、次のように伝える。

師、四十余年、化は嶺表に被《あまね》く、頗る異迹有り。広主、将に兵を興さんとし、躬《みずか》ら院に入り師に臧否《ぞうひ》を決するを請わんとす。師、已《すで》先に知りて怡然《いぜん》として坐化す。主、知事を怒りて云く、和尚、何れの時に疾を得たるや。対えて曰く、師、曾て疾有らず。適《たま》たま一の函子《はこ》を封して王の来るを俟《ま》ちて之を呈せしむ。主、函を開きて一の帖子を得るに、書に云く、人天の眼目は堂中の首座。主、師の旨を悟り遂に兵を寝《や》む。乃ち第一坐を召して開堂説法せしむ。〈即ち雲門偃和尚にして、法を雪峰に嗣ぐ、是れなり。〉師の全身散ぜず。其の葬具龕塔《がんとう》、並《す》べて広主具《つぶ》さに弁ず。今、霊樹真身の塔と号す。（大正蔵五一－二八六c）

「実性碑」は「丁丑《ひのとうし》（九一七）に霊樹は文偃及び門人を召して、自分の滅後は、必ず無上の人が来山して自分の茶毘を行ってくれるであろうと述べ、翌戊寅《つちのえとら》（九一八）に、高祖天皇大帝が韶州に至るや霊樹は遷化し、高祖はこれを茶毘して舎利を得、その姿を形づくって方丈に安置した」と伝えている。「碑銘」も同内容の記事であるから、「行録」やそれを承けたであろう『伝灯録』の記事は、いささかの誇張を想定しても興味ある内容と言える。

- 青原行思—石頭希遷
  - 薬山惟儼
    - 雲巌曇晟—洞山良价 曹洞宗
      - 曹山本寂
      - 雲居道膺—（三代）—大陽警玄
        - 投子義青—芙蓉道楷
      - 疎山匡仁
    - 船子徳誠—夾山善会
  - 鼓山神晏
  - 双泉師寛—五祖師戒
  - 双泉仁郁—徳山慧遠—開先善暹—仏印了元
  - 長蘆崇信—慈受懐深
  - 法雲法秀—仏国惟白 続灯録
- 南岳懐譲—馬祖道一
  - 百丈懐海 百丈清規
    - 黄檗希運
      - 臨済義玄 臨済宗 臨済録—（六代）
        - 楊岐方会—（二代）—圜悟克勤 碧巌録—大慧宗杲
        - 黄龍慧南
          - 東林常総
          - 泐潭応乾—円通道旻
          - 真浄克文—覚範慧洪 石門文字禅 禅林僧宝伝
      - 睦州道蹤（道明）—陳操
    - 長慶大安（福州）—霊樹如敏
    - 潙山霊祐 潙仰宗—仰山慧寂
  - 南泉普願—趙州従諗
- 南陽慧忠—耽源応真

「ひとこと」の思い――雲門文偃《うんもんぶんえん》――

永井 政之

「嶺南」と呼ばれる広東の地が、中原に住む漢民族から中華文明の埒外にあると見なされ、文化果つる地とされていたこと、いささか中国の歴史を学べば誰もが知るところである。五祖弘忍と六祖慧能との初相見のやりとりは、右のような常識を仏法の立場からひっくり返したところに妙味がある。とは言っても、高温多湿の地が快適な生活環境であるはずはない。言葉にも食事にも独特のものがある。かくして都人《みやこびと》がこの地を「未開の地」と見なすことを安易に非難できそうもない。官僚にとってこの地に赴任することとは、明らかに「左遷」を意味した。

では禅僧雲門の場合はどうか。嘉興の文人の一族に生まれ、様々に流転した挙げ句、やっとのことで嶺南に安住の地を見出すまでの過程は本文に見るとおりである。

そもそも禅思想の基本は、「仏法」を我が物にした人が毎日の生活の中でその仏法を踏まえてどう生きていくかということにある。本来性と現実性とは「相即」しなくてはならない。言うまでもなく雲門の言葉は、「禅語」と呼ばれるにふさわしい。日々是好日、花薬欄、金毛獅子、乾屎橛。一字で「仏法」そのものを言いつくす。雪竇たちの尽力もあって、これらは禅の歴史の中で大きな役割をはたす。ただしオリジナルの雲門の世界は私達がイメージする雲門の世界とは異なったものではなかったか。そもそも雲門を保護した南漢劉氏一族、常なる臨戦態勢にあって、強権政治を敷きつつの仏教帰依である。帰依の実態も凡そ知れている。彼らに分かりやすく仏教を説いたとしてそれがどこまで理解されたか。また弟子達がどこまで雲門の心中を理解したか。亡くなった師匠をついにミイラにしてしまう程度のものではなかったか。

自ら納得しての広東住まいであったにせよ、理想と現実のギャップは小さくなかった。このギャップを埋めるためには、細かな議論は抜きにして、インパクトのある一言に思いを込めることしか、手だてはなかったかもしれない。かくして雲門の言葉は、その一言一言が「異類中行」という現実の中から、迸《ほとばし》るようにして、あるいは絶叫するようにして生まれたものではなかったか。

いいことも悪いことも、雲門自身を取り巻く現実の一切合切を丸抱えにした「日々是好日」、戦乱の世の、つかの間の平和を象徴する「花薬欄」。

雲門にしてみれば、これこそが本来性と現実性を結ぶ唯一の手だてであった。そんなこんなを妄想しながら読み進めることを許容するほどの懐《ふところ》の深さが、『雲門広録』にはあると気がついた。

（著者）

ここに記されている高祖天皇大帝が、当時広東省一帯を支配していた南漢朝廷の国王である劉龑《りゅうげん》（高祖、九一七―九四二治世）であることについては、すでに忽滑谷快天『禅学思想史』上巻において詳細に論述されていて贅言を要しないのであるが、確認のために清代の呉蘭修による『南漢紀』を手がかりに南漢朝の歴史について簡単に述べておこう。

いったいイラン系の少数民族ではないかという説もある劉氏は、初代の劉謙が唐末になって封州刺史となり、劉謙没後、子の劉隠がその後を承け、天祐二年（九〇五）に清海軍節度使に任ぜられ、さらに梁の開平三年（九〇九）に南平王、翌四年、南海王に封ぜられている。乾化元年（九一一）に劉隠が没すると謙の庶子である劉龑（高祖）が即位して国号を大越としたがのちに漢と改めた。光天元年（九四二）、高祖を踵《つ》いだ劉玢《ふん》（殤帝）は悪行の故に翌年には暗殺され、弟の劉晟《せい》（中宗）が即位した。この頃、湖南が大いに乱れたが南漢はこれを制圧し、ついで桂州、連州、宜州、厳州、梧州、蒙州、郴州、交州などを統治下に置いた。

大宝元年（九五八）、劉鋹《ちょう》（後主）が即位したが、結局、宋に滅ぼされるにいたった。ただ劉鋹は死を免れて左千牛衛大将軍に任ぜられ、恩赦侯に封ぜられている。

劉謙―┬―南海王劉隠（九一〇―九一一在位）
　　　└―南漢高祖劉龑（劉陟、九一七―九四二、年号＝乾亨・白龍・大有）―┬―殤帝劉玢（九四二―九四三、年号＝光天）
　　　　　　　　　　　　　　　　　　　　　　　　　　　　　　　　　　└―中宗劉晟（九四三―九五八、年号＝応乾・乾和）―後主劉鋹（九五八―九七一、年号＝大宝）

ともかく文偃は、結果的には高祖劉龑、殤帝劉玢、中宗劉晟の三代の帰依を受けたことになる。ただしそれはかなりの気配りを必要としたものであったろう。一国を形成していたにしても唐王朝とは敵対関係にある、しかも異民族かもしれない一族である。誇り高い張翰の末裔は何を考えたのであろうか。まして『伝灯録』が伝えるような、霊樹と南漢との関係をそのまま継承したとなれば、まっとうな禅者としての評価もさることながら、緊迫を余儀なくされた政治情勢の中で、マジカルな部分への期待も大いにあったであろうことも容易に推測できる。その部分への対応についてもゆるがせにはできなかったはずだからである。

霊樹の道場をつぐ

さて、霊樹の没後、霊樹の推薦の故もあって文偃はその法席を継ぐこととなる。韶州刺史の任にあった何希範による「請疏」（『広録』）がいまに残る。

弟子、韶州防禦使、兼ねて防遏指揮使、権知軍州事、銀青光禄大夫、検校兵部尚書、御史大夫上柱国の何希範、洎《およ》び闔郡の官僚等、霊樹禅院の第一座、偃和尚に請うらくは、恭しく皇帝陛下の為に開堂説法して、上、聖寿を資《たす》けんことを。竊《ひそ》かに以《おもん》みるに、伽跋西来して克《よ》く大乗の教えを興し、達磨東に至りて、乃ち心印の宗を伝う。法炬を然《もや》して以て幽《くら》きを燭《てら》し、慈舟を運んで溺るるを済う。伏して惟みれば和尚、慧珠は彩を奮い、心鏡は輝きを発す。性海の深沈たること識を以て識るべからず、言泉の玄奥なること智を以て知るべからず。能く一相の門を造り、迴りて六塵の境を出ず。霊樹禅院は敻古《けいこ》よりの霊蹤にして最上の勝概たり。知聖大師の順世して、密かに付嘱の詞を授けてより、皇帝は巡狩され栄加寵光の命もてすれば、祇園の柱礎、梵苑の梯航と為すべきに足れり。緇徒は虔心にして以て帰依し、仕庶は精誠にして信仰す。希範、叨《かたじ》けなくも使命を権《か》り、謬って名藩を治む。幸いにも法匠の風に逢う。請うらくは方丈の室に踞《きょ》し、願わくは広き済いを以て益を為し、自利を将って懐いを処すことなかれ。少狥《しょうじゅん》披蓁《ひしん》の徒、佇集すること雲の如き衆、俯して請う所に従わんことを。即ち具《つぶさ》に奏聞す。（五七六a）

美辞麗句を連ねた「請疏」だが、その趣旨を掲げるなら次のようになろうか。

韶州防禦使などの役職を務めおります弟子の何希範、さらに全郡の役人等は霊樹禅院の第一座である文偃和尚さまが皇帝陛下の長寿のために開堂説法下さいますようお願いいたします。考えますに伽跋《ばつ》は西来して大乗の教えを伝え、達磨も東へ渡り来て禅の教えを伝えました。それぞれが教えのたいまつをもって幽冥を照らし、慈悲の船を出して溺れる人を救ったものです。伏して考えますに和尚さんの智慧は彩り鮮やかで心の鏡は輝いております。和尚さんの究められた仏性海の深さは測りようがなく、言葉の奥深さも測りようがありません。このように和尚さんは真実そのものの門を作られ、世俗から超越されております。ところで霊樹禅院は古来からのすばらしい霊蹟であります。知聖大師如敏禅師が亡くなられるにあたり、密かに貴方に後事を託してより、皇帝陛下は霊樹山に行幸され貴方に住持になられるよう命じられました。僧たちも在俗のものたちも、みな貴方に帰依し信仰しています。私希範は陛下の命を受けて此の地をおさめておりますが、和尚さんのすばらしい教えに触れることができました。願わくは住職となられ、人々を救い法益をお与え下さい。自利だけをはからず、法縁の薄い者、雲のように集まって願っている者の願いにお答え下さい。お願いいたします。

先に述べたように、もともと六祖の塔を礼するのが主たる目的であったろう広東入りであった。結果的にその会下で八年の歳月が過ぎたのは霊樹とウマがあったからとしか言いようがない。すでに睦州の接化を受け、雪峰に嗣いだ文偃が首座を務める意味は、霊樹にとっても小さくない。ちなみに「人天眼目堂中首座」の語は、現在でも首座職に任ぜられることを「八字盛栄」と言うくらいに禅門で知られる。

ともあれ現存の文偃の語録『広録』は、この初開堂の言葉からはじまる。

師、上堂し良や久しくして云く、夫れ唱道の機は固より諧《あわ》せ剖《わ》け難し。若し也た一言にして相い契うも、猶お是れ多途あり。況や復た忉忉たれば、何の益する所か有らん。然も且つ教乗の中には、各おの殊《ことな》る分有り。律は戒学と為《な》り、経は定学と為り、論は慧学と為る。三蔵五乗五時八教、各おの帰する所有り。然も一乗円頓も也た大いに明らめ難し。直下に明得するも衲僧と天地ほども懸《はる》かに殊る。若し衲僧門下に向《お》いて句裏に機を呈せんとすれば、徒らに佇思を労すべし。門庭敲磕は千差万別たり、歩みを前に進めんと擬《す》れば、過《あや》まてり。他の舌頭を尋ねて路を布く。従上来の事、合《まさ》に作麽生。者裏に向いて円と道い頓と道い得るや。者辺那辺に得るや。錯って会すること莫くんば好し。与麽に道うを見ること莫くば、便ち不円不頓の処に向いて卜度《ぼくたく》すべし。者裏も也た須く是れ箇の人にして始めて得べし。師に依りし語、相似の語、測度の語を将ってすること莫く、到る処に中を呈し、将に自己の見解と為さんとす。錯って会すること莫かれ。祇だ如今、什麽の事有りて、衆に対して決択せん。

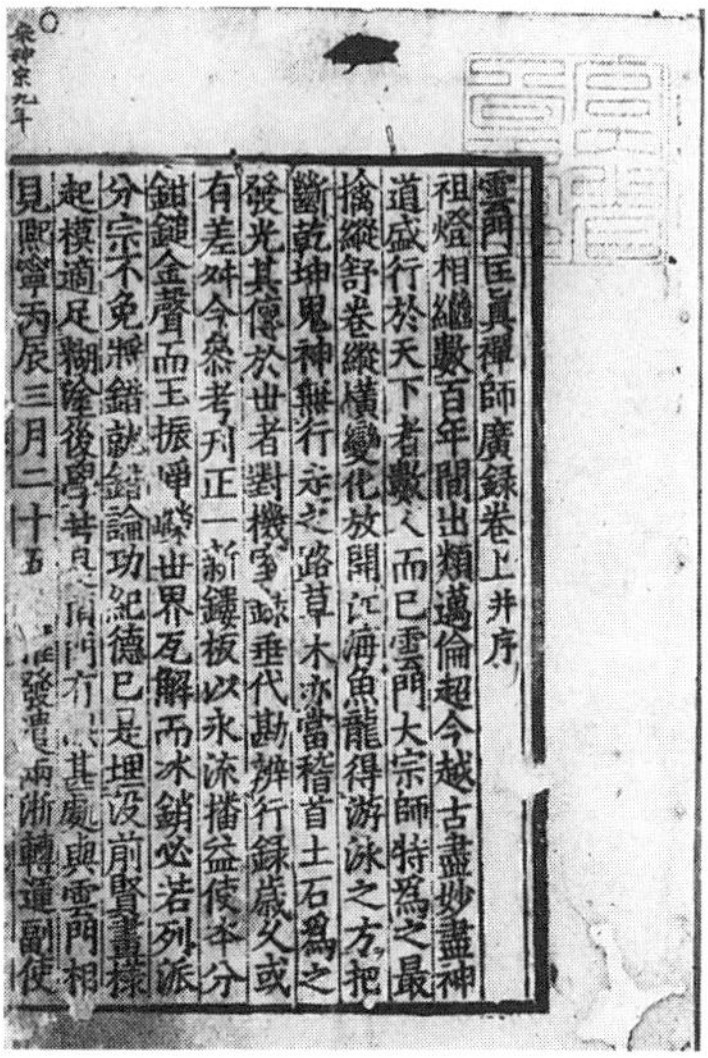
雲門匡真禪師廣録卷上并序
祖燈相繼數百年間出類邁倫超今越古盡妙盡神
道盛行於天下者數人而已雲門大宗師特爲之最
擒縱舒卷縱横變化放開江海魚龍得游泳之方把
斷乾坤鬼神無行走之路草木亦當稽首土石爲之
發光其傳於世者對機室中垂代勘辨行録歳久或
有差舛今參考刊正一新鏤板以永流播益使本分
鉗鎚金聲而玉振乎嗚世界互解而冰銷必若列派
分宗不免將錯就錯論功紀德已是埋没前賢畫樣
起模適足糊塗後學若具頂門竹眼其處與雲門相
見熈寧丙辰三月二十五日福發運兩浙轉運副使

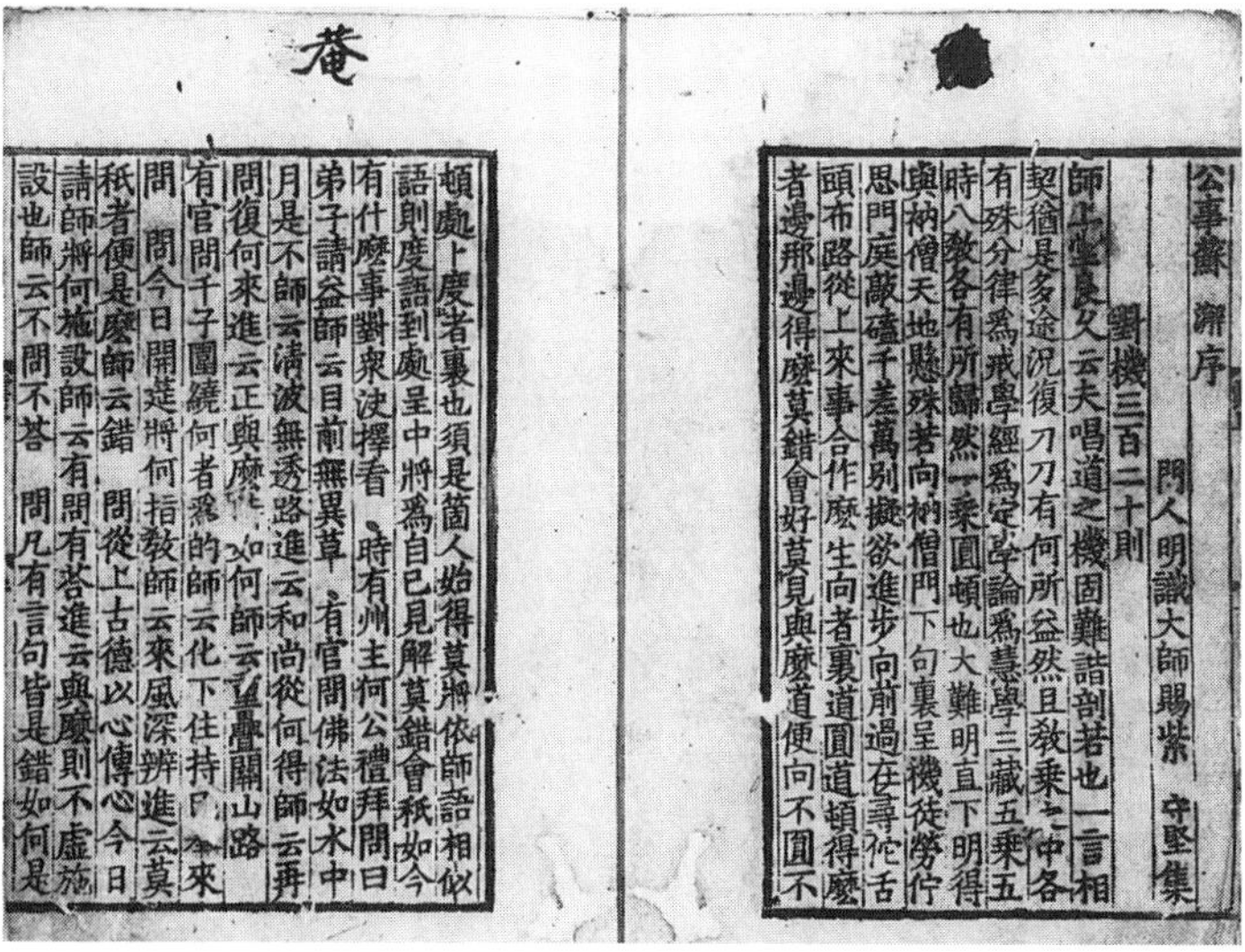
門人明識大師賜紫　守堅集
對機三百二十則
師上堂良久云夫唱道之機固難詣剖若也一言相
契猶是多途況復刀刃有何所益然且教乘之中各
有殊分律爲戒學經爲定學論爲慧學三藏五乘五
時八教各有所歸然一乘圓頓也大難明直下明得
與衲僧天地懸殊若向衲僧門下句裏呈機徒勞佇
思門庭敲磕千差萬別擬欲進歩向前過在尋他舌
頭布路從上來事合作麼生向者裏道圓道頓得麼
者邊那邊得麼莫錯會好莫見與麼道便向不圓不
頓處上度者裏也須是箇人始得莫將依師語相似
語則度語到處呈中將爲自己見解莫錯會秖如今
有什麼事對衆決擇看　時有州主何公禮拜問曰
弟子請益師云目前無異草　有官問佛法如水中
月是不師云清波無透路進云和尚從何得師云再
問復何來進云正與麼時如何師云重疊關山路
有官問千子圍繞何者爲的師云化下住持門來
問　問今日開筵將何指教師云來風深辨進云莫
秖者便是麼師云錯　問從上古德以心傳心今日
請師將何施設師云有問有答進云與麼則不虛施
設也師云不問不答　問凡有言句皆是錯如何是

『雲門匡真禅師広録』巻上冒頭部分（五山版、宮内庁書陵部所蔵）

時に州主何公有り、礼拝し問いて曰く、弟子、請益せん。師云く、目前に異草なし。官有りて問う、仏法は水中の月の如しと、是なりや。師云く、清波に透路なし。進みて云く、和尚、何れより得るや。師云く、再問、復た何れより来る。進みて云く、正与麽の時、如何ん。師云く、重畳たる関山の路。

官有りて問う、千子圍繞す、何者をか的と為す。師云く、化下の住持、已に来問を奉ず。問う、今日開筵す、将に何を将ってか指教せん。師云く、来風、深く弁ず。進みて云く、紙だ者《こ》れ便ち是れなること莫し。師云く、錯。問う、従上の古徳は以心伝心、今日、師に請うに、何を将って施設するや。師云く、問うこと有れば答うること有り。進みて云く、与麽なれば則ち施設は虚しきにあらざるなり。師云く、問わざれば答えず。問う、凡そ言句有れば、皆な是れ錯。如何なるか是れ不錯。師云く、当風の一句、何れより起こり来る。進みて云く、紙だ者れ便ち是れなること莫し。師云く、錯ること莫かれ。問う、如何なるか是れ啐啄の機。師云く、響。進みて云く、還って応ずるや。師云く、且らく緩緩。問う、如何なるか是れ学人的的の事。師云く、痛く一問を領す。問う、如何なるか是れ教外別伝の一句。師云く、衆に対して問い将ち来れ。

師云く、道うこと莫かれ、今日、諸人を瞞ずと。抑そも已むを得ずして、諸人の前に向いて一場の狼藉を作し、忽ち明眼の人に見られて、一場の笑具と成る。如今、避くることを得ざるなり。且らく汝ら諸人に問う、従来、什麽の事か有り、什麽をか欠少するや。汝に向かいて無事と道わば、已に是れ相い埋没せり。須く者箇《しゃこ》の田地に到りて始めて得べし。亦た口に趁《まか》せて乱りに問い、自己の心裏、黒漫漫地となること莫かれ。明朝後日、大いに事有り。爾、若し根思遅迴なれば、且らく古人の建化の門庭に向いて、東に覷、西に覷るは、是れ什麽の道理ぞ。爾、会せんと欲得するや。都べて是れ汝の無量劫来の妄想濃厚なるに縁り、一期に人の説著するを聞けば、便ち疑心を生ず。仏を問い法を問い、向上を問い向下を問いて、解会を求覓するも、転た没交渉、心に擬すれば即ち差えり。況や復た言える有り、是れ心に擬せざることなからんや。更に什麽の事有りや。珍重。

師は説法の座につかれ、やや暫くして言われた、「そもそも仏法について述べようとすると、（仏法と言葉とは）もともと一体とも別物ともしがたいものである。もしも一言で仏法にかなったとしても、依然としてたくさんの途すじだ。まして（路が多くて）迷って焦るとなれば、何の利益があろう。しかしながら教乗の中にはそれぞれ殊《ことな》った持ち分がある。律は戒学となり、経は定学となり、論は慧学となる。三蔵五乗、五時八教にはそれぞれ帰着するところがある。しかるに一乗円頓（の教え）もまた明らかにすることは大いに難しい。一発で明らかにしたとしても、私とは天地ほども隔たっている。もし私の門下にあって一言の中に仏法の要のところを示そうとしても、それはいたずらに思慮をめぐらすに過ぎない。修行者を導く手だては千差万別、歩みを前に進めると間違う。他人の舌先の言葉を追っかけることになる。従来伝えられてきたこと（仏法）とは、いったいどんなものか。ここのところで円とか頓とか言い得ようか。「ここ」や「そこ」ではどうか。まちがえるなよ。このように言うことが分からないなら、不円不頓の処で「ここ」を推し量ってみよ。（そのようなことは仏法が分かっている）人にして始めてなし得ることだ。師から聞いた言葉、似たような言葉、推量の言葉で（述べようとしては）ならない。いたるところで（仏法に）中《あた》った言葉を示し、自分の考えを作らなくてはならない。まちがえるなよ。まさに今、何事かあるというのなら、皆さんの前で決着してみよう」。

時に州の何希範知事が、礼拝して質問された、「私にいっそうつまびらかに仏法をお教え下さい」。師は言われた、「目前に異なった草はない（皆な仏性）」。

役人が質問する、「仏法は水中の月のようだと言いますが、そうでしょうか」。師は言われる、「水に月光の跡はのこらない（一体だ）」。

進んで問う、「そのことを和尚さんはどこから得ましたか」。師が言われる、「二度も質問して何をしに来た」。進んで問う、「ちょうどこのような時はどうでしょう」。師は言われる、「重なり合った山の道（越えようがない）」。

ある人が質問する、「たくさんの人が取り囲んでいます。誰をねらって説法しますか」。師は言われる、「王化が下されて住持となり、すでに王命を奉じているからには、誰にでも法を説く、質問せよ」。

質問、「今日、法筵が開かれました。何を指し示しますか」。師は言われる、「来る風を慎重にしらべよう（相手の力量次第）」。進んで問う、「ただこのような人がそうなのでしょうか（いまのありよう、そのままでいいのでしょうか）」。師は言われる、「錯（お前さんを見る目がまちがった——）」。

質問、「古来の古徳は以心伝心でしたが、今日、師はどんな手だてでやりますか」。師は言われた、「質問されれば答えがある」。進んで言う、「それならば手だてがないわけではないんですね」。師は言われた、「質問がなければ答えはない」。

質問、「すべて言葉で表そうとすると、皆な間違いとなると、間違いでないとはどのようでしょう」。師は言われた、「ピッタリした一句はどこから来るのか？」進んで問う、「ただこのような人がそうなのでしょうか」。師は言われた、「間違うなよ」。

質問、「啐啄の機とはどのようなことでしょう」。師が言われた、「(質問に即答する) 響きだ」。進んで言う、「もう一度、応えてくれますか」。師は言われた、「まああわてるな」。

質問、「修行者の的的の事とはどのようなことでしょう」。師は言われた、「痛い質問だ」。

質問、「教外別伝の一句とはどのようなことでしょう」。師は言われた、「みんなの前で質問せよ(秘密なぞない)」。

師は言われた、「今日、皆さんを瞞したと言わないでほしい。そもそもやむを得ず、皆さんの前で一場の狼藉をやってしまい、見る目のある人に見られて、一場の笑いものにされてしまったが、今は避けようがない。さて君たちに質問しよう、いままで何があり、何がたりなかったのか。君たちに向かって無事だと言えば、とたんに埋没してしまう。このような心境に到ってはじめて得られるのであり、また口にまかせてみだりに質問してはならぬ。自己の心中は真っ黒だから、いつの日にか大ごととなる。君たち、もし機根や考えがぐずぐずしているなら、しばらく古人の教化の方便門の中で右往左往してみなさい。それはどんな道理なのか、君たちは理解したいと望んでいるか。すべて君たち自身の無量劫以来の妄想の濃厚なるに原因があるのに、あるとき人から聞かされて、たちまち疑いの心を生じ、仏を問い法を問い、向上を問い向下を問い、理解を求めるが、ますます関係なくなってしまい、心に求めようとした途端に違ってしまう。ましてやまた言う者がいる、心に求めないことがあろうかと。さらに何事があるというのか。珍重(さようなら)」。

何希範との問答「目前に異草なし」は、「碑銘」などにも収録されるもので、再三述べるように全体の文脈からして引用した部分は霊樹院での初開堂の時の言葉とみてよい。表向きは、目の前の事象の全てが仏の世界という、慧能あるいは洪州宗以来の禅の立場そのものと捉えてよい。しかしそれだけであろうか。

いささか想像をたくましくしてみよう。あるいは「異草」は、劉氏一族がイラン系中国人と考えられていることを踏まえているかもしれない。そうでなくとも中原からすれば嶺南・南蛮の異民族と言った意味合いを持つことは疑いないし、何より彼らは唐王朝に反旗を翻した反乱軍である。初開堂は、その地に根を下ろすことを前提とする。行脚の挙げ句、嶺南までやってきた文偃が、「生縁」は此の地と思い定めたとき、その胸中には、かの慧能と五祖との初相見のやりとりが去来したのではないか。慧能の言葉「人に南北有りと雖も、仏性は本より南北なし」は、現代の我々が想像する以上に重い意味を持っていたであろう。このような仏法の前にあっては、身分や地域、民族などは関係ないという内外ともどもの確認が「目前無異草」の語にあるように思えてならない。「異類中行」（現実の世界〈俗〉にあって仏法〈聖〉を行ずる）は潙山や南泉だけの世界ではない。このように見れば、かの「日日是好日」の語とても、単に日常生活の中に仏法があるといった程度の理解ではとても追いつかない世界を言ったことになろう。自分の人生においても、また現実の場面においても、決して順調ではないそれを総括しての「日日是好日」の語ではなかったか。

かくして気になることがある。

参集者の大半は霊樹の会下にあった人であろうが、何希範のほか何人かの役人も問答している。あるいは高祖劉龑その人も聴衆の一人であったかもしれない。どれほどの聴衆がこのやり取りを十全に理解し得たのか、両者のギャップをそれぞれがどう埋めていったのか。

さらなる推測が許されるなら、両者の溝はついに埋められることはなかったのではないか。いずれにせよ自らの禅を理解してくれようが、くれまいが、どちらであっても第一義諦（仏の世界）からすれば「異草」なる存在はないし、それが「随波逐浪」の生き方と自ら納得せざるを得なかったのではないか。

雲門山開創

複雑な思いを持ちつつ霊樹院に五年ほど住山した文偃は、ついに霊樹院を出る。「実性碑」ではその間の事情をめぐって「霊樹に住してより後も、文偃の心は唯だ恬黙たるを愛するのであり、高祖の許しを得て、癸未（九二三）に弟子達とともに雲門山に寺を開くことになった。五年を経てその伽藍が完成し、三〇年間にわたって五〇〇人（「碑銘」では千人）の大衆を減ずることがなく、光泰禅院の勅額と朱記を賜わった」旨を記す。五年にして伽藍が完成したというのであるから、それは文偃六四歳。九二七年の時であったろう。九一八年に霊樹が亡くなっているからこの間を通算すればほぼ九年、どのような毎日を過ごしたのか、具体的に記す資料はない。直前に見たように『広録』の冒頭の一段が霊樹山での言葉であることは確実だが、それ以後は雲門山での言葉と見なして良いように思う。単純に考えれば、霊樹山での言葉にはおよそ見るべきものはなかったことになる。この問題は後に考えよう。ともあれ雲門山の伽藍の建設が、南漢朝の全面的な寄進によったことは疑いない。『伝法正宗記』が「其の後、劉氏、復び雲門の大伽藍を治《つく》る」というのは明らかにこのことを指す。

いずれにせよ新たに伽藍を建立する理由が「恬淡たるを愛した」からと言うのは、逆に霊樹山での生活が恬淡でなかったことを想像させる。そもそも「行録」は、霊樹如敏の遺体が荼毘に付され、生前の姿に形づくられたと伝える。遺骨をもって生前の姿を形づくるとはどのようなことなのか分からないが、一方『伝灯録』は「全身不散」の霊樹の真身塔の存在に触れる。このことからして霊樹没後の寺の様子も想像できよう。生前だけでなく、死後もまた霊験あらたかなることが霊樹に期待されたのである。とすれば後席を補した文偃に対する期待についても想像に難くない。

「行録」は霊樹での初開堂の後、入内して説法することが多かったと言う。『広録』の次の一則は、いつなされたかは分からないものの入内してのものであることは間違いない。

師、京に入り受春殿に在り。聖上問う、如何なるか是れ禅。師云く、皇帝の勅有れば臣僧対う。

師、文徳殿に在りて斎に赴く。鞠常侍有りて問う、霊樹の果子、熟するや。師云く、什麽の年中にか信を得て道生ぜん。（五五三a）

「什麽の年中にか信を得て道生ぜん」は、「いつになっても未熟ものです」と言いつつ、「（仏法の世界にいる以上）もうとっくに熟しています」の意であろう。ともかく皇帝の質問に対する答えなぞは、コメントの必要もないような他愛もない問答で、弟子たちがこんな問いを仕掛けてきたなら叩き出すといったところであろうが、ここはさすがの文偃も「臣僧」と尊を屈しての答えとなっている。それは雪峰と閩王朝との親密な関係の再現でもあるし、来るべき時代の政治権力と仏教との関係を暗示したものでもある。

ただし文偃において「出家者としてのあるべき姿」と「現実」との「落差」が自覚されていたかど

雲門寺山門（上）と天王殿（下）（筆者撮影）

うか。あえて言うなら、ここでのやりとりに見せる文偃の態度に、かつて廬山慧遠（三三四—四一六）が「沙門不敬王者論」を著して、仏法と王法を截然と切り分けた誇りを見出すことはできないと、私は考えている。

このように考えると「実性碑」や「碑銘」が両者の関係、南漢朝の帰依の厚さを次のように伝えるのもかなり複雑な背景を想定させるであろう。

すなわち「実性碑」は「戊戌《つちのえいぬ》（九三八）、高祖劉龑の勅により文偃は入内、高祖は勅宣を下して、左右街僧録の役職を授けようとした。しかし文偃は黙してこれに対えなかった。左右の側近の者がとりなして、師は修行してすでに仏道に入っておられるのだから、世間的な栄禄を喜ばないのであると申し上げた。さらに高祖は、勅して師を山に帰さんとするがどうかと問うと、文偃は欣然として三たび万歳を叫んだという。翌日になると内帑（お金）、香薬、塩貨等が下賜され、雲門山に帰ろうとするや、さらに匡真大師の号が下賜され、その後もしばしば勅宣が下された。また中宗劉晟（九四三—九五八治世）も師に勅して入内せしめ、一ヶ月余りも供養するのであり、六銖衣（天子が着るようなうすい衣）あるいは香薬等を賜い、さらに御製の塔額を下して「宝光之塔・瑞雲之院」とした」旨を記す。「碑銘」でも、ほとんど同様の記事を記す。

このような待遇が文偃の禅をまっとうに評価しただけでないことは自明であろう。

なお『釈氏稽古略』巻三によると、文偃は戊申（九四八）に入内して、匡真大師の賜号を受け、さらに七月に広主の勅によって入内し、九月に帰山したとしている。しかし匡真大師の号を受けたのは、前述の如く九三八年のことであるから、『稽古略』の記事は誤りである。しかし七月に入内して九月に帰山した旨の記事についてのみ考えてみると、これは前述した、中宗劉晟が勅して一ヶ月余り供養をなしたという記事に一致するかもしれない。九四八年七月下山・九月帰山したとの説は、『禅林僧宝伝』巻三にも記されている。なお『祖庭事苑』巻一「入京」の項では、乾祐四年（九五一）入京説を唱えているが、文偃が九四九年に没していることからすればこれは史実と異なると思われる。また先に見たように九二七年に「光泰禅院」の勅額が下され、文偃没後、奇瑞のあった九六三年一〇月には、それまでの「証真禅寺」の名を「大覚禅寺」と改めたとされるのであるが、するといつ光泰禅院が証真禅寺に改められたのかということが問題となる。これら細かな部分については後考をまちたい。

ともかく折りがあれば招かれ入内するということは、日常的に行われていたであろうし、文偃とても招きを拒否できるような立場にはなかったことは確認しておく必要がある。『広録』巻下の次の記事は面白い。

師、山に帰り大衆の参を受け了りて乃ち云く、我、山を離れて六十七日を得たり。儞に問う、六十七日の事、作麽生。衆、対うるなし。代って云く、和尚、京中より帰りて信物なきや。又た云く、和尚、京中にて麪を喫すること多し。（五七一b）

先生は都から山に帰ってこられ、修行者達のご挨拶を受けられてから言われた。「私は山を離れて六十七日になった。君たちが六十七日の間どうだったのかを聞きたい」。誰も答えない。そこで代って言われた、「和尚さん、都から帰られてお土産はないのですか」。師は重ねて言われた、「和尚さんは、都でうどんをたくさん食べられた」。

二ヶ月余も滞在した結果が、ご馳走と土産の話題では聞いた修行者の側からすれば呆気にとられる世界かもしれないが、日常の中にこそ仏法があることを、意表をつく「みやげ」や「うどん」で表現したところに文偃の面目躍如を見るべきであろう。

文偃遷化する

雲門山に入って三〇年、その会下には常に五〇〇人ないし千人の修行者があったという。南漢朝の保護のもと、その活況は六祖開法の曹渓宝林寺を超える。このように広東を中心に大いにその化を振るった雲門文偃の示寂について、それが南漢乾和七年（九四九）四月一〇日であったとする点、諸伝一致し、「実性碑」「碑銘」は、その時刻を深夜の子時と詳述する。

ところで『広録』は文偃が死に臨んで遺した、南漢中宗劉晟に対する「遺表」、門人弟子に対する「遺誡」を収録する。弟子達への遺誡はめずらしいことではないが、外護者への「表」が残ることはめずらしい。それだけでも文偃と南漢との関係の濃密なることが窺える。まず「遺表」を見よう。

伏して聞するに、有限の色身、詎《な》んぞ栄枯の歎きを免れんや。無形の実相、孰《いずく》んぞ遷変の期を云わんや。既に風灯炬焔は留め難く、水月空華、何れへか適《ゆ》かん。典彜の咎を避くること罔《な》ければ、将に委蛻の詞を陳べんとす。臣、中謝、伏して念ず。臣、跡本は寒微に生まれ、草莽に従う。爰に髫齓より切に空門を慕い、潔誡もて他縁を屏《しりぞ》くことを誓い、鋭志もて唯だ内典を探る。其れ或いは餐を忘れて問うを待ち、雪に立ちて知るを求む。風霜に困ずること十七年の間、南北数千里の外に渉り、始めて心猿、跳ぶを罷め、意馬、馳るを休《や》むを見る。身は韶石の雲のごとく隈《ま》がり、頭は楚山の雪のごとくに変ず。以て栄んに景雲に逢い、屢《しば》しば天波を沐すに至る。道を詰り空を談じ、誓いて乾坤の徳に答え、蒙《くら》きを開き滞るを発し、星のごとき雲水の徒を馳せしむ。利益の因を揚ることを獲るは、迥かに聖明の沢による。加以《しかのみ》ならず聯ねて鳳詔を叨りにす。累りに龍庭に対え、継いで頒宣を奉ずれば、重畳たる慶賜、躬を撫でて惆悵す、命を殞しても何もて酬いんや。謂わざりき、臣は駑馬にして年衰え、睿渥に勝え難しと。遽かに疲瘵に縈淪し、唯だ朝昏に尽きるを待つ。星漢、程遙にして遐《とお》く眄《み》れども纔かに北極を瞻るのみ。波濤、去ること速く、眸を迴らせども已に東流を逐う。伏して願わくは、鳳暦、長しなえに春にして、皇風を払石の劫に扇《あお》ぎ、龍図、永えに固くして、寿考の芥子の城に斉しからんことを。臣、余景、時なく、微躬、限りて将に謝せんとす。奔りて丹闕に辞し、祝りて彤庭に別るることを獲ず。臣、天を瞻、聖を恋い、激切屏営の至りに任《た》ゆることなし。謹みて表を奉りて以て聞す。（五七五a）

美辞をもっての上奏は難解であるが、梗概としては次のようになろう。

伏して申し上げますに、限りある肉体は栄枯の悲しい定めを免れるものではなく、また逆に形なき真実の姿に変化の時はありません。すでに風前の灯火たる我が命はこの世に留め難く、水中の月、実体なき華のごとき我が肉体はどこへ行くということもありません。無常の道理は避けられませんから、お別れの言葉を申し上げます。臣（文偃）は心から感謝申し上げます。私めはもともと寒門に生まれた田舎ものです。幼い頃からひたすら仏の教えを慕い、誓って他の教えを退け、強い意志をもって仏典を学んで参りました。それは先人が質問のために食事を忘れ、雪中に立って法を求めたようなものです。一七年間、風雪に耐え、大変な距離を行脚し、ようやく心の安らぎを得ることができました。

身は韶石にかかる雲のようにまがり、髪は楚山の雪のように白くなりました。しかし皇帝陛下のありがたい思し召しを賜り、しばしばその恩徳に浴することになりました。陛下と奥深い道理を語ることになりましたが、天地ほどの徳をもっての問いにお答えするうちに、世の人々の迷蒙を破ることになり、沢山の雲水を馳せ参じさせることになりました。彼らに法益を与えることができたのは、聖明なる恩沢によるものです。その上、幾たびも宮中にお召しをいただき、思し召しを賜りましたが、重ね重ねのお気遣いは、我が身の不徳を感じさせるばかりで、命をかけてもお報いしようがありません。思いがけず、臣は駑馬の如く年老い、恩寵に耐え難いものがあります。にわかに病を得て朝夕に命が尽きようとしています。それはあたかも、遙かなる天の河を見ようとしても、わずかに北極星を見ることしかできず、打ち寄せる波濤はたちまち去って、見ようとしても東流を追うだけのようです。

伏して、御国の幸せが永えに続いて陛下の徳風が永劫にわたり、国の平和が堅固となって、陛下のお命がいつまでも永からんことを願います。臣の遺された時間は少なく、命もまさに終わろうとしています。参内してお別れを申すことすらできません。臣は、陛下をお慕い申し上げる気持ちを抑えることができず、そのため心が落ち着かないでおります。謹んで表を認めて申し上げる次第です。

要は終始雲門山の外護者であった南漢皇帝に対する末期の謝辞にほかならない。それにしても弟子たちへの「遺誡」が、禅僧としてのあるべき埋葬を遺言する一方、南漢皇帝に対しては「臣」を何度となく自称して何の違和感も抱かなかったという、雲門の禅の多重な構造が、それぞれ増幅しつつ、後に述べる雲門宗の特徴を形成していったことは注意してよい。

また南漢朝べったりと受け取られかねない雲門の生きざまが、のち北宋になってから賛寧（九一九―一〇〇二）が編集した『宋高僧伝』に雲門が収録されなかった背景にあることは容易に推察できよう。敵国の勝利と平安を祈った人物を、勅によって編纂される高僧伝に収録するにはためらいがあったはずである。

次に弟子たちに対する「遺誡」を掲げ、その梗概を記しておこう。

夫れ先徳順化するに、未だ遺誡を留めざる有ることなし。世尊の若きに至りては将に般涅槃せんとするに亦た教勅を遺せり。吾、聖人の徳に先んずることなしと雖も、既に忝なくも衆を育て、一方にて殆ど尽せば、黙して示すことなかるべからず。吾、霊樹に居してより当山に徙るに及び、凡そ三十余歳、毎に祖道を以て寅夕に激励す。汝等、或いは言句の耳目に布在すること有るべし。具眼の者は知りて切に須く保任すべし。吾、今、已に衰え、大数を邁ぎ、将に絶せんとす。刹那に遷り易ければ頃《しばら》く息して尽きるを待たん。然れども生死に淪溺して、幾たびか是の如きを経るは、今、独り非ざるなり。吾、住持してより已来、甚だ汝等の輔賛の労を煩わす。但だ自ら愧を知るのみ。吾、滅して後は吾を方丈の中に置き、上、或いは塔額を賜えば、祇だ方丈に懸けて、別に営作すること勿れ。哭泣、孝服し、広く祭祀を備うこと等を得ざれ。是れ吾が切なる意なり。蓋し出家は本より超越を務め、俗に同じくするを得ること毋れ。其の住持等の事は、皆な旧貫に仍るべし。諸もろの来る者を接するに常則を失うこと無かれ。諸もろの徒弟等は仰いで長の訓誨を行ずるに従うべし。凡そ山門の荘業、什物等、並びに尽く本院の支用に充つるに係るは、互いに他寺に移属すること勿れ。教に明旨有り。東西の廊物は、尚お応に以て互用すべからず、汝ら当に知るべし。或いは能く吾が誡めを遵行すれば、則ち仏法をして流通せしめ、天神は摂衛せしむべし。四恩に負かざれば世を益すること有らん。或いは此れに違えば吾が眷属に非ず。旃《こ》れを勉めよ旃れを勉めよ。大期、将に迫らんとす。行くに臨みて略ぼ遺誡を示す。努力せよ、努力せよ。好く住せよ。還って会すや。若し会せざれば、仏に明教有り、依りて之を行ずべし。（五七五b）

そもそも先人は亡くなろうとするときに、遺誡を遺さないことはなかった。世尊も涅槃に入られようとしたときに教勅を遺された。私には先人ほどの徳はないが、今まで弟子たちを育成してきた。黙っていくということはできない。私は霊樹に入院してから雲門山に移住するまで凡そ三〇余年、いつも祖師の教えをもって諸君を激励してきた。諸君の記憶の中に私の言葉が残っているに違いない。分かっている人間は、私の仏法を知ってよくよく保ちなさい。私はもう衰えきり、余命もつきて遷化しようとしている。一刹那の時はうつろいやすいが、しばらくは尽きるのを待つとしよう。しかしながら生死の世界に埋没して何度も輪廻の世界を展転するのは私だけのことではない。

私は住職して以来、諸君の助けをいただいた。ただ恥ずかしい限りだ。私が滅度したら私の遺体を方丈に安置しなさい。皇帝陛下が塔の額を賜っても方丈に懸けて特別に扱ってはならない。哭泣、孝服、派手な葬儀などをしてはならない。これは私の切なる願いだ。思うに出家は本来超越の世界を生きるのであり、俗世間と同じであってはならない。住持などのことは慣例によりなさい。さまざまにやってくる者に対する応対も慣例によりなさい。修行者諸君は目上の教えに従いなさい。寺の荘園の収入や、什物はすべて当寺のために使用し、ほかの寺に移して使用してはならない。教えにも明らかに東西の廊物すら互用してはならないと示されている。諸君たちが私の誡めを守ることができるなら、仏法を流通させ、天神の守護がえられよう。四恩に背かなければ、世の人々を裨益することがあろう。あるいはこれに違うことがあれば私の眷属ではない。勉めよ勉めよ、その時がやって来ようとしている。逝くにあたってを示すのだ。努めなさい、努めなさい。うまくやりなさい。わかったか。もし分からないというのなら仏ははっきりと教えられているから、それによりなさい。

「遺表」とはまた異なった味わいのある「遺誡」の内容である。しかも文言からして前もって準備されたものではなく、本当に死の床にあっての遺誡と受け止めてよいであろう。この二点だけをもって文偃の宗教の構造を云々することは危険だが、先にも述べた二律背反的な思考方法が、文偃の中にあることは否定しがたい。少なくとも自分亡き後の寺の興廃を考えれば外護者の意向は無視できない、と文偃は考えていた。特に雲門山は、同じ韶州にある曹渓宝林寺を超えて、「南漢朝廷専属」であることを、自他ともに認めた存在である。また一方、教団の充実がひとえに修行者の生き方に関わること、言うまでもない。むしろ優先すべきは後者である。縷々説く暇がない以上、分からない部分は「仏に明教有り、依りて之を行ずべし」とは、まさしく『遺教経』の、

汝等比丘、我が滅後に於いて、当に波羅提木叉《はらだいもくしや》を尊重し珍敬すべし。闇に明に遇い、貧人《びんにん》の宝を得るが如し。当に知るべし、此は即ち是れ汝等が大師なり。若し我れ世に住するとも、此れに異なることなけん。（大正蔵一二-一一一〇c）

を踏まえてのものである。波羅提木叉は戒の条文を言うから、「戒を守って倫理的に生きろ」ということになり、それは若き日に四分律を学んだ文偃の、末期の句にふさわしい。同時にいささか皮肉っ

ぽくこの「遺誡」を読むなら、文偃にとっては自分が没して後の弟子達の動向があるいは最大の気がかりであったのかもしれぬ。

中国仏教における葬送儀礼の展開をめぐっては、すでに別に述べた（拙著、参照）。したがって本書における詳述は避けるが、ともかく中国固有の考え方に基づく「厚葬久喪」、それに反対する墨子らの「薄葬」、さらに仏教信者としての葬儀法はいかにあるべきか、仏教者の心は常に揺れ続ける。そのような流れのなかで一一〇三年成立の『禅苑清規』の亡僧や尊宿葬法の成文化が一つの結論ということになるのだが、雲門文偃はそのまっただ中に生きる。

実は雲門だけでなく、多くの仏教者が自らの葬儀をめぐっては簡素な葬儀を望んでいる。いくつかの例を見ておきたい。

六祖慧能（六三八―七一三）の場合。

師、偈を説き已り告げて曰く、汝等、好く住せよ。吾れ滅度の後、世情を作して悲泣雨涙し、人の弔問を受け、身に孝服を著くること莫かれ。吾が弟子に非ず、亦た正法に非ず。（敦煌本『六祖壇経』大正蔵四八―三六二a）

五洩霊黙（七四七―八一八）の場合。

師、元和十三年三月二十三日、沐浴し香を焚き端坐して衆に告げて云く、法身円寂なるも去来有ることを示す。千聖、源を同じくし、万霊、一に帰す。吾れ今、漚散せんとす。胡《な》んぞ哀《かなしみ》を興すを仮らんや。自ら神を労することなく、須く正念を存すべし。若し此の命に遵わば、真に吾が恩を報ずるなり。儻《も》し固《もと》より言に違わば吾が子に非ず、云々。（『伝灯録』巻七、大正蔵五一―二五四b）

さらに雲門の師である雪峰義存（八二二―九〇八）においては、「師の遺誡」（『雪峰真覚禅師語録』巻下所収）が遺る。

吾れ若し四大離散の日となれば、先に已に木函石龕有り、並て旧志に依りて安排し、別に墳塔を造ることを得ざれ。霊筵を設くることを得ざれ。孝服を持することを得ざれ。或いは一尺の布を戴き、一滴の涙を下すこと有れば、此は沙門に非ず、我が眷属に非ず。況や更に蒼天を哭すれば、但だ俗態を為すのみにて、頗る宗門を辱しむるなり。（続蔵二-二四-五、四八七b）

涙を流し、孝服を着るなど、いずれも儒教において定める葬送の儀礼である。諸行無常の道理の中で、殊更なる儀礼は必要ないという主張がここにある。同時にこれらは、インド以来の律にしたがっての、中国人からすれば簡素な葬法が行われ難くなっていたことを示す。その懸念が右のような発言になるのだが、多分、そのような遺言は尊重はされても、事実としては守られてはいなかったのではないか。

文偃の葬送について「行録」は、その遺誡を守って、「門人はその遺体を方丈に埋葬し、塔を立てた」とする。「実性碑」の記述も「月二十有五、諸山の尊宿威儀を具し、道俗千数、師を浮図《ふと》に送る」と記す。文面からするかぎり、その葬送は「遺誡」を踏まえ簡素なうちに行なわれたことになるが、果たして事実はどうか。南漢・乾和七年四月一〇日に没した文偃の葬送が、四月二五日になされたとの記事は「実性碑」「碑銘」で明記される。「碑銘」は、

当月二十有五日を以て、諸山の尊宿、四海の道俗、師を送りて入塔せしむ。

と伝える。先にも述べたように雷岳「行録」の撰述が「時己酉歳、孟夏月二十有五日」であるのは、

まさしく文偃の葬送の当日に、筆が執られたことを意味する。これだけでも葬送が特別に意識されたことになるし、割り引いて考えても「諸山の尊宿、四海の道俗」が参加しての葬送が、「遺誡」どおりだとは思えない。後に述べる末期の奇瑞をふくめた後日談からしても、南漢の厚遇と期待が文偃の死であっさり終わるはずもないからである。

弟子たち

弟子たちに関して、「行録」は

> 師、先に法を実性に付し、覚場を紹がしめんとするも、僉議するに実性は已に伝道し育徒せるが為に、乃ち命を革めて会に在りし門人法球をして師席を継がしむ。（五七六ａ）

と述べる。文偃はその生前、後事を托すべき門人として実性大師白雲子祥を考えていたが、子祥はすでに雲門山を出て韶州白雲山に教線を展開していたため、僉議の結果、雲門山に在住していた門人の中から法球が任じられたとする。後任住職が「僉議」、つまり協議によって決定したというのは興味深いが、この法球なる人物について知りうるところが全くないというのも奇妙と言えよう。そもそも『伝灯録』巻二二、二三では文偃の弟子として、有名無名六一名の人々を次のように掲げるがそこに法球の名は見えない。

白雲　祥　　徳山縁密　　南台道遵　　双峰竟欽　　韶州資福　　黄雲　元　　龍境　倫
雲門　爽　　白雲　聞　　披雲智寂　　浄法　章　　温門山満　　巴陵顥鑑　　地蔵慧慈
大容　諲　　羅山　崇　　雲門　宝　　臨谿竟脱　　華厳　慧　　舜峰　韶　　双泉師寛

英州観音　韶州林泉　雲門　煦　香林澄遠　般若啓柔　黄檗法済　洞山守初
康国　耀　谷山　豊　羅漢匡果　滄谿　璘　洞山清稟　北禅　寂　㴬潭道謙
南天王永平　永安　朗　湖南潭明　清涼　明　奉先　深　青城　乗　妙勝　臻
普通　封　韶州灯峰　大梵　円　薬山円光　鵝湖雲震　開先清耀　奉国清海
韶州慈光　保安師密　雲居　融　大聖守賢　北天王徽　芭蕉弘義　福化院光
東天王広慈　西禅　欽　慶雲　真　洞山　凜　双峰慧真

ちなみに雷岳「実性碑」も白雲子庠（祥）ほか、守堅――この人は後に雲門の語録を編纂する――たち一五〇余名の名を列挙する。この一五〇余名は法諱（僧名）の上の字が「常」の人が大半を占める。しかもこの一五〇余名の人たちと、『伝灯録』所収の六一名はまったく重ならないのである。すでに「実性碑」を紹介する中で、「佇立し以て泣く」に続く部分を「云々」として省略したが、いまその部分を記してみよう。

在会の参学の小師守堅は、始終荷賛して洞らかに無為に契う。門人浄本大師常宝等、三十六人の知事は皆な深く仏性を明らめ、雅《はなは》だ師の宗を得たり。在京の弟子の報恩寺内供奉の悟明大師、都監内諸寺院賜紫六銖の常一、悟覚大師賜紫六銖の常省、超悟大師賜紫常薦、常鑒、常白、常默、常節、常静、常積、常海、常蘊、常智、常達、常満、常寂、常治、常懇、常溢、常用、常顕、常悟、常敬、常秀、常蜜、常朗、常普、常宗、常素、常習、常臻、常審、常欽、常躅、常越、常修、常真、常本、常果、常渺、常貞、常珦、常幹、常凝、常可、常愿、常瑩、常資、常息、常矩、常見、常頴、常讃、常義、常宸、常因、常雋、常寛、常旭、常志、常堅、常音、常遇、常彦、常曜、常観、常恩、常応、常紹、常嵩、常譲、常足、常靄、常直、常己、常聳、常信、常祚、常辯、常訥、常睦、常立、常奥、常礼、常実、常皎、常暁、常渺、常皓、常肇、常伝、常敞、常祀、常持、常賜、常輝、常挙、常規、常晌、常斎、常惣、常喜、常哲、常郁、常祐、常瑀、常珣、常益、常泰、常亮、常則、常超等の七十余人、皆な宮闈より出ず、素より道行を精とすれば、勅賜して師の与に弟子と為す。法姪の内僧録、六通大師、教中大法師道聡、洞容、本門は尤も外学に精しきなり。（中略）
当院の小師常遇、嗣法の浄本大師賜紫常宝、常卲、常罕、都監禅大徳賜紫常進、常播、常操、常遂、常厚、常翊、常迥、常悦、常道、常表、常溥、常秘、常定、常□（原欠）、常果、常藝、常習、常福、常啓、常覚、常慶、常謹、常昧、常練、常省、常徹、常渥、常益、常広、常徽、常寿、常項、常□（原欠）、常珎、常穆、常勇、常粛、常緩、常褒、常幹、常智、常玉

同名のあることをどう判断するべきか今のところ思案中であるが、ともかく「実性碑」所載のこれらの人々のほとんどが、『伝灯録』とまったく重ならないということは注意してよい——もちろん『伝灯録』で記す弟子たちのうち、法諱の一字しか分からない人と、これらの人々が同一人物であることは否定できないのだが——。

あるいは『伝灯録』においては、雲門宗を見るまなざしに、ある種のフィルターがかかっているのかもしれない。

じっさい雷岳も「行録」では法球の名を記しているのに、九年後に撰文した「実性碑」では法球の名を出さず、多分、雲門山の住職を意味するであろう「当院小師」という肩書きを冠して「常遇」の名を記している。九年の間に法球が亡くなって常遇にかわったのかもしれないが、それならそれで前

住職に対して何らかの対応があっても好いように思われる。その名まで削除してしまう理由が分からない。

ともあれ『伝灯録』の記載を額面通り受け取るなら、雲門の有力な弟子たちは、文偃没後はそのほとんどが雲門山に留まっていなかったことになる。このことは後に述べる雲門宗の展開と密接に関係する。言えることは文偃の個人的な魅力で保っていた雲門山であり、また南漢朝廷との関係が、文偃の遷化によって崩壊の方向に向かったということであろう。奇しくも「実性碑」が成った南漢の大宝元年（九五八）は中宗劉晟が没し、後主劉鋹が即位した年である。南漢は政治的にも大きな転換点を迎えつつある。

さて一応、雲門文偃の歴伝について略述した。「碑銘」ではさらに一七年後（実際は一五年後）の奇瑞について述べる。雲門信仰の実態を知るためにも、以下、没後の奇瑞について見ておきたい。

第三節　雲門文偃のミイラとその後の雲門山

雲門文偃ミイラとなる

雲門文偃と南漢朝廷との関係は、雲門が遷化することで終わらなかった。あるいは雲門に対する「信仰」は、亡くなってからの方が強烈であったかもしれない。陳守中の撰文になる「碑銘」の存在がそのことを裏付ける。この「碑銘」は雲門没後一六年しての成立で、美文を以て雲門の伝記を詳述するものの、前半の行跡の部分は先行する「行録」や「実性碑」と大同小異のものとなっている。むしろこの「碑銘」の重要さはその成立のきっかけとなった雲門の真身（木乃伊・ミイラ）の出現をめぐっての一大事件に言及する部分であろう。第一節では省略した「碑銘」の当該の部分を掲げよう。

大宝六年、歳次癸亥、八月に至る。雄武軍節度使推官の阮紹荘有り、忽《たちま》ち夢中に於いて大師の、天色明朗にして仏殿上に在るを見る。払子《ほっす》を以て紹荘を招き、報じて云く、吾れ塔に在ること多時なり。汝、李特進に言うべしと〈秀華宮使特進の李托なり〉。他《かれ》に託して奏聞し、吾が為に塔を開かしめよ。紹荘、之に応対する次いで、驚覚すること歴然たり。是の時、李托、勅を奉じて韶州に在り。諸もろの山門寺院に於いて、道場を修建す。是れに因りて斯の夢を述ぶることを得たり。修斎の事畢《おわ》り、京に廻りて奏聞す。聖上、近臣に謂いて曰く、此の師は果円満なるも、坐化すること多年なり。今、夢に託して奏来するが若《ごと》きは、必ず顕現有らん。宜しく勅命を降し、韶州都監軍府事の梁延鄂、同じく本府の官吏に指撝《さしず》して、雲門山に往き塔を開かしめよ。如《も》し壊るる所なくんば、則ち奏聞して迎取し京に入らしめよ。梁延鄂、是《ここ》に於いて勅に准《したが》い斎を致し、然る後、功を用いて開鑿するに、菩薩の相《すがた》は旋り観るが依稀《ごと》く、蓮華のごとき香は馥郁《ふくいく》として先ず聞こゆ。須臾にして宝塔豁開す。法身は故《もと》の如く、眼は半ば合して珠光は転ぜんとす。口は微かに啓き、珂雪《かせつ》は密に排し、髭髪は復た生ず。手足は猶お軟らかく、神光を方丈に放つ。晃耀、時を移し、瑞霧、周廻に興り、氤氳《さかん》にして永日たり。即《ある》いは道、即いは俗、観る者は数千なり。霊異既に彰われ、尋いで乃ち表を具して奏聞す。勅旨もて宣べ、李托と部署の人をして船にて雲門に往かしめ、斎を修して迎請せしむ。天呉は浪を息め、風伯は塵を清め、直に中流を済《わた》り俄《にわ》かに上国に達す。勅旨もて岵崍歩に於いて駐泊せしむ。翌日、左右両街の諸寺の僧衆、東西の教坊の四部の伶倫、霊龕を引きて大内に入らしむ。螺鈸、玉関に鏗鏘し、幡花、天衢に羅列す。聖上、別して敬誠を注ぎ、賜いて秘殿に昇らしめ、大いに供養を陳ぶ。畳《かさ》ねて斎筵を啓き、内帑《かねぐら》の瓌珍《たから》を排《なら》べ、天厨の蘊藻を饌《そな》う。列砌の驪珠、斛に満ち、盈盤の虹珠、花明らかなり。紫気、皇城に浮かび、霊光、清禁に炫《かがや》く。聖上、親しく臨むに宝輦もてし、重ねて法衣を換え、侍臣に謂いて曰く、朕、聞くに金剛不壊の身とは、此は之を謂うなりと。是に於いて、群僚士庶、四海の蕃商、倶に内庭に入るを許し、各おの瞻礼することを得たり。瑶林の畔の千灯は昼に接し、宝山の前の百戯は宵に聯なる。施利せる銭銀は殫《あまね》く紀すべからず。十月十六日を以て、乃ち制を下して曰く、定水は澄源にして、火蓮は豔を発す。無生の理を夙悟して、永く不朽の名を留む。万像、都て捐て、但だ西乾の印のみ秘す。一真は不動にして惟だ南祖の灯のみ余す。韶州雲門山証真禅寺の匡真大師は、早に宗乗に契い、洞らかに真覚を超ゆ。双林に滅を示すと雖も、十七年、金躯を易うることなし。隻履の遺蹤、数万年して応に葱嶺に廻る。朕、顕膺暦数して、纘嗣すること図らずも三朝に洎ぶ。並て切に帰依し、乃ち一心に廻向を忘れず、我が師を仰ぐに独り果位に登るは、沖人（皇帝の自称）に在《お》いて良《まこと》に歎嘉する所なり。宜しく封賞の文を行じ、用って褒崇の典を示さん。大慈雲匡聖宏明大師を贈るべし。証真禅寺を、宜しく昇らせて大覚禅寺と為すべし。重臣は命を将って龔を釐《おさ》め儀を伸べ、太常は礼を天墀《きゅうちゅう》に於いて行じ、綸誥《みことば》は恩を雲《きゅう》陛《ちゆう》に於いて宣ぶ。固く冥《ひそ》かに慈眤《いつくしみ》を垂れ、密かに神通を運び、聖寿の延長を資《たす》け、皇基の広大を保つべしと。師、内に在ること一月余日、聖沢優隆にして七宝もて龕を装《かざ》り、六銖もて服を裁《つく》る。頒賜の厚き所は、今古に倫すること難し。当月二十九日、李托と部署に宣下して山門に却廻せしむ。

参学の小師、双峰山の長老広悟大師賜紫竟欽、温門山の感悟大師契本、雲門山の上足、小師応悟大師常宝等有り、部署、真身と同《とも》に闕に到り、亦た内庭に在りて供を受く。恩の厚きこと常と異なれり、云々。

内容はおおむね次のようになる。

すなわち雲門没後一五年を経た南漢後主の大宝六年（九六三）八月、阮紹荘の夢に雲門が現れ、長く塔の中にいるので李托に言って奏上させ、塔を開いてくれと述べたという。たまたま韶州の寺々の修復の任にあった李托がこれを皇帝に奏上。皇帝の命を受けた梁延鄂が塔を開いたところ、雲門の遺体はあたかも生けるがごとくであり、眼は半ば開き瞳は動くがごとく、口はわずかに開き歯はそろい、鬚や髪は伸び、手足は柔らかであった。噂を聞いたたくさんの道俗がお参りにやってきた。ことの次第が奏上されるや、勅が下され、李托は雲門の真身を船に乗せて都に送った。都では僧をはじめとして教坊で音楽などを演ずる人々が真身を宮中に迎え入れた。後主はさまざまな品々を捧げて「これこそ金剛不壊の身である」と、誠心誠意供養を行った。また役人から庶民に到る誰もが宮中に入ってお参りすることを許した。一〇月一六日には勅により大慈雲匡聖宏明大師の号と、大覚禅寺の額が下された。このようにして一ヶ月余が過ぎたが、その間、龕は七宝で飾られ、衣服は六鉄《うすぎぬ》でつくられた。一〇月二九日になって真身は李托達によって雲門山へ戻されたが、真身の入内には雲門の弟子である常宝たちも随行し、格別な供養に預かったのである、云々。

没後、一五年しても雲門文偃の遺体が「真身」として残り、「金剛不壊の身」として大変な供養を受けたことが分かる。そしてこの記事が――いささかの誇張のあるにしても――、あらまし事実を述べているであろうことも想像に難くない。

しかし問題がないわけではない。

文脈からすれば雲門のミイラはあたかも自然発生的にできたように思われるのだが、すでに同じ韶州の地、雲門山とは指呼の間にある曹渓宝林寺（いまの南華寺）に六祖慧能の真身の存在があることを忘れてはなるまい。慧能の真身についてはかつて論じたことがある（前掲・拙著）。ともかく慧能にかぎらずミイラの製造はかなり意図的になされたと見てよい。その出自の問題にはじまり、雲門門下の人々の慧能に対する想いは極めて複雑である。ミイラとなることで雲門は慧能の正系となるし、また肩を並べる。ほとんど知られていないが、早くその膝下を離れた雲門の弟子である双峰竟欽（八九六―九七七）にも真身が遺る。竟欽の場合、雲門山には入らなかったが雲門の正系はこちらという意識はなかったか。『乳源県志』巻八所収の「双峰広悟禅師塔銘」の該当する部分をみておこう。

師（竟欽）、開山して四十九年、僧臘六十有二、世寿八十有二なり。太平興国二年五月二十五日、坐して逝けり。門人遇初等、全身を以て塔に葬る。大中祥符九年に到りて三十九期を逾ゆ。是の歳、七月二十三日、塔地分裂すること、数刀に及ぶ。之を俯視すれば、則ち師、亡身を存す。容色、故の如し。門人、遂に真身を出し、布するに膠漆を以てし、塼するに香土を以てす。唯だ口歯のみ微かに露われ、尤も金剛不壊の身を預かるも、存亡に在るなり。復《かさ》ねて広く塔殿を修し、以て風雨を禦ぐ。丹雘、空に輝きて照耀し、緇黄、陛に列して鑽仰す。此の師の霊異、宜しく書すべきところの者なり。必然として物に応じ、□（原欠）を示すに、尤も著験為るは、旱乾水溢のとき、則ち祈求して懇ろに祷れば、皆な指日に必ず応ず。故を以て郷人、若しくは遠きも、若しくは近きも、愚かにして無智なる者と雖も、必ず信心を生じ、恪みて不施を為す者も、咸な慈願を起こす、云々。

細かには述べないが、要するに竟欽没後三九年してその真身が発見され、その霊験のあらたかなることでさまざまに信仰を集めたというのである。この内容とても、どこまでが偶然で、どこまでが作為の結果なのかは判然としないものの、この地の考え方からすれば作為的であった可能性が強い。

いま中国側の研究成果をふまえつつ、その「作為」の部分を簡単に述べるなら次のようになる。すなわち六祖の場合、その真身＝ミイラを作る方法として採られたのは、まず遺体の水分を石灰によってできるだけ乾燥させ、その上で遺体を保存するために漆を塗るという方法であった。漆は何度も重ね塗りされて、時間の経過の中でかりに遺体そのものがなくなることがあっても、厚みを増した漆は、もとの形をのこすというものであった。六祖の場合、遺体を原型として乾漆像を作ったことになる。

ちなみにインドのゴアの教会に現存するというフランシスコ・ザビエルのミイラの場合、漆が塗られているかどうか定かではないが、石灰が乾燥剤として大きな役割を果したことが知られる。

ともかくこの時代以前から、中国の仏教教団、あるいは禅宗教団内部では、その気になればミイラを作ることは技術的にはさほど難しいことではなかったということになる。ミイラ作りにかかわる技術者の集団があって技術の伝承があったかもしれない。ただし、いかに技術的に可能であっても、少なくとも宗教的にはその人の「徳の高さ」の故の奇瑞・奇跡こそ真身が遺る第一の条件であった。凡庸な僧が真身をのこしたとしてもさほどの意味を持たない。

高徳な僧への帰依は、その生前はもちろん、死後もまたさまざまな功徳をもたらしてくれるという信仰は、広い意味での仏教を支える大事な柱の一つであろう。具体的にはまず「聖寿の延長を資け、皇基の広大を保つ」ことにほかならない。後述するように『宋高僧伝』巻八は、六祖慧能の真身と南漢朝との関係について、中心となったのが「為民祈福」であったことを伝える。このことは南漢朝の慧能の真身に対する扱いの一端を知らしめるし、そのことは生前の雲門も、またその会下の誰もが知る事実であった。

そもそも雲門の会下には曹渓礼塔の目的で広東入りした修行僧が少なくない。『広録』「勘弁」にはそんな僧との問答がいくつか収録される。

僧に問う、甚れの処より来る。僧云く、南華にて塔を礼し来る。師云く、脱空すること莫かれ。僧云く、実に去来せり。師云く、五戒すら持たず。対うるなし。代って云く、彼此、出でず。（五七〇a）

この僧、南華寺（旧宝林寺）で慧能の真身は拝んだらしいが、教えの本質までは気が回らなかったらしい。そこのところを雲門に見透かされ脱空するな、デタラメ言うな、妄語戒を犯すなと言われてもまだ気がつかぬ。「彼此、出でず」は、あっちもこっちも出ていない、つまり我他彼此の見解、執着のまっただ中の意であろう。せっかく広東まで来て六祖に会ったのに、結局何も分かっていない。

一方、こちらの僧はどうか。

僧に問う、什麽の処より来る。僧云く、南華の塔頭より来る。師云く、還って祖師に見ゆるや。僧云く、見を用いて什麽をか作す。師云く、爾、又た那裏に去きて什麽をか作す。僧云く、什麽の過有りや。師云く、既に去きて過なし、見に什麽の過有らん。対するなし。代って云く、若し是の如くならざれば、争でか慈悲を知らん。（五六九c）

南華寺の塔頭で六祖に出会ったかという質問に、「お会いしてどうしようというのです」と答える僧。雲門に南華寺に行って何をしてきたのだと問われ、「何か問題がありましょうか」。雲門、「お参りすることに問題がないのだから、お会いしたとしても問題はない。問題がありますかなどと問うてはいけない」。言葉をうしなった僧に「このようでなかったら（問題の有無は、会う会わないにかかわらない。このように事の本質が分からなかったら）どうして慈悲の本質を知り得ようか（事の本質が分かっている私だからこそ慈悲をもっての教化ができるのだ）」。

南華寺の六祖の真身をおまいりする僧は少なくないが、本当のところを分かろうとする僧は少ない。そんな苛立ちが雲門になかったか。苛立ちが昂じ、教化に邁進すればするほど、舌鋒はますます厳しくなる。

そのような雲門の思いと、取り巻いた人々の期待との間に「ずれ」があることは容易に推測できる。冒頭の「碑銘」の存在はその証左と言えよう。雲門の真身が出現した大宝六年の時点ではさほど表立った事件はないが、この年が宋の建隆四年・乾徳元年（九六三）であることを考え合わせ、また宋軍に攻められての南漢の滅亡が大宝一四年（九七一）であることからすれば、国の存亡を廻る不安はこれも容易に察せられる。

事実かどうかは別にして雲門が夢枕に立ったことの意味は我々の想像以上のものがあろう。その当初は、純粋に宗教的な理由でのミイラ制作であったかもしれないが、周囲の事情の変化は死後の雲門の再登場を必要とするほど切迫していたのである。生前も死後も雲門への期待は、当人の意識とは別に動いたのではないか。

その後の雲門山

文化大革命後、第一一期三中全会後の中国が鄧小平指導の下で改革開放路線に政策を転換させ、それが今日、年率一〇パーセントを超える経済成長を遂げるほどの経済大国となる基礎となったことは周知のことである。経済発展の波は中国社会のあらゆる面に及んでいるが、外国人観光客にとって特にめざましいのは交通事情の改善である。各省の主要都市を結ぶ高速道路の整備をめぐっては規模にしてもスピードにしても目を見張るものがある。一九七〇年代から八〇年代の中国旅行が、車も人も悪路にどこまで堪えられるかという「我慢くらべ」であったことからすれば文字通り隔世の感がある。しかしこれとても往時の求法者の旅に比べれば大名旅行だったのかもしれない。同時にそれらの苦労の挙げ句に目的地に到着すれば感慨ひとしおなることも想像に難くない。

現代の雲門山行はまさしくその典型的な例の一つかもしれない。現在なら、広州から京珠高速を北上してほぼ三五〇キロ、四、五時間で韶関に到着、沙渓あるいは韶関南インターで下りて南華寺、韶関南から高速道路をさらに北上して四〇キロほどすれば乳源のインター、雲門山は間近であるから、早朝に広州を出発すれば夕方には広州に戻ってくるという日程も可能である。

しかし昭和初期の雲門山行はそうはいかなかった。

知りうるかぎり、森清太郎氏は日本人として雲門山を訪問した最初期の人かもしれない。森氏は昭和三年に『嶺南紀勝』（丸善株式会社刊）を刊行するが、自序によれば、同書はそれ以前刊行の『広東名勝史蹟』（大正一〇年自序）の増補版という。つまり当時、広東に在住していた森氏は、大正一〇年（一九二一）以前に雲門山を訪れたことになる。同書には、「碑銘」の拓本の写真、およびそれを活字化したものが収録される（同書、一三六頁）。ただし残念ながら森氏の関心は広東の名所旧跡全体にわたるもので、必ずしも仏跡に限定したものではない。やはり本格的な調査となると常盤大定氏のそれを待たなくてはならない。森氏が『嶺南紀勝』を刊行したその年、昭和三年（一九二八）一二月二六日、常盤氏は広東省乳源県に雲門山大覚寺を訪れ、のちに雲門山についての貴重な報告を行う。『支那仏教史蹟記念集評解』（仏教史蹟研究会、昭和六年〈一九三一〉）によれば一行五〇人の中には、若き日の結城令聞氏、佐藤泰舜氏などがおり、森清太郎氏も同道する。結果は『支那文化史蹟』（仏教史蹟研究会。のち『中国文化史蹟』と改題されて刊行される。法蔵館、一九七五年）巻三や、『支那仏教史蹟踏査記』（竜吟社、昭和一三年〈一九三八〉。国書刊行会改題復刻『中国仏教史蹟踏査記』、一九七二年）において報告紹介される。報告の中心は次の四点になる。

一、雲門寺の直に知られし事。
二、唯一の遺されたるその寺なる事。
三、城を離るる遠からざる事。
四、祖像祖碑の遺れる事。

（『中国仏教史蹟踏査記』六三四頁）

苦労の末、ようやく雲門山に到着した常盤氏の感激は、既述のような現代の我々が観光旅行気分で雲門山を訪れるのとは異なり、往古の求法僧が必死の思いで目的地にたどり着いた時も、かくあったかと想像させるほどの迫力を持って、『中国仏教史蹟踏査記』の行間ににじむ。

常盤氏の報告では略述の域を出ていないのだが、この章で大きな意味を持つのは、第四の「祖像」が遺っていたとする部分であろう。「祖像」が、雲門の真身を指すことは疑いない。常盤氏が『支那仏教史蹟記念集評解』の中で次のように言うからである。

（雲門）寺の規模には見るべきものなしと雖も、祖師殿に安ぜらるる雲門大師の肉身龕と、三門の両側に大殿に向って立てる両碑とは、無比の価値を有す。（中略）

祖師殿―大雄殿の背後、普通法堂と呼ばるる殿内に、開山文偃の真身像を龕蔵す。碑文によれば、初、師訓によって当山方丈内に塔せしが、後年夢に阮紹荘に現はれて、塔を開かしめ、生くるが如き真身を南漢の朝廷に迎へ、帝親しく法衣を換へたりといふ。この真身は、爾来塔中に蔵めずして、堂中に安ずるなり。開山の前卓、最も多く香華の供養あり、為に龕は煤烟を帯び、加ふるに塵埃を以てし、頗る暗澹の色深し。龕前に、「漢勅三封匡真弘明祖師」「漢勅三封匡真禅師」の榜を立つ。真身は法冠を戴き、幾重の法衣を纏ひ、常に幔幕を以て前面を被はる。（同書、九二頁・一〇二頁）

言うまでもなく「祖碑・両碑」とは、現在も雲門山に遺る雷岳撰「大漢韶州雲門山光泰禅院故匡真大師実性碑」と陳守中「大漢韶州雲門山大覚禅寺大慈雲匡聖弘明大師碑銘」の二碑を指し、筆者も現在、雲門山の法堂横の廻廊の壁にはめ込まれている二碑の存在を確認している。ちなみに常盤氏の関心は専らこの二碑のほうにあって、『支那仏教史蹟記念集評解』において全文の紹介や、『南漢金石志』

所載の「碑銘」の銘文との対校などがなされており、その成果は今日から見ても極めて貴重なものとなっている。

このように感激をもって報告された雲門山訪問なのだが、どうしたわけか雲門文偃の祖像についての写真紹介は、常盤氏によってはついになされず、雲門山の状況については祖師殿内の「雲門大師真身龕」の写真のみとなっている。

かくして現在、雲門山の歴史等を知るために私たちが入手しうる資料として挙げうるのは、地方志を除けば、民国四〇年（一九五一）、すなわち常盤氏の現地訪問以後に成った、岑学呂の編集になる『雲門山志』（以下、『山志』、中国仏寺志彙刊、第二輯、第六冊、明文書局、一九八〇年）、一九八八年に乳源県政協文史資料研究会・粤北雲門山大覚禅寺共編になる『雲門山大覚禅寺』の二書程度ではあるまいか。

前者は虚雲法師（一八四〇—一九五九）の雲門山への入山と復興事業の結果を承けたものであり、後者はまさしく近年における雲門山の復興を承けたものである。なお後者は、筆者が一九九〇年九月、雲門山を訪れた際に現地で購入したもので必ずしも一般的なものではない。

ところでこれらを通して見たとき、雲門宗の開祖とされ、かつ宋代における公案禅の潮流を考える上で、見逃しえないのにも関わらず、雲門その人に対する信仰は、六祖の真身に対するほどの盛り上がりを見せないことに気付く。広東という地理的な条件も当然あろうが、やはりその最大の理由は、雲門の教団を支えたのが南漢朝廷であったということにあろう。それは遷化にあたって、特に「遺表」を認め、南漢国王に呈したことに象徴されるが、両者の一体感が強ければ強いほど、一方が欠けた時、遺されたものが抱える問題は大きくなる。

いったい『南漢金石志』には、南漢朝廷に関わるさまざまな金石文が収録されるが、なかでも仏教関係のものが群を抜いている。これからすれば南漢王朝は仏教界全体を分け隔てなく保護したように思える。しかし実状はそうではなく、かなり偏ったものであったらしい。先にも述べたように、南漢の版図、とくに広東あたりには六祖慧能ゆかりの曹渓宝林寺（いまの南華寺）や国恩寺、光孝寺なども存在する。また賛寧が『宋高僧伝』巻八において、

又た（慧）能の端形散ぜず、禅定に入るが如きを以て、後に漆布を加う。（中略）夫れ唐の季、劉氏、番禺を制すと称するに迨びて、上元の焼灯に遇うごとに真身を迎えて城に入らしめ、民の為に福を祈る。大宋の南海を平げて後、韶州の盗周思瓊、叛換し、尽く其の寺を焚く。塔、将に燎を延かんとすれば、平時は肉身、数夫に非ざれば挙ぐることなきに、煙熛、逼るにおいて二僧対舁するに、軽きこと夾紵の像の如し。（大正蔵五〇－七五五b）

と言及するような六祖の真身を迎えての、一月一五日・上元の祭もあった。それなりの奇瑞も知られていたらしい。しかし管見した『南漢金石志』にしても『曹渓通志』にしても、南漢朝と六祖慧能との関係をめぐって言及する程度はかなり低い。もちろん『曹渓通志』が南漢の後主劉鋹（九五八―九七一治世）の妻による南華寺への捨田の事実、劉鋹による光孝寺の東鉄塔、龔澄枢による西鉄塔の建立を伝える。これらからすれば、まったく無視していたわけでもない。ようするに南漢朝廷が寄せた熱意を、それらの資料から感ずることができないのである。

そもそも劉鋹を、敬虔な仏教信者と考えることはできそうにない。『南漢志』巻五における劉鋹への酷評や、屈大鈞『広東新語』巻一一が、

広州は横恣なる者を謂いて蛮と曰う。又た蛮澄鋹《ばんちょうちょう》という。鋹とは劉鋹なり。澄とは龔澄枢なり。言、其の法度に循わざるは、此の二人の若し。

と伝えるように、清代の広東では、勝手な振る舞いをする者を、劉鋹、龔澄枢に因んで「蛮澄鋹」と言うなどと伝える。ちなみに言うなら既述の「碑銘」の撰文は陳守中だが、これを建立したのは「玉清宮使、徳陵使、龍徳宮使、開府儀同三司、行内監、上柱国、武昌県開国男、食邑三百戸」と何やらいかめしい肩書きを誇る龔澄枢その人である。龔澄枢における対民衆、対仏教の姿勢の乖離は、権力の中枢にある人の仏教信仰の実態を知る上で小さからぬ意味を持つことになろう。

ともあれ南漢にかぎってみれば、雲門の立場は、六祖慧能よりも重かったと見てよいであろう。雲門の道場は、南漢劉氏一族の外護なくしては成り立ちえなかった。雲門もまた南漢朝あっての教団と考えていたはずである。ただしこの場合でも、両者の思惑は微妙に異なっていたのではないか。雲門の没後、力を持つのは南漢側の意志であろうが、それは必ずしも雲門の「禅」に対してではなかった。むしろ彼らは、雲門の真身にたいして、六祖以上の「利益」を期待したはずである。

考えてみれば、六祖の立場は、すでに唐代において確立する。しかし唐の治世を否定する形で建国する南漢にしてみれば、それは過去の出来事にすぎない。一方、雲門は南漢の保護のもとで生き、そして死んでいった人である。親しみは六祖のそれに倍する。このように見るとき、雲門その人は、五代という緊張した時代にあった南漢朝にとって専属の守護神的な役割を期待されたのではないか。「碑銘」の記す、雲門の真身出現をめぐっての南漢朝の興奮は想像を絶するものがある。そのことを釈尊の金棺隻履の故事になぞらえるのは当然と言えよう。深謀遠慮をめぐらすなら、むしろ六祖のそれに比したほうが、広東という地にあっては適当なようにも思えるが、ここにも、南漢朝と雲門との特別な関係を見て取ってよいかもしれぬ。

近現代の雲門山

このような南漢における雲門信仰であるが、それは宋の建国以後でも、少なくとも現地では引き続いていたと見てよいであろう。

後世の資料ながら、康熙三年（一六六四）の「雲門山鐲免大差碑記」の中には「仲秋一日は、雲門の誕生日だからお参りに行こう」なる一文がある。付記すれば、筆者が現地で入手した「雲門山大覚禅寺簡介」（一九八九年一二月発行）では、雲門文偃は唐咸通五年（八六四）九月一一日に生まれた旨を明記する。咸通五年はともかく、九月一一日という日付については古い資料に全く見られず史実と見なすには問題が残る。しかしこのことは後述するような覚化大師号の追謚とも相まって、限定的ながら此地における雲門信仰がそれなりに広まっていたことを示すものと考えてよいであろう。

ただしそれはあくまでも「それなり」であって、決して「大きく」という意味ではない。

先にも触れたように、南漢は後主劉鋹の治世をもって滅亡する。それは当然のことながら雲門山の将来を決定したという意味でも大事件であった。新たに建国した宋にとってみれば、時に敵対し滅亡していった南漢朝の帰依を受けた寺である。そのような寺を新たな権力者が保護すべくもない。

さらに雲門没後、何人かの弟子は雲門山に残るが、多くの弟子達は雲門山を離れて活動を開始していることも注意してよい。むしろ雲門山を離れた弟子達の方が後世に名を残す。そこには情報収集の能力もさることながら、広東や福建の地にたいする中原の人々の微妙な意識があると見ることも可能であろう。すなわちいくつかの資料が伝える南方の仏教は、中原の人々からすれば、破戒すら常識化した、一種異様な世界であった。中国仏教の世界において「破戒」はある意味で珍しいことではないが、事あらためてそれを論ずる例があるのは、やはり底辺に南方に対する偏見が潜む。そのような固有の意識、さらに気候などの過酷さが、南方における教線の展開を躊躇させたと見てよいのではないか。

そして歴史的に見るなら、禅宗の隆盛と展開は、ある部分で真身によるマジカルな霊験を期待することとは反対の方向に進んでいったのである。

ところで現存する『雲門山志』の編纂は近代であり、かつその内容も近代中心の記述である。このことは、中間に位置する時代、すなわち元明清代の雲門山の動向を知るための資料が、ほとんどないことを意味する。かくして以下に掲げる資料は、取り扱いに注意を要する部分なしとはしないまでも、やはり貴重な存在と言える。まず『山志』は『韶州府志』巻三八によって、

宋の仁宗慶暦七年、叛寇《むほんにん》唐和有りて寺に過り、将に害を為さんと欲す。師、現るるに身は空に在り。唐和、感悟し、寺中の首僧の覇、因りて招降す。宋の哲宗元祐八年、師号覚化大師を賜る。（同書、五四頁）

と、慶暦七年（一〇四七）と元祐八年（一〇九三）の事跡を伝える。常盤氏も指摘するように、『韶州府志』が言う「覚化大師」の追謚は『輿地紀勝』によるのであるが、これについては他の資料に徴しえ

ない。

さらに庚寅（一九五〇）の歳の、惟心による

師の肉身、今にいたる迄千年なるは奇なること有り。仍ち栩栩《くく》として活けるがごとくして、雲門の祖堂に趺坐するなり。（同前）

の一文を付す。「栩栩《くく》」は喜ぶさま。惟心の付記については、後述する。また『山志』は『韶州府志』によって宋の建中（靖国）年間（一一〇一）の、僧紹資による重修を伝える。

このように現在、知りうる雲門山の動向の主たるものを、『韶州府志』および『山志』において検索すると、元明代のものは少なく、そのほとんどは清代以降のものである。すなわち『韶州府志』は洪武初年（一三六八）ころの了偈による小規模の重建、成化五年（一四六九）の法活による重建、万暦一一年（一五八三）の法伝による重修、『山志』は万暦四六年（一六一八）の大雄殿の重修を伝える。

右のうち、事情が明らかなのは、万暦一一年（一五八三）の法伝による重修である。この重修をめぐっては、その間の経緯を記す「雲門寺山門記」と「雲門寺田地山場碑記」が『山志』に収録され、それらによって当時、乳源県の知県（知事）であった趙佑卿が関わり、かなり積極的な役割を果たしたことが知られる。全体の内容としては、雲門寺復興のために総計で二五六石余の田地や茶園が喜捨されたことを伝えるのであるが、この数字は、のちの乾隆五〇年（一七八五）の「雲門寺免蠲負碑記」の年収数百余石の言に合致すると見てよいであろう。

ともあれ仏教も道教も混在させた、それらの資料の内容は、当時の中国民衆における仏教観を知らしめる。そのような民衆の受け止め方が、実は真身信仰を支える大きな柱になっていたと言いうる。

また知県が発起人となっての復興事業となれば、住民にしてみれば反対の仕様もなかったとも言いえよう。その点は暫く措くものとしても、ともかく旱魃や水害にあたって、雲門の真身が祈願の対象となったことだけは事実と見てよく、その結果が、先の二五〇石以上もの膨大な量の収入をもたらしたと言えよう。この数字は、たとえば『曹渓通志』巻一が伝える万暦一七年（一五八九）、時あたかもマテオ・リッチが此地を訪れた頃の、韶州府の知（知県）の陳奇謀の言による、南華寺の田糧が二〇〇石近いという記録よりも多いということとなる。

そしてここで注目すべきは、「雲門寺田地山場碑記」の冒頭の一段であろう。

嘗て謂う、世界を一粟に蔵す、仏法、何ぞ其れ大なる。乾坤を一壷に貯う、道法、何ぞ其れ玄なるかと。釈道の教は由来久しきかな。乳邑の匡真大師は、慧法無辺なるも雲門に坐化す。若し霊験に非ざれば、何ぞ漢の勅すること三たび封ずること有らん。旱乾に遇いて水の溢るるが如く、患を捍ぎ災を禦ぎ、求むるに応ぜざるなし。此れ大師の、真に一邑の霊神にして、実に千万家の頼り有る所なり。師に霊験有りて万民に善心を発さしむ。故に先年の艱難拮据に糧を承け、田地山嶺土号を開創す。並びに各おのの村郷、踴躍して輸《ささ》げ将《も》ち、源源《たえず》佈施す。或いは田の収租を施して僧に供し、或いは題して灯油を捐《ふせ》し燃《ひ》を点《とも》す。僧は租供を得て、誠敬に師を祀る。師、伏して長く燃し、灯光、永く照し、師、人の楽を安んずるは、誠に美挙に属せり。（『山志』、二三六頁）

さまざまな霊験のある雲門の真身のおかげで先年の苦労にあたっては食べ物を入手でき地元の人々は田畑を開いた。それを喜んだ人々は勇躍歓喜して雲門山に布施をなしたというのである。

このような収入の安定、乃至、宋代以降の疲弊を救った中興の事業が、後の万暦四六年（一六一八）

の大殿の修造、康熙三五年（一六九六）の乳源県令の伍奕芳による祖殿の重修などを喚起したと言えよう。いったい伍奕芳が重修した時点では、雲門山には祖殿と大殿が残るのみであったとされるし、乾隆五〇年（一七八五）の「雲門寺免蠲負碑記」は、住持の任にあった人の運営のまずさで累々たる借金となり、それを解消するために様々な説得が行われ、結果的にはそれが成功し、貸し主たちの芳名が「作善降祥」「積善之家、必有余慶」の句とともに刻まれて建碑されたことを伝える。

さらに嘉慶五年（一八〇〇）の時点では、祖殿以外は、凋落を極め、道光三〇年（一八五〇）、咸豊元年（一八五一）と、やはりみるべきものがほとんどない中からの復興が計られている。

そのような一連の作業の中で興味をひくのは、康熙二六年（一六八七）、元才による「雲門山重装匡真祖師金身碑記」の存在である。この資料こそ筆者の知るかぎり、雲門の真身像をめぐる唯一の記録と思われる。

師は諱は文偃、勅して匡真禅師と賜わる。其の道、大いに韶陽に振るう。化縁の事畢り、門人、全身を奉じて塔を建つ。未だ幾ばくもなくして仍ち龕より出し身を漆す。今にいたる迄、八百余載、其の間、遐邇の士庶、或いは雨を祈り晴れを祈れば、黙佑、験《しるし》多し。幸いなるに丁巳の歳（康熙一六年・一六七七）、邑侯の舒公、俸十金を捐《ふせ》して倡首し、丙寅（同二五年・一六八六）の秋に至るを以て、育才坊等、衆もろの檀越四十余人、慨《おしみな》く善心を発し、各おの浄資四十四両を抽《だ》し、灰漆を重畳し、渾身に拭金し、永く弗替の計を垂る。（『山志』、二三〇頁）

右の記事からすれば、一、示寂の直後、雲門の真身に漆が塗られたこと、二、その後、祈雨祈晴の対象となったこと、三、清初になって、さらに漆や金箔で補修されたこと、などが知られる。一について傍証する資料はないが、補修するに当たって確認することはできようし、かの南華寺の六祖像を例とするまでもなく、中国では遺体の保存に漆や金箔を用いることはさほど珍しいことではなかったと思われるから、ほぼ信じてよいものと思う。二も信じてよいであろう。晴雨が人々の生活を左右することは、今日以上であることは言うを待たない。『山志』は一応「乳源の人民の、真正に宗教を信仰せる者、甚だ少なし」（『山志』、三八頁）と伝えるが、民国代の宗教信仰を以て歴代のそれを類推することはできないし、中国における民衆の宗教信仰の多くの部分は、二のような現実的なものであったのではないか。事あるごとに霊験のある仏祖像に祈って霊験を求めることは歴史の中ではいくらでもあるし、大中祥符九年（一〇一六）に出現した雲門の弟子の双峰竟欽の真身像が供養されるのも、求めるなら必ず応現がある故であった。

いずれにしても、右のような条件が、三の真身像の補修を喚起したものと言えよう。当然そこには文偃が雲門宗の派祖であるという重みが加わる。

雲門真身像のその後

ところで冒頭に述べた、昭和三年に常盤大定氏が見た雲門の真身像はその後どうなったのであろうか。

その点について述べる資料はほとんどない。そのような中でわずかに岑学呂『虚雲和尚年譜』（中国名山勝蹟志叢刊五八、文海出版社、一九八三年）の、民国三三年（一九四四）の条が、一〇五歳の虚雲が雲門山に登ったところ、雲門の真身を見つけたと伝えるのは貴重である。

初め民国二九年、予（虚雲）、曹渓の六祖の道場を重建し竟り、粤僧の福果と偕《とも》に曲江、乳源の各地に往く。霊樹の道場を訪尋するも未だ獲ず。比《つ》いで雲門山に抵《いた》るに、荊棘の中に残存せる古寺の内に、肉身一尊を見る。雲門開宗の道場たり。爾の時、祖庭の淪落、此こに至るを見て、悽然として涙の下るを禁ぜず。（同書、一四二頁）

終戦の直前まで雲門の肉身があり、住僧もあったのである。さらに多分、一九四九年の成立であろう「重建雲門寺殿宇紀略」は次のように言う。

後、梵宇を排して中左右の三の大棟に分かつ。中棟を法堂、戒壇、蔵経閣と為す。上下両層にして、下層は一大楹なり。法堂と戒壇は通用す。中に獅子座を置き、上に釈迦玉仏を奉ず。上層を蔵経閣と為す。計して六楹に分かつ。上に雨花台の三字有り。左棟を祖堂と為す。雲門開宗の始祖文偃禅師の真身、及び本宗伝承歴代祖師の牌位を奉ず。棟宇は上下二層に分かつ。共に約二十楹なり。（同前、一六八頁）

右の記事により、解放当時の雲門山の法堂の左の祖堂にはやはり雲門文偃の真身像や歴代の祖師の碑が祀られていたことが知られる。

ところがこれらのことに、前掲の『雲門山大覚寺』はまったく触れていない。記事の中心となるのは、あくまで虚雲と仏源の師資が雲門山復興に尽力したという部分である。その面では、資料的価値を否定するものではないが、当面の課題を解決するものではない。従って、以下に述べることは解放後にも真身像が残っていたという前提のもとの推論である。

すなわち『雲門山大覚寺』には「雲門山大覚禅寺大事記」なる一文が収録される。ここでは解放後、特に文化大革命の時期の雲門山の状況が記されるが、それによれば、一九六六年、文革が激しさを増す中で、雲門山も被害を受けはじめ、一九六八年一〇月には、寺の中に共産党の幹部を下放労働させ、再教育するための「五七幹校」が置かれたという。そして翌年には、八〇余体の仏像が破壊され、結局、一〇年にわたる文革で寺は破壊しつくされたというのである（同書、一五四頁）。

状況としては、文革中に雲門の真身も失われたと考えることが妥当であろう。なおこの点をめぐって、失われた正確な時は分からないものの、それが文化大革命中であったことは、二〇〇五年九月、第二三次駒澤大学訪中団の一員として三度目の雲門山訪問を果たした際に、口頭ながら寺に在住する老僧から確認しえている。

第二章　雲門の禅

第一節　『祖堂集』と『禅林僧宝伝』にみる雲門の禅

近現代の雲門研究

近代の中国禅宗研究は、敦煌から発見された、所謂《いわゆ》る「敦煌文献」をどう意味づけて初期の禅宗の動向を解明するかというところから始まる。そしてそのような研究の動向は、単に初期中国禅にとどまらず、唐代から宋代、ついには元明清代に及びつつある。研究方法の細かな部分はともかくとして、その特徴の一つに中国語（漢文）で記録された禅僧の語録を、「中国語」として読むということがある。今となってみれば極めて当たり前のことかもしれないが、歴史の中では、時には読む側の勝手な読み方がまかり通った例も少なくない。ともかくもそのような研究態度とそれによる成果が、従来のさまざまな説や常識を塗りかえつつある。それら最先端の研究成果については田中良昭編『禅学研究入門』（第二版、大東出版社、二〇〇六年）を参照されたい。

ともかくそのような塗りかえの波が、現今、雲門に及ぼうとしていることは当然とも言える。ここで筆者は、まず入矢義高『自己と超越』（岩波書店、一九八六年）に収録された何本かの論文を挙げておきたい。

「求道と迷道」「馬祖禅の核心」「表詮と遮詮」「驢事と馬事」
「雪峰と玄沙」「雲門の禅・その〈向上〉ということ」「麻三斤」「乾屎橛」

初出の雑誌等は該書の巻末に記される。入矢氏が禅文献を中国文献として解読するという方法論の最右翼に位置されたことは周知のことで、収録論文は概して短編ながらいずれも重要な指摘をなす。次に「雲門特集」と銘打った『禅文化研究所紀要』（以下、禅文化紀要）一七号（一九九一年）がある。入矢氏は九年間にわたって花園大学で『雲門広録』を講じられ、一九九一年一月に最終講義を行われる。それを記念して刊行されたものが、この「雲門特集」号であるが、ここには、

入矢　義高「雲門との機縁」
永島福太郎「雲門胡餅」
鈴木大拙著、西口芳男・村上俊訳注「雲門の時間観」
西村　恵信「顧鑑咦考――雲門の実存伝達――」
ウルス・アップ「語録の形成――雲門広録の歴史的考察（英文）」
西口　芳男「雲門禅への断簡」
村上　俊「『室中語要』に見られる雲門の認識について」

の諸論文が収録される。入矢氏のそれは講義録で、他は入矢氏の講義を受けての書き下ろし、あるいは雲門禅研究の上で見逃すことのできぬ成果と言うことになる。

筆者は入矢氏の講義に列したことがなく、また中国語を専門とする者でもない。その意味では多端の誤りのあることを危惧しつつ、以下、先人の成果を参考にしつつ雲門の禅について考えてみたい。

さて、雲門の禅を考えようとすれば、その言葉を最も広く集めた『雲門広録』を利用するのが妥当と言うことになる。ところが雲門の言葉を記録した資料は『広録』に限定されない。特に以下に取り上げるように『祖堂集』をはじめとした少なからぬ資料が、それぞれの立場から雲門の禅に関心を寄

せる。その全ては取り上げ得ないが、右に紹介したウルス・アップ氏の成果は、雲門の語録とその他の資料（『祖堂集』、「碑文」、『禅林僧宝伝』など）との関係について詳細に論じられていて便利である。

まず『広録』にあらわれた雲門の禅を論ずる前に、『祖堂集』巻一一および『禅林僧宝伝』巻二にあらわれた雲門禅を概観しておきたい。

『祖堂集』の雲門のことば㈠

唐が滅びると五代となる。かつて雲門が学んだ雪峰山も版図にふくみつつ、現在の福建省を中心に建国したのが南唐である。その南唐の保大一〇年（九五二）、本格的な禅宗の灯史として『祖堂集』が成立する。編集に関わったのは雪峰からすれば曾孫弟子に当たる静《じょう》、筠《いん》の二人の上座（辞典的にはさまざまな解釈が可能だが、ここでは特なる要職にある人ではなく、一般の修行者といった程度の意味であろう）であるという。歴史の表面からは早く姿を消すが、のち『高麗大蔵経』の補遺に収録されていたことから、近代にいたって再評価される。いまはその次第を詳述せず、すべてを柳田聖山「『祖堂集』の資料価値」（禅学研究四四、一九五三年）にしたがいたい。

筆者は先に雲門の伝記を記したが、そこでは『祖堂集』そのものの記述を重視しなかった。それは伝記に関する限り、『祖堂集』の記述があまりにも簡略にすぎることが主たる理由にある。

ただ注目すべきは、このテキストの成立時期が九五二年ということである。言うまでもなくそれは雲門が没してから三年を経た年である。雲門山では守堅を中心とする語録——のちの『広録』の原型とも言うべきもの——の編集作業が、あるいは完成していたかもしれないが、『祖堂集』はまた別の世界で雲門章を完成させる。

伝記の部分でも述べたように、筆者は雪峰会下の人々と雲門とは微妙な間柄ではなかったかと考えている。もちろん福建で成立し青原下の禅者の動向に注意を払う『祖堂集』が、のちの賛寧『宋高僧伝』のように雲門の存在を無視するはずはない。賛寧は南漢朝と格別親密な雲門に対して特別な感情を持つ。それはともかく『祖堂集』は、雪峰の教えを嗣いだ人として、雲門を顕彰こそすれ見逃すはずはないのだが、問題はその評価の仕方と言うことになる。そもそも没後三年という数字すら微妙なものを含む。二〇巻の木版本の刊行にいかばかりの歳月を要するのか知らないが、情報収集を含めるなら、そこに三年以上の歳月と周到な準備が必要だったことは予想できよう。とすれば雲門の言葉は、その生前から収録を前提として集められていた可能性すらある。このように考えると、『祖堂集』の雲門の言葉には『広録』にはない素朴さがあるように思われる。ソースは一つと思えても、『広録』と文字の異同のあるものも少なくない。

あるいは『祖堂集』の雲門章には何らかの意図があるのかもしれない。

まず考え得ることは伝記の部分でも指摘したが、『祖堂集』では睦州参学の事実が全く無視されていることである。雪峰参学以前に睦州に学び、その禅はほとんど完成の域に達していたというのが通説の中で、睦州の名前が全く出てこないのは、結果的には雪峰との結びつきを強く印象づける。

このことは後の『碧巌録』が、雲門のやり口は睦州と「一摸（模）脱出」と評していることと表裏のものとなる。睦州と近いのか、雪峰と近いのか。のち北宋になるとかの達観曇穎《たつかんどんえい》が馬祖の弟子として天王道悟があったと虚構の人物を立伝し、青原系に属するのは曹洞宗のみで、雲門宗も法眼宗もこの天王道悟に嗣ぐ南岳系であると主張するにいたる。呂夏卿による雪竇重顕の塔銘が雪竇の法系を馬祖下としたことは、このような荒唐無稽な説が、北宋の士大夫の間でそれなりに奏功していたらしきを窺わせる。とすればその一時代前、雲門の嗣承をめぐって睦州に嗣ぐか──つまり南岳系に属するか──、雪峰に嗣ぐか──青原系に属するのか──という綱引きの中で、『祖堂集』には雲門は雪峰の弟子──つまり青原系──という強い主張があったのかもしれない。

ともあれ『祖堂集』に収録される雲門の言葉は、ある部分は『広録』と重複するが、多くは『祖堂集』独自のものである。特に次に掲げる「十二時偈《じゅうにじげ》」と「宗脈頌《しゅうみゃくじゅ》」の存在は注意してよい。そもそも『祖堂集』は青原系の禅者たちが多くの偈頌を残したことを伝える。多くのスペースを割いて雲門の二つの歌を収録するのは、それがリズムを伴ったものとして暗唱しやすかったこともあろうが、雲門が雪峰の弟子であるとともに、隠遁の生活を送りつつ多くの偈頌を残すという青原系の禅者に共通する特色を見せたという意味で、真っ当な青原系の禅者であることを言いたかったように思われる。

十二時偈

半夜の子《ね》。命、懸糸の似《ごと》くするも、猶お未だ許さず。因縁の契会は刹那の間。了了分明にして一として気なし。

半夜の子。命が細い糸のようになる（ギリギリ）まで修行しても、なお仏法と契うことは許されない。しかし仏法との因縁が契うことは瞬時である。そのとき仏法が明らかとなりわずかの俗気もない。

鶏鳴の丑《うし》。一歳の孫児、大いに哮吼す。実相は円明にして不思議なり。三世の法身、北斗に蔵《かく》る。

鶏鳴の丑。一歳の幼児が仏法について大いに語る。仏法の真実相は思議できない。三世を通貫する法身は本来の処に安住する。

平旦の寅。三昧の円光、法身を証す。大千世界、掌中に収む。色は髑髏を透《とお》れば誰か親しむを得ん。

平旦（夜あけ）の寅。悟りの風光は真実体を明かしている。大千世界を掌に収めるほどの力量を持っていて、あらゆるものが髑髏さえ通り抜けてしまうほどの境涯は誰が近づきえよう。

日出の卯。黙説の心は実教を伝道す。心心、相い印して無心すら息《や》む。玄妙の中、拙巧なし。

日出の卯。黙説をもって表す心こそ真実の教えを伝える。そのようにして伝えられた心が、相手の心を印して、無心ということすら超える。玄妙なる真実を伝えるのに巧拙はない。

食時の辰。恒沙の世界、眼中の人。万法は皆な一法より生ず。一法の霊光、誰か是れ隣《となり》せん。

食時の辰。無数の世界を眼中に収めてしまう人。あらゆる存在はすべて一なる存在（仏法）から生じる。その一なる存在の霊光を、だれが我がものにできるのか。

禺中《ぐうちゅう》の巳。分明歴歴にして相似せず。霊源独り曜《かがや》くも人の逢うこと少なし。達する者は方に知る、慮《かんが》うる所なきことを。

禺中（正午に近いころ）の巳。仏法の真実相ははっきりしたものだが、どのようなものとも似ることはない。その根源のところは独立して輝いているが、それを我がものにする人は少ない。我がものにした人は、仏法は思慮分別《ふんべつ》を超えたものであることを知っている。

日中の午。一部の笙歌、誰か儛《ま》うことを解せん。逍遥として頓に入りて無生に達す。昼夜、法螺し、法鼓を撃つ。

日中の午。仏法を歌う一曲、一体誰が合わせて踊れようか。踊れる人は、ゆっくりと、しかもすばやく仏法を我がものにし無生（生滅を超えた悟りの世界）に達する。そのような人は昼夜を分かたず教えを語り続けている。

日昳《にってつ》の未。醍醐最上の味を灌頂す。一切の諸仏、菩提に及び、唯だ仏のみ之を知る貴中の貴。

日昳（日が傾くころ）の未。醍醐（最高の味わいの乳製品＝仏法）最上の味を全身に注ぎ、一切の諸仏は悟りの世界にいたり、その仏のみが最も貴いものを知っている。

晡時《ほじ》の申。三壇の等施は互いを賓と為せ。無漏の果は円かなれば一念に修すべし。六度同じく浄土に帰す。

晡時（夕刻）の申。三種の布施（財施、法施、無畏施）は、互いを客のように敬って行いなさい。悟りの果実は円満だから、一念をもって修しなさい。（そうすれば）六種の波羅蜜はすべて浄土への因となる。

日入の酉。玄人は、途中に向《お》いて走ること莫かれ。黄菜浮漚、人を賺殺す。命尽きんとすれば慞《おそれ》惶《おのの》いて是れ手を了ず。

日入の酉。学道の人は修行の途上でウロウロしてはならない。(目につく) 落ち葉や水泡 (煩悩) が人をだます。命が尽きるときになって恐れおののいて終りとなる。

黄昏の戌。火を把《も》ち牛を尋ぬるは是れ底物《なに》ぞ。素躰相い呈するも却って非と道う。奴郎弁ぜざれば誰か屈を受く。

黄昏の戌。火を持って牛を尋ねているのは誰だろう (外ならぬ自分だ)。(相待の心をもって) 本来の体を露呈してもむしろ非と言われる。本末をわきまえないとしたら誰が辱めをうけるのか (自分だ)。

人定《じんてい》の亥。三乗を把ちて相い足配すること莫かれ。此の意を知りて真宗を現ぜんと要せば、密密たる心心、三昧を超ゆ。

人定 (人が寝しずまるとき) の亥。三乗の教えを持ってきて相互に結び付けてはならない。仏法の意味を知って真実の教えを現じようとするならば、仏法と親密なる心をもって三昧すら超えなくてはならぬ。

この「十二時偈」とおなじように雲門には「十二時歌」があって『広録』に収録されるが、両者の文言は全く異なる。また次に掲げる「宗脈頌」は『祖堂集』独自のものである。

宗脈頌

如来は一大事のために、世間に出現す。五千の方便の教え、流伝すること幾百年。四十九年の説は、未だ曾て出言に忤《もと》らず。如来滅度の後、迦葉の辺に付嘱し、西天二十八祖、仏印、相い伝う。達摩、東土を観、五葉の気、相い連ぬ。九年来の面壁、唯だ喫茶の言のみ有り。二祖を上首と為し、達摩は西天に廻る。六祖は曹渓に住し、衣鉢は後、伝わらず。派は三五六に分かるるも、各おの真源に達す。七八の心は忙乱にして、空花は目前に墜つ。苦なる哉、明眼の士、止啼銭《していせん》を認得するに、外道は多く毀謗をなす。弟子は天に生まるるを得るに、昔は霊山の上に在り、今日は安然たるを獲る。六門は倶に休歇たり、無心は処処に閑たり。如《も》し玄中の客有れば但だ人我の山を除く。一味、醍醐の薬あれば、万病、悉く皆な安たり。因縁、契会する者は、無心にて便ち禅に安んず。

如来は仏法を示すために、この世に出現された。説かれた沢山の教えは伝わること数百年する。四九年にわたって説かれた真実の教えは言葉による表現にもとらない。その滅後、迦葉に教えを伝え、インドでは二八代の祖師に教えが伝わった。達摩が中国に渡来して五代にわたって教えが伝わった。達摩は九年の面壁坐禅をしたが、「喫茶」の言葉を遺すだけであった。二祖慧可を一番弟子として達摩はインドへ帰った。六祖慧能が曹渓に住んで以後、衣鉢は伝えられなくなった。教えをつぐ派は幾多に分かれたが、それぞれが真実の仏法に到達した。しかしいくらかの人々の心は落ち着かず、空花が目前に墜ちるようであった。残念なことに、道理が分かっている人は、教えが子供の啼くのを止める方便であることを知っているのに、分かっていない人間は悪口を言う。仏法が分かった弟子は天に生まれる。昔は霊山の法会《ほうえ》にあってブッダの教えに出会い、今日では（当処《このば》で）心の安らぎを得る。六根の執着は止み、無心なありようはどこにおいても静寂である。奥深い教えが分かっている人は、我を実体視する謬見を離れる。醍醐の薬にたとえられる仏法は、一切の煩悩を退治する。因縁をもって仏法にかなった者は、無心を得て禅定に安住する。

『祖堂集』の雲門のことば(二)

さらに『祖堂集』は、雲門の語として以下を収録する。論の都合上、収録の順ではないことをお断りしておく。

問う、如何なるか是れ透法身の句。師云く、山を看よ。

質問、「法身すら通り抜ける言葉とはどのようなものですか」。答え、「山を看なさい（あの山のようにはっきりと隠し隔てない）」。〈この問答『広録』では「問う、如何なるか是れ祖師西来意。師云く、日裏に山を看よ」がある。〉

師、上堂して云く、汝、若し会せざれば、三十年の後、老漢に見えずと道うこと莫かれ。

先生が上堂されて言われる、「君たちもし仏法が分からないなら、三〇年たったあと、私に教えを受けなかったなどと言ってはならぬ（私の教えを受けたものは皆な仏法が分かる）」。〈この問答『広録』に見えず。〉

師、因みに杖を把り柱を打ちて問う、什摩の処より来たるや。対えて云く、西天より来たる。師云く、什摩を作し来たるや。対えて云く、唐土の衆生を教化し来たる。師云く、我が唐土の衆生を欺けり。却って大衆に問う、還た会すや。対えて云く、不会。師、柱を打ちて云く、伱を打てば箇の両重敗闕たり。

師が杖で柱を打って（柱に）質問する、「どこから来た」。（自分で）答えて、「西天から参りました」。師が言う、「何をしに来た」。（自分で）答えて、「唐土の人々を教化するために参りました」。師が言う、「私の国の人々を欺いているではないか」。かえって修行者たちに質問する、「ところで分かったかな」。答えて、「分かりません」。師は柱を打って、「（柱よ）お前を打ったのは重ね重ねの過《あやま》ちだ」。〈この問答『広録』では「師、行く次いで拄杖を以て露柱を一下して云く、什麽の処より来る。自ら云く、西天より来る。復た云く、這裏に来りて什麽をか作すや。自ら云く、仏法を説く。乃ち喝して云く、我が唐土の人を欺けり。又た拄杖を以て打すこと一下して便ち行き、却って拈じて僧に問う、汝道え、我が意作麽生。僧便ち問う、祇《た》だ師の意の如きは作麽生。代って云く、行主を用いず」とする。つまり『祖堂集』の記事の前半は自問自答ということになる。〉

師、良久す。僧問う、何ぞ釈迦の当時と異ならん。師云く、大衆立つこと久し、快礼三拝せよ。

師がしばらく沈黙された。僧が問う、「お釈迦様の時とちがっていますか（説法の場で釈迦が金波羅華《こんぱらげ》をかざして沈黙された故事を受けての質問）」。師が答える、「皆なが立って聴いてしばらくたつ。（無言の説法は終わった）急いで三拝しなさい」。〈この問答『広録』に見えないが、『伝灯録』雲門章にでる。〉

問う、如何なるか是れ超仏越祖の談。師云く、蒱《(蒲カ)》州の麻黄、益州の苻子。

質問、「仏祖を超えたレベルの談とはどのようなものですか」。師が答える、蒱州の麻黄、益州の苻子（それぞれの土地の産品だが麻薬のような作用があるという。ありがたい話には毒がある）」。〈『広録』では「時に僧有りて問う、如何なるか是れ超仏越祖の談。師云く、餬餅」なる問答があり、後に『碧巌録』に収録される。〉

問う、一口の呑み尽くす時、如何ん。師云く、老僧、你の肚裏に在り。僧云く、和尚、什摩としてか学人の肚裏に在る。師云く、我に話頭を還し来たれ。

質問、「一口で全てのものを呑み尽くす（仏法と一体となる）ときはどうですか」。師が言う、「私も君のお腹に呑まれた」。僧が言う、「和尚さんはどうして私の腹の中なんですか」。師が言う、「私に話を還せ（飲み尽くして仏法と一体となると言ったのにそうではないではないか）」。〈この問答『広録』にもあり。〉

問う、如何なるか是れ禅。師云く、露柱蝦蟆を呑む。僧云く、如何が挙唱すれば則ち来機に負《そむ》かず。師云く、什摩をか道うや。僧云く、還た来意あるべきや。師云く、且らく款款に問え。

質問、「禅とは何ですか」。師が答える、「露柱がガマをのみこむ（凡人の思量を超えている）」。僧が言う、「どう言ったら相手の働きかけに背きませんか」。師が言う、「何を言っているんだ」。僧が言う、「いったいやって来た相手の心根はどうなりますか」。師が言う、「まあゆっくり問いなさい」。〈『広録』では「問う、如何なるか是れ禅。師云く、是。進みて云く、如何なるか是れ道。師云く、得」なる問答がある。〉

師、僧に問う、諸方、行来して道えり、我、有ることを知ると。且らく我が為に二《(三カ)》千大千世界を拈じて眼睫上に向いて著けよ。学人応喏す。師云く、銭唐は国を去ること什摩としてか三千里たる。

師が僧に質問する、「諸方の禅者は行ったり来たりして、私は仏法のあることを知ったと言っている。ならまあ私のために三千大千世界を持ってきて眉の上にくっつけてみなさい」。質問者がハイと返事する。師が言う、「銭唐はこの国を離れることどうして三千里もあるのだろう（三千世界を眉にくっつけるほどの力をもっていても、現実には距離がある。銭唐は雲門の故郷、ここで言う「国」は南漢であろう）」。

〈この問答『広録』にもあり。〉

師、僧に問う、一切の声は是れ仏声。一切の色は是れ仏色。拈却し了れば你の為に道わん。対えて云く、拈却し了れり。師云く、与摩なれば驢年にし去らん。

師が僧に質問する、「全ての声は仏の声、全ての存在は仏の姿。それらをつまめたらお前のために言ってやろう」。答えて言う、「つまめました」。師が言う、「そのような理解だったらロバのように年をとるだけだ。まったく見込みがない」。〈この問答『広録』にもあり。〉

さらに『祖堂集』はいくつかの雲門の語を著語《じゃくご》（他の禅僧の言葉に対するコメント）として収録する。

巻六、洞山章

雲門、西峯に到る。西峯問う、某甲《ぼうこう》、只だ洞山の刮骨《かっこつ》の言を聞くも、周旋するを得ず。請う上座、某の与に挙せよ看ん。雲門、具《つぶ》さに前話を陳《の》ぶ。西峯、便ち合掌して云く、与摩に周旋するを得たり。雲門、拈じて西峯に問う、洞山前語にて、将ち来れ、你の与に刮《けず》らんと道えり。賓家、第二機に来るや、什摩として刮らずと道う。西峯、沈吟して後に云く、上座。上座、応喏す。西峯曰く、堆阜なり。（中文出版社本、一二四頁）

雲門が、西峯にやってきた。西峯がきいた、「某甲は洞山が、骨を刮《けず》るというのを聞くだけで、しかとお引き廻しを得ない。どうか上座どの、某甲のために説明してくだされ」。雲門は詳しく前の次第を語った。西峯は合掌した、「（おかげで）お引き廻しを頂いた」。雲門は引きとって、西峯にきいた、「洞山は前段で『出してみろ、汝の骨を刮ってやる』と答えておいて、お相手が二番手に下ると、どうして又、『刮らぬ』と答えたのだろう」。西峯は（しばらく）考えこんだあげく、（相手の名を）よんだ、「上座どの」。上座（雲門）が、「ハイ」と返事した。西峯、「君は（洞山ではなくて）もりっちにすぎぬ」。（この段の現代語訳は柳田聖山『大乗仏典〈中国・日本篇〉』一三、二三二頁〈中央公論社、一九九〇年〉による。）

巻一四、杉山《さんざん》章

師（杉山）と南泉と火に向かう次いで、南泉、師に問う、東を指し西を指すを用いず、本分の事を直下に道い将ち来れ。師便ち火筋を把りて放下す。南泉云く、饒い你、与摩なるとも、猶お王老師の一綫に道うに較《あた》れり。南泉、又た趙州に問う。趙州、手を以て円相を作し、中心に一点す。泉云く、饒い你、与摩なるとも、猶お王老師の一線に道うに教《あた》れり。雲門、聞きて挙して云く、南泉、只だ是れ歩歩高きに登るも、空裏に放下するを解せず。（同前、二六八頁）

杉山と南泉普願とが火に向かって暖をとっていた折、南泉が先生に問われた、「あれこれ言わず、直ちに仏法そのものを言ってみよ」。先生は火箸を放り投げた。南泉は「たとえ君がそうであっても、まだ私（王老師＝南泉）にはちょっと及ばぬ」。南泉は趙州に同じように問う。趙州は手で空中に円を書いて点を打つ。南泉「たとえ君がそうであっても、まだ私にははちょっと及ばぬ」。雲門がこのやりとりを聞いて取り上げて言った、「南泉は一歩一歩高きに登っていはいるが、空中に投げ出すことができないでいる」。

巻一九、臨済章

因みに僧侍立する次いで、師、払子を竪起す。僧、便ち礼拝す。師、便ち之を打す。後、因みに僧侍立する次いで、師、払子を竪起す。其の僧、並びに顧みず。師、亦た之を打す。雲門、代って云く「只だ宜しく専甲なるべし」。（同前、三六三頁）

あるとき、僧がそばに立っている。先生は払子をたてる。僧はおじぎをする。先生はすぐさまぶったたく。そのあと、あるとき僧がそばに立っていると、先生が払子をたてる。僧はぜんぜん見むきもしない。先生は今度もぶったたく。雲門が代っていう、「そいつはおれでなくちゃなるまい」（この段の現代語訳は柳田聖山『禅語録』世界の名著・続3、五六七頁〈中央公論社、一九七四年〉）

巻二〇、灌渓章

洞山、夾山に問う、作摩生。対えて云く、只だ与にせん。洞山、之を肯う。人有りて師（灌渓）に挙似す。師云く、金もて金を打ち、水もて水を洗う。雲門、拈じて僧に問う、作摩生か是れ金もて金を打ち、水もて水を洗う。僧云く、餬餅を喫して与摩に道う。還って得るや。僧云く、閙《さわ》ぎ了れり。閙ぐこと莫れ。雲門、之を肯う。（同前、三八三頁）

洞山が夾山に質問した「どうだ」。対えて「ただその（仏法の）ためにするだけです」。洞山はこれをうけがった。ある人は灌渓に示した。先生は「金で金を打ち、水で水を洗うようなものだ（すべて仏法の世界での出来事）」。雲門が取り上げて言う、「金で金を打ち、水で水を洗うとはどういうことだろう」。僧が言う、「餅を食べたうえでそんなことを言っている。いったい仏法を得ているのだろうか」。僧が言う、「打ったのだから、騒がないでください」。雲門はこれを認めた。

右に挙げた言葉はいずれも『広録』に見出せず、このこともまた『祖堂集』のソースの独自性を示すものと思われるし、あるいはよりナマに近い雲門の言葉を記録したと言えるかもしれない。

『禅林僧宝伝』と雲門のことば

雲門の言葉でいささか特異な立場をとるテキストに北宋の覚範慧洪（一〇七一―一一二八）による『禅林僧宝伝』がある。この資料をめぐってはすでに柳田聖山氏に『禅の文化』（京都大学人文科学研究所、一九八八年）なる報告がある。いささか屈折した人生を送ったらしき慧洪については全て右の成果によるが、慧洪は「法は人による」という意識が強かったという。そのような意識のもとで編集された『禅林僧宝伝』において、慧洪は雲門を評価して次のように言う。以下の引用の訓読や現代語訳はすべて柳田氏の成果である。


偃は契悟広大にして、其の游戯三昧する、乃ち此の如し。而も作為する偈句は、尤も測る能わず。其の綱宗の偈に曰うが如し。康氏は円形、滞って明めず、魔は深く虚しく喪して、寒氷を撃つ。鳳羽の展ぶる時、碧漢を超ゆ、晋鋒八博も何に憑らんと擬する。

又た曰う、是れ機か是れ対か、対機迷い、機を闘し塵遠くして、遠塵に棲む。夕日と日中と、誰か掛くる有らん。因る底《てい》は底事《なに》ぞ、塵を隔てて迷う。

又た曰う、時光を喪し、藤林は荒れたり。人意を徒にして、肌尫に滞る。

又た曰う、咄咄咄、力囚希。禅子訝り、中眉垂る。

又た曰う、上に天を見ず、下に地を見ず。咽喉を塞却して、何処にか気を出だす。我を笑う者は、多く、我を哂う者は、少し。

毎に僧を顧み見て、即ち曰う、鑒、咦。而るに之を録する者、顧、鑒、咦と曰う。徳山密禅師、顧字を刪去して、但だ鑒咦と曰う。叢林に目して以て抽顧の頌と為す。

北塔の祚禅師、偈を作って曰う、雲門は顧鑑、笑い嘻嘻たり、擬議すれば、渠が顧鑒咦に遭う。任《た》是《と》え張良が智巧多きも、到頭、是に於て、也た施し難し。


文偃は悟りのスケールが大きく、ライオンが遊びたわむれるような、この人の三昧の境地は、以上のようであった。とりわけ、かれが作った偈頌の内容は、何とも推しはかることができない。

たとえば、綱宗の偈に次のようなのがある。

康氏の円形の陣立ては、誰もが滞って見通せない。魔はひそみ隠れて、人々は虚脱喪身し、氷の表面をたたくだけだ。

鳳鳥は羽根をのばして、碧空の上を飛ぶ、晋鋒八博の陣立ても、何のたよりにもなるまい。

さらに、
動くべきか、相手なのか、対応を見失ってしまう。動きを退けて、客塵が遠のくと、遠のく客塵に足をとられる。

落日といい、真昼の太陽といい、それを空に掛けたものがあるか、どうか。

原因は、何ものなのか、客塵にへだてられて、見失ってしまう。

さらに、
時を失って、葛藤の中に横わり、人々の空しい期待が、肉体を疲れさせる。

さらに、
やい、やい、やい、えいやの、や。坐禅僧は、おどろいて、中眉がさがる。

さらに、
頭上に天なく、脚下に地がない、咽喉をしめきって、何処で息をするのか。

俺を笑う男は多いが、俺を笑える男はいない。

さらに、文偃は平生、僧を顧み（めくばせ）して、言ったものだ。「鑑（よくみろよ）、咦（うん）」

ところが、記録者は、顧、鑒、咦とした。徳山縁密禅師は、顧という字をけずって、鑒、咦とするだけだ。禅林では、これを抽顧頌（顧ぬけの歌）とする。北塔祚禅師は、こういう偈をつくる。

雲門は僧を顧み、鑑（別）して喜び笑う、何か答えようとすると、その人に顧み、鑒別して咦と言われてしまう、たとえ、古の張良が、どんなに知恵者でも、ひっきょうのところ、これには何とも、手の出しようがないだろう。（『禅の文化』二四九頁）

雲門章の末尾には慧洪による「賛」が付される。

賛じて曰う、予、雲門の語句を読んで、其の辯慧に驚く。渦は旋り波は険しく、河漢の極まる無きが如し。其の人を想い見るに、奇偉傑茂、慈恩、大達の輩の如し。其の像を見るに及んでは、頽然として胡床に傴坐し、広顙平頂、宣律師に類す。奇智盛徳、果して相貌を以て得る可からざるか。公の全機大用する、月の衆水に臨んで、波波、頓に見ゆるも、月は分かたざるが如く、春の万国に行きて、処処、同じく至れども、春に迹無きが如し。蓋し其の妙処は、得て名状す可からず、知りて言う可き所の者は、春容月影なる耳。嗚呼、豈に謂わゆる命世、亞聖の大人なる者ならんか。ほめことば。

わたくしは、雲門の説法をよんで、語り口のするどさにたまげた。渦がまきあがり、けわしく波だって、天の河が果てしなく延びてゆくようである。その人柄を想像すれば、すごく偉大で、傑出するさまは、慈恩大師や大達国師といったところだが、その真像を拝んでみると、おとなしく身を胡床にかがめて坐し、広い額と平らな頭頂は、まるで道宣律師そっくりである。すばらしい知恵と、盛んな徳望は、けっきょくは姿形で把むことができぬのであろう。公の全体作用は、たとえば月光が多くの川にうつって、波ごとに照りかがやきながら、月そのものは分割しようがないのであり、あたかも春が万国に訪れて、何処にも一様にやってくるが、春そのものは何の足迹もないのである。それというのも、深さは何とも名状しようがなくて、ただはっきりと判っていることは、春の気配と月光だけであるのに似ている。ああ、言ってみれば一世にすぐれて、聖人につぐ大人というのは、この人のことであろう。（『禅の文化』二五六頁）

『禅林僧宝伝』の雲門章は右にとどまらないが、『広録』にも出て本書で取り上げるものについてはこれを省いた。いったい『禅林僧宝伝』が収録した『広録』巻上に収録される雲門の偈頌は、雲門禅の大事な部分とは思われるものの、現代語訳した例は皆無であり、その意味で柳田氏による成果は極めて重要である。

ただし覚範慧洪による雲門のことばの引用は、『広録』のそれとは微妙に異なってはいないか。その一々については述べないが、慧洪の引用はよく言えば自由自在、悪く言えば『広録』では別々の箇所にでる言葉を連続させ一体のものとして扱うなど、相当に恣意的とさえ言える。

第二節　『雲門広録』成立への道

語録の成立

すでに述べたように雲門の禅は、かなり早い時期から「一家」をなすほど特色あるものと評価されていた。そのことは疑いない。ところがそれが具体的にはどのようなものであったのかというと、『碧巌録』など公案禅の世界を通してイメージ化され、語られるものが大半を占めていて、ナマな世界から積み上げられた結果として、「雲門の禅」を語っている例は存外少ないように思う。もちろん雲門をめぐっては少なからぬ資料が今に残るから、それらを正しく読み取れば雲門禅の真髄が理解できることになるのだが、ことはそう簡単にいきそうもない。

いったい雲門については、周知の『雲門匡真大師広録』（『広録』）が伝えられる。手近には『大正大蔵経』巻四七に、かの徳富猪一郎（蘇峰）氏旧蔵になる五山版が底本となって収録される。この五山版と万暦四三年（一六一五）刊行の明蔵本、宮内庁書陵部所蔵の五山版（零本）、寛永一七年（一六四〇）刊行本との対校の結果が欄外に記されるから、『大正大蔵経』巻四七所収の『広録』は、書誌学的にはかなりのレベルを保っていることになろう。

ところで現存の『広録』は、その劈頭《へきとう》に北宋の熙寧九年（一〇七六）、当時、権発遣両浙転運副使公事の任にあった蘇澥の序があり（本書六五頁宮内庁書陵部所蔵本写真参照）、各巻の末尾に福州鼓山湧泉寺に住していた円覚宗演によって校勘されたことを伝える。

蘇澥について詳しくは分からないが、『建中靖国続灯録』（以下『続灯録』）巻五、天衣義懐（九九三―一〇六四）の章では

（義懐の）道化、盛んに行われ、嗣法の者は尽く世の龍象たり。学士蘇澥、吏部蘇住、皆な師を以て敬う。（続蔵、四四d）

と伝え、天衣の帰依者の一人であったことが分かる。さらに円覚宗演は

雲門文偃―香林澄遠―智門光祚―雪竇重顕―天衣義懐―天鉢重元―元豊清満―円覚宗演

と次第する人で、『補続高僧伝』巻二四では、

宗演は河北の恩州の人なり。姓は崔氏なり。元豊満禅師の弟子にして雲門の道を唱うる者也。（中略）宣和中、徽宗、詔して内庭に入らしめ説法せしめて紫の方袍を賜る。当時、大いに因縁有りて、前後凡て十三の院に住し、弟子一千二百余人を度す。（続蔵二乙-七-二、一七六b）

という。ちなみに椎名宏雄「『雲門広録』とその抄録本の系統」（宗学研究二四、一九八二年）は、雲門の語録の成立と展開について貴重な報告を行っているが、その中で宗演の生没年を一〇七四―一一四六と推定している。

このように見てくると蘇澥序のある雲門の語録を得た円覚宗演が、内容を校勘して熙寧九年（一〇七六）に刊行したことになるが、ことはそう単純ではないらしい。

そもそも雲門の語録をめぐっては、『聯灯会要』巻二八の仏印了元（一〇三二―一〇九八）の章にお

いて
　師（仏印）衆に謂いて曰く、雲門の説法は雲の如く雨の如きも、絶えて人の其の悟を記録するを許さず。（中略）今、室中録、対録は、皆な香林、紙を以て衣を為《つく》り、聞く所に随って即ち之を書す。（続蔵、四五四c）

と伝えており、これが事実であるなら、香林澄遠（?―九八七）が紙衣に書き取ったものなどを明識大師守堅が編輯して『広録』が成ったことになる。守堅についても定かでないが、「実性碑」は「在会の参学の小師守堅は、始終荷賛して無為に洞契す」と伝えるから、往時の雲門会下ではかなりの立場にあったことになる。

最初期の雲門の語録――いまこの語録を「祖本」と呼ぶ――はこのようにしてまとめられた。この「祖本」は刊行されることなく伝写されて伝えられたのであろうが、ある時期、刊行の運びとなる。大観二年（一一〇八）序の『祖庭事苑』巻二で次のように言うからである。

懐禅師重修の雲門録を見るに、今、摹印の者と頗る殊《ことな》れり。師、序引を製して云く、大師は諱は文偃、雪峰存禅師に嗣ぐ。其の初め広王劉氏、命じて韶州霊樹に住せしめ、号匡真を賜る。化を演ぶること五十余載、此を去ること一百三十祀なり。乃ち陞堂、挙古、垂代の言句有り。抑《そも》そも示すこと有りて、華夏の禅叢に流落せり。好事の者、集めて板に摸せり。数を丞《つ》ぐは禅人の入室請益に因るも、頗る語句の訛謬、因縁の差錯を見る。噫《あ》、聖去りて時遙かに、魚目は相い濫れ、燕金楚玉、渾《すべ》て塵沙なる有り。秋菊春蘭、篾《べつ》に其の採るを聞く。常に其の芟削《さんさく》を思うも未だ素願に協わず。今年夏、秋浦に住し、衆を警するの外に、聊か斯の文を披覧するを得れば、乃ち筆を援《と》りて之を修し、繁を刪り闕を補い、遂に其の秩を成せり。庶くは聖門に游びし者をして必ず道奥に升らしめ、大道を適く者をして多岐に惑うことなからしめんことを。子《わ》が辞藻の素より謬にして作者の文に非ざるを慚ずるも、筆を直し実を撫で、聊か其の由を序す。哲《さと》き者よ、文字の累と為すことなかれ。

時に皇祐五年五月望日　秋浦の景徳禅院に住する　伝法沙門　義懐述（続蔵、二六d）

いま（私＝睦庵が）かつて義懐が重修した『雲門録』をみると、それは現在印刷される『雲門録』とはとても異なっている。義懐禅師は自分の重修本の序で次のように言っている。先生はお名前を文偃とおっしゃり、雪峰義存禅師に教えを嗣がれた。初め広州を治めた劉氏が命令して韶州霊樹禅院へ住せしめ、その後に雲門山へ遷らせ、匡真と賜号された。教えを説かれること五〇余年、今から一三〇年ほど前である。陞堂《しんどう》、挙古《ここ》、垂代《すいだい》などの言葉がある。示された言葉は中国の叢林に伝えられ、道を志すものはそれらを集めて刊行した。数をおぎなっているのは参禅した人の入室請益の言葉であるが、言葉の謬りや因縁の謬りが少なくない。ああ聖人がこの世を去られて時が経、偽物が横行し、貴重な品々も塵芥となってしまった。秋菊春蘭にたとえられるほどの教えを的はずれなところに求めている。常々、その謬りを正そうとしてきたが果たせなかった。今年の夏、秋浦（安徽省池州）に住することとなり、大衆を接化する間に、いささかその文章を見る機会があったので、筆を執って修正し、煩瑣な部分をけずり欠けた部分を補い、とうとう一秩（ひとまとまり）となった。願わくは仏門にある者をして悟りにいたらしめ、仏道を行く者をして道に迷わせないことを。私の文章が拙く謬っていて、名文家の文章でないことを恥ずかしく思いつつも、筆を正し本当のところを踏まえて、いささかの経緯をもって序文とする。賢き者よ、文字に捉われないように。

時に皇祐五年五月望日　　秋浦の景徳禅院に住している　伝法沙門　義懐　述ぶ

義懐が雪竇重顕の弟子であることは先に見たとおりである。師資ともども雲門の禅を正しく伝えようとしたのである。そして円覚宗演はこの系統に属する。つまり雲門につらなるさまざまな流れの中でも、この系統には雲門禅を正しく理解しているという強い意識があったとみてよい。

もっともこのような雪竇達の意識が、雲門の流れを汲む人たちにおいて共通した考えであったかどうか。先に筆者は雲門の言葉の記録にかかわる『聯灯会要』の記事を紹介したが、ほぼ同内容を記録しつつ覚範慧洪の『禅林僧宝伝』巻二九では、仏印了元の次のことばを補っている。

後世の学者は文字語言を漁猟すること、正しく網を吹いて満たさんと欲するが如し、愚に非ざれば即ち狂なり。時に江浙の叢林は尚お文字を以て禅と為し、之を請益と謂う。故に元（了元）は是れを以て之を諷すなり（続蔵、二八〇b）。

「文字を以て禅と為す」とは具体的に誰を指しているのか。速断は避けるが、時に江蘇へ出るものの江西湖南にその活動の中心を置いた仏印了元に、浙江で展開する同門の禅者——あるいはそれは雪竇かもしれない——やその流れを汲む人々に対する批判の意識があったことは疑いない。雲門派下の人々にとって派祖文偃の禅をどう捉え、どう継承していくかは極めて大きな問題だったと言えよう。

雲門の語録と『祖庭事苑』

ところで『祖庭事苑』の作者の睦庵善卿が、当時流行していた禅の語録、特に雲門系の禅に終始注意を払っていたことは、語釈の対象となった語録の多くが雲門系の人々のそれであることからも自明である。しかも『祖庭事苑』は、対象とした語録中の難解な語句について、当該の語録に現れる順を変えずに注釈することを一つの特徴とする。このことは『祖庭事苑』当時の、当該語録の内容を知る上で大きな手がかりを与える。

右のような『祖庭事苑』の特徴を踏まえつつ雲門の語録について言えば、『祖庭事苑』成立の時点（一一〇八年）では、天衣義懐が批判した語録、その義懐が自ら序を付して刊行した語録（天衣本、一〇五三年）、蘇澥が序を付した語録（一〇七六年）、そして睦庵が注釈の対象にした語録と、数種類の雲門の語録が存在したことになろう。抄本もふくめて、それら雲門の語録全体をめぐっての書誌学的な論考は、椎名宏雄氏の前掲論文にゆずるものとしたい。

ともかく睦庵は自らの手元に少なくとも二種の語録を置き、注釈の対象としては多分より一般的な語録を用いながら、常に天衣本を意識しつつ注釈作業を進めたのである。たとえば『祖庭事苑』巻一で

諰諰詛詛　天衣の古本を按ずるに、悾悾偬偬と作す。音は孔なり。偬は事、多きなり。（続蔵、五c）

鐘声　天衣の古本を按ずるに、鐘声裏に七條を披るに作る。（続蔵、五d）

などと言い、さらに

是分不分　当に不可不分と作すべし。懐和上本を見よ。（続蔵、八c）

本来法　箇の名を賞して喚びて本来法と作す。第六板代十三行、上に八字を少《か》く。懐和上本を見よ。

（続蔵、八d）

師云　一切法は皆な是れ仏法なり。縄牀露柱、是れ一切法なり。我に仏法を還し来れ。僧、対うるなし。師、又た僧に問う、経中に道えるあり。第六板第十八行、三十字を少《か》く。懐和上本を見よ。

（同前）

などとして、単に誤字の指摘に止まらず、欠落している文章についても天衣本によって補うなど、注釈を超えた厳密な校訂を施すのである。このような校訂の例は巻三「雪竇祖英集」の場合にも見られる。さらに注意してよいのは、たとえば雲門の語録を対象とした場合、

出三句語　雲門有る時衆に示して云く、函蓋乾坤、目機銖両、不渉万縁、作麽生か承当せん。自ら代って云く、一鏃もて三関を破る。然も此の意有りと雖も、且らく未だ嘗て立てて三句と為さず。昔、普安道禅師、因みに徳山、三句の語を出すに随い、以て之を頌して巻末に付す。往々にして亦た此の頌を指して雲門の作る所と為す。是れ皆な看閲するも審らかならず。道は即ち徳山の的嗣なり。（続蔵、六b）

同一眼当に開一眼と作すべし。雲門対機録の後に普安道禅師、作る所の一十二頌を附す。三句三頌の題は徳山より出ず。余の九題は頌を兼ぬ。皆な道の自作なり。並びに広灯録に見ゆ。（続蔵、六c）

などとする。細かな議論は避けるが、睦庵が、当時一般に流通していた雲門の語とされるものに不満を覚えていたことは確かであろう。余談ながら「三句」をめぐっては、歴史の中ではさまざまな議論があったように思われる。『祖庭事苑』が言うように、確かに『広録』には、「衆に示して云く、天中

函蓋乾坤、目機銖両、不渉春縁、作麽生か承当せん。代って云く、一鏃もて三関を破る、云々」（五六三a）の言葉が収録される。「天中」は尽十方界の意味であろう。また「春縁」と「万縁」の違いがあるが、ともかく当初の雲門の上堂語を亡くなった途端に型にはめて理解しようとするなど、雲門の叱責にあうこと疑いない。ちなみにこの三句をめぐっては次のような解し方があるらしい。

雲門三句
（1）函蓋乾坤—中諦—周偏含容—函蓋乾坤句
（2）目機銖両—仮諦—理事無礙—随波逐浪句
（3）不渉万縁—空諦—真空絶相—截断衆流句
—徳山円明三句

（孤峰智璨『禅宗史』二五八頁）

〈補注〉空諦、仮諦、中諦は総じて「三諦」と呼ばれる。諦は「真実そのもの」を指す。空諦はあらゆる存在が無自性、無我であること。仮諦は俗諦とも言われ、現実は縁によって仮にあると肯定すること。中諦は、空や仮という一面的に考えられるものではなく、言語や思慮を超えていること。真空絶相は一切皆空の道理の前に差別の相（姿、かたち）はないこと。理事無礙の理とは平等真如、事は現実の差別相で、双方が障りなく存在することを理事無礙と言う。周偏含容は中道（仏法）のありようが一切の存在を蓋覆しているという意味であろう。

また截断衆流句とは、一切の煩悩を空の道理をもって否定しつくしてしまうこと、随波逐浪句とは、現実の煩悩以外に真実はないと全肯定すること、函蓋乾坤句とは、空の立場にも、俗の立場にもとらわれることのない立場を言う。この三句は雲門の日常の接化のことばを、その特徴をもって定型化した結果であるが、そもそも「三諦」という教学上の重要な枠組みを、雲門のことばと無前提のまま対応させるのが正しいのか、今日的には検討を要する。

これは著者孤峰氏の独創と言うより、さまざまな議論の結果なのかもしれない。それにしてもこのような配分や理解と、『広録』が語る雲門の禅との間にはかなりの違いがあるのではないか。

論が多岐にわたってしまったが、ようは現在に残る雲門の語録がそのまま当初のものではないことを確認しておきたいのである。と同時に数度にわたる『広録』の刊行のたびに、雲門の言葉がより広く集められる一方、『広録』自体が整理され定型化していった可能性を否定できないと筆者は考えている。そもそも『祖庭事苑』が注釈の対象とする雲門の語録は、雲門録上、雲門録下、雲門室中録という構成であった。一方、本書で基本的に利用する『大正大蔵経』巻四七所収の五山版『広録』、すなわち円覚宗演校勘本は表上段のような構成となっている。『広録』と『祖庭事苑』の注釈する『語録』を対照させると次の対照表のようになる。

五山版を底本とする現行『広録』		『祖庭事苑』の注釈の対象となった雲門の『語録』
巻上	蘇澥序	
	対機三百二十則	雲門録上
巻中	室中語要一百八十五則	雲門録下
	垂示代語二百九十則	雲門室中録
巻下	勘弁一百六十五則	
	遊方遺録三十一則	
	遺表	
	遺誡	
	行録並請疏	

これだけ見ても語録の構成順に違いのあることが分かる。また「垂示代語」は上堂して言葉を述べ

たことに修行者が応答できなかった時、師が修行者に代わって自ら見解を述べるものであるから、形式的な違いがあっても上堂の範疇で取り扱うべきものであろう。とすると現行『広録』が「対機」と「垂示代語」とを分けることはあまり意味のあることではない。事実、分けたが故に混乱の見られる例がある。

上堂して云く、江西は即ち君臣父子を説き、湖南は即ち他の不与麽を説く。我が此間は即ち此の如くならず。良久して云く、汝、還って壁を見るや。（『広録』上「対機」、五五二b）

衆に示して云く、江西は即ち君臣父子を説き、湖南は即ち他の不与麽を説く。我が此間は総じて是の如くならず。爾、還って壁を識るや。代って云く、何ぞ異ならん。（『広録』中「垂示代語」、五六四a）

細かく言えば何字かの違いがあるにしても、ほとんど全同である言葉が二ヶ所に出るのは、もともとは一つの上堂語を、編集の途中で別のものとみた結果である可能性が強い。それだけ『広録』編集作業が素朴の範囲を出ていないとも言えるが、そもそも形式だけで分類作業を行ったこと、それ以上に雲門の禅を整理し型にはめようとしたことの無理が、このような結果を生んだとも言える。

さらに内容を逐一点検すると問題なしとしない。細かな指摘は本書の性格からして控えなくてはならないが、『祖庭事苑』注釈本にあった雲門の言葉が、明らかに『広録』では削除されている例が窺える。特に『祖庭事苑』の冒頭の二三の語句――すなわち師資、喩筏、止啼、忘筌、摩竭掩室、毗耶杜口、異黨、迦葉、曹渓、烈派、石頭洪注、当胄、蔵六、三句、嚢頴、待兎、勉歴、瘡疣、雖捜徧訣、玄鶴、帥曠、子期伯牙、渉瀝――については、『広録』に順序通りに見出すことができないし、「喩筏」

や「止啼」などは『広録』では見出せない言葉である。

つまり『祖庭事苑』がみた雲門の語録と、『広録』とは明らかに内容に違いがあることになる。それが単純に言葉を広く集めた結果というだけで済ませられるのかという問題に、我々は突き当たることになる。述べきたったように我々が読むことのできる『広録』は、円覚宗演の校勘を経たものである。この人はかの『臨済録』の校勘者として名高い。現存の『臨済録』が良くも悪くも「変容」の結果であることはすでに柳田聖山氏の指摘するところである。同様のことは多分、雲門の語録についても言えよう。もちろん雲門の言葉の場合は、『臨済録』とはまた異なった展開をなし、それは雲門の禅の固有の性格によるとも思えるのだから、逆に宗演による「校勘」の意味はどこまであったのかとも思われる。「校勘」というフィルターを強く意識すれば、雲門の禅の「定型化」をより意識せざるをえないし、それを単に言葉を広く集め、誤字脱字を校訂した程度のものとすれば、オリジナルの雲門像が残っているとも言える。筆者は当面、その中間あたりに現行の『広録』は位置するように受け止めている。入矢氏も言われるように、『広録』の雲門は、時に型にはまらない素朴さ自由さを、そして内面の苦悩を見せるからである。それは宋代に生きた禅者の語録が「定型化」の趣きを見せるのとは明らかに異なる。

では雲門の禅をどう捉えたらよいのかということになるのだが、その点を一朝一夕に論じられるとも思えない。当面はどこかで定型化の動きがあった可能性を否定せず、『広録』の言おうとするところを読みとっていくことが重要と言うことになろう。

それにしても雲門の禅をどう捉えるかという点において、見逃すことのできない存在として『雪《せっ》竇頌古《ちょうじゅこ》』と『碧巌録』がある。先に記したように天衣の師が雪竇重顕である。雪竇がとらえた雲門像がどのようなものであったか、そしてそれを提唱した圜悟が捉えた雲門の禅はどうだったのか、まずそれを確認しておきたい。

第三節　雪竇・圜悟がとらえた雲門像と『雲門広録』

『雪竇頌古』にみる雲門の禅

すぐれた禅僧の禅の特色をシンボリックに表現しようとする傾向がいつの頃から始まるのか当面定かでないが、たとえば「臨済の喝、徳山の棒」とか、「趙州の口唇皮禅」とか人口に膾炙する表現は少なくない。そのような中で伝統的に雲門の禅については、『宗門十規論』に代表されるように、その機鋒の鋭さが特徴の第一としてあげられる。

たしかに「雲門の文字禅」と言われるような、意表をつくとともに、時に文学的な香りを持つ表現が、雲門の禅、あるいはその後の雲門宗の特徴の一つになることは疑いない。『雪竇頌古』のテーマとなる雲門の言葉はすべてそのような前提の上に立っているし、それを提唱した圜悟克勤も『碧巌録』第六則の評唱で次のように雲門の禅を総括する。

雲門、尋常《つねづね》、愛《この》んで三字の禅を説く、顧《こ》と鑑《かん》と咦《い》なり。又た一字の禅を説く。僧問う、父を殺し母を殺さば仏前に懺悔す。仏を殺し、祖を殺さば、什麽処《いずこ》に向《お》いて懺悔《さんげ》せん。門云く、露。又た問う、如何なるか是れ正法眼蔵。門云く、普。直是《ひとえ》に擬義を容《ゆる》さず。平鋪《ふつう》の処に到っては又た却って人を罵る。若し一句語を下せば、鉄の橛子《くい》の如くに相い似たり。（中略）雲門、尋常、人を接するに多く睦州の手段を用う。只だ是れ湊泊を為し難きも、釘を抽き楔を抜く底の鉗鎚有り（大正蔵四八－一四六a）。

顧鑑咦の三字は、元来は雲門が修行者をよくよく顧《み》て、鑑とか咦とかいったことによるもので、「顧」と言ったわけではない。しかもここでは禅の深甚なる意味を読み取る必要がありそうである（西村恵信「顧鑑咦考――雲門の実存伝達――」禅文化紀要一七）。

雲門の禅――『広録』と『碧巌録』――

それはともかく『宗門十規論』にはじまり、圜悟も言うような、機鋒峻烈なやり口が雲門禅の特徴という認識は、北宋代では誰もが知るところであったと見てよい。それを全面的に否定することはできないが、なんでもかんでも機鋒峻烈で押し通すことができるほど雲門の禅は単純ではあるまい。いみじくも入矢義高氏は、先にも指摘した花園大学における最終講義で、長く輪読を重ねられた『広録』を取り上げられ、次のように述べられる。

公案集として代表的な『碧巌録』のなかで一番たくさん取り上げられているのは、ほかならぬ雲門です。十八則あります。ところが『碧巌録』での雲門の扱い方は、今まで私がお話したような雲門禅の捉え方とはまるっきり違います。そこでは雲門の一則一則がそれぞれ完結した法の世界として固定されています。いままでお話してきましたように、雲門自身は、いわば一則一則のそれぞれを次々と乗り超えています。絶えず一処に留まることなく自らを超克しつづけているのです。それが『碧巌録』では、一つ一つが完結したものとして扱われている。つまり一則一則が独立して閉じたものになっています。こういう取り扱い方は、雲門禅の本来のありようを全く見てとっていない、と私は敢えて申し上げたい。（「雲門との機縁」）

この一文の前段では雲門の禅を評して、

雲門という人は、自分の座標軸を絶えず自分で転換してゆこうとするタイプの禅僧でした。雲門は不断に自分自身を突きうごかし続けて行った人でした。定位に留まることを絶対にしない人でした。一処に留まることをしない雲門に、我々はそのゴールを想定してはならないのです。（同前）

とも言われる。すでに触れたように、それは内面における「遊行」の世界に共通すると言えよう。

雲門のことば――『雪竇頌古』・『碧巌録』――

筆者も『広録』と『碧巌録』では雲門像の捉え方に似而非なるものがあると考えている。ともかく今は右のような評価のあることを承知しつつ、『雪竇頌古』、さらに『碧巌録』にでる雲門の言葉を紹介しておこう。利用する資料は入矢義高等『雪竇頌古』（禅の語録一五、筑摩書房、一九八一年、なおルビの省略・追加など一部手を加えた部分がある）である。（）内の数字は『雪竇頌古』の則数だが、それは『碧巌録』と全同ではないため、異なるものについては「碧〇」と注記した。

(6)　雲門大師、垂語して云く、「十五日已前は汝に問わず、十五日已後、一句を道《い》い将《も》ち来れ。」自ら代って云く、「日日是れ好日。」

雲門大師が垂示して言った、「十五日までのことは問題外として、十五日からのことを一言で言いあらわしてみよ。」自分で代って答えた、「毎日毎日がすばらしい。」

(8) 翠巌、夏末に衆に示して云く、「一夏已来《げこのかた》、兄弟《ひんでい》の為めに説話《せつた》す。看よ、翠巌の眉毛在りや。」保福云く、「賊を作す人は心虚なり。」長慶云く、「生ぜり。」雲門云く、「関。」

翠巌が、夏《げ》のあける日の説法に際して言った、「夏のあいだ、君たちに説法して来た。俺の眉毛は、まだ残っているか見てくれ。」保福、「大泥棒ほど心の中はびくつくものだ。」長慶、「それ、生えたぞ。」雲門、「越すに越されぬ関所だ。」

(14) 僧、雲門に問う、「如何なるか是れ一代時教。」門云く、「対一説《たいいっせつ》。」

ある僧が雲門にきいた、「ブッダが一生のあいだに弟子に説きつづけたのは、どういうことです。」雲門、「俺はいつでも一つずつ答えていく。」

(15) 僧、雲門に問う、「是れ目前の機ならず、亦た目前の事に非ざる時、如何。」雲門云く、「倒一説《とういっせつ》。」

ある僧が雲門にきいた、「当面の相手のためでもなく、当面の問題でもないものを、和尚はどうお教えになりますか。」雲門、「俺は一つずつひっくりかえしてゆく。」

(22) いわゆる「南山鼈鼻蛇《べつびじゃ》」の公案。別に引用したためここでは省略する。（本書五三頁参照）

(27) 僧、雲門に問う、「樹凋《しぼ》み葉落つる時、如何。」門云く、「体露金風。」

ある僧が雲門にきいた、「木が枯れ葉が落ちたところを、どう受けとめられますか。」雲門、「まるごと秋風そのまま。」

(34) 仰山《きょうざん》、僧に問う、「近離甚処《きんりいずれ》ぞ。」僧云く、「廬山。」仰山云く、「曾て五老峰に到れるや。」僧云く、「曾て到らず。」仰山云く、「闍梨《じやり》、曾て遊山せず。」雲門云く、「此の語、皆な慈悲の為の故に、落草の譚《だん》有り。」

仰山がある僧にきいた、「どこから来た。」僧、「廬山です。」仰山、「五老峰には登ったか。」僧、「登りませんでした。」仰山、「君、それじゃ廬山へ行ったことにはならん。」雲門が言った、「仰山のことばはみな、相手がいとおしいばかりに、ガタ落ちの調子になった。」

(39) 僧、雲門に問う、「如何なるか是れ清浄法身。」門云く、「花薬欄《かやくらん》。」僧云く、「便ち与麼にし去る時、如何。」門云く、「金毛の師子。」

ある僧が雲門にきいた、「清浄法身仏をどう受けとめられる。」雲門、「柵で囲った芍薬の植えこみだ。」僧、「では、私がそのとおり受けとめてよろしいか。」雲門、「金毛の獅子だ。」

(47) 僧、雲門に問う、「如何なるか是れ法身《ほつしん》。」門云く、「六不収。」

ある僧が雲門にきいた、「どういうところが法身でしょうか。」雲門、「六根はそこに収まりきらん。」

(50) 僧、雲門に問う、「如何なるか是れ塵塵三昧。」門云く、「鉢裏の飯、桶裏の水。」

ある僧が雲門にきいた、「どういうところが、個物の個物たるところですか。」雲門、「鉢のなかの飯、桶のなかの水。」

(54) 雲門、僧に問う、「近離甚処《きんりいずれ》ぞ。」僧云く、「西禅。」門云く、「西禅は、近日、何の言句か有りし。」僧、両手を展《の》ぶ。門、打つこと一掌す。僧云く、「某甲《それがし》、話すること在り。」門、却って両手を展ぶ。僧、無語。門、便ち打つ。

雲門が僧にきいた、「どこから来たか。」僧、「西禅からです。」雲門、「西禅では近ごろどんな説法だ。」僧は両手をひろげた。雲門は一発平手打ちをくらわせた。僧、「私はまだ話がすんでいません。」こんどは雲門が両手をひろげた。僧はだまってしまった。すると雲門は打ちすえた。

(60) 雲門、拄杖を以て衆に示して云く、「拄杖子、化して龍と為り、乾坤を呑却し了れり。山河大地、甚処よりか得来る。」

あるとき雲門は杖を大衆に見せて言った、「この杖は龍となって天地を呑みこんでしまったぞ。君たち、山河大地はどこから手に入れる。」

(62) 雲門垂語して云く、「乾坤の内、宇宙の間、中に一宝の形山に秘在する有りと。灯籠を拈じて仏殿裏に向い、三門を将って灯籠の上に来たらしむ。」

あるとき雲門が垂示して言った、「天地、宇宙のはてを尽して、真珠が一つ、われわれの肉体の中にひそんでいると古人は言ったが、さて俺なら、灯籠を仏殿のうちにぶらさげてゆき、山門を灯籠のうえに持ってくる。」

(67) (碧83) 雲門大師、垂語して云く、「古仏、露柱と相い交る。是れ第幾《いく》ばくの機ぞ。」自から代って云く、「南山に雲を起こし、北山に雨を下す。」

雲門大師は垂示して言った、「古仏は露柱と仲よくしている。第一機のことか、第二機のことか。」みずから弟子に代って答えた、「南山に雲が起こると、北山では雨が降る。」

(82) (碧83) 僧、雲門に問う、「如何なるか是れ超仏越祖の譚。」門云く、「餬餅。」

僧が雲門にきいた、「仏祖を超越するという談義は、どんなところですか。」雲門、「胡麻餅だ。」

(89)（碧83）雲門大師、垂語して云く、「人人尽く光明の在る有り。看る時は見えず、暗昏昏たり。作麽生か是れ諸人の光明なる。」自ら代って云く、「厨庫《ずく》、三門。」又た云く、「好事は無きに如かず。」

雲門大師は垂示して言われた、「人々には誰でも光明があるものだ。しかし、看ようとすると見えず、まっくろぐろだ。ところで諸君自身の光明とはどんなものだね。」自分で代って言われた、「庫院《くいん》と山門。」さらに、「好いことはないのが一番。」

(90)（碧87）雲門大師、衆に示して云く、「薬病相い治す。尽大地是れ薬、那箇か是れ自己なる。」

雲門大師は人々に説法した、「薬は病あってのもの。大地全体が薬である。では、どいつが自己か。」

(91)（碧88）玄沙、衆に示して云く、「諸方の老宿は尽く道う、接物利生と。忽《も》し三種の病人の来たるに遇わば、作麽生か接せん。盲を患う者は拈槌竪払するも、他《かれ》又た見ず。聾を患う者は、語言三昧するも、他又た聞かず。瘂を患う者は、伊《かれ》をして説かしむるも、又た説き得ず。且く作麽生か接せん。若し此の人を接し得ずんば、仏法は霊験無し。」僧、雲門に請益《しんえき》す。門云く、「汝、礼拝著せよ。」僧礼拝して起つ。門、拄杖を以て便ち挃《つ》く。僧退後す。門云く、「汝は是れ盲を患わず。」復た喚ぶ、「近前し来たれ。」僧起前す。門云く、「汝は是れ聾を患わず。」乃ち云く、「還って会すや。」僧云く、「不会。」門云く、「汝は是れ瘂を患わず。」其の僧、此に於て省有り。

玄沙は人々に説法した、「どの老師もみな衆生を済度するという。それなら、もしも盲や聾や瘂がきたら、どう済度するのか。盲人は、槌をとりあげても払子をたてても、かれらには見えぬ。聾者は、説法の妙を尽くしても、聞えぬ。瘂者は、かれらに話をさせても、話すことができぬ。

さて、どう済度したものか。もしも、これらの人々が済度できぬとあれば、仏法は何の効果もない。」ある僧が、雲門にこのことで教えを求めた。雲門、「君、礼拝せんか。」僧が礼拝して立ちあがると、雲門は杖で突いた。僧は、あとずさりした。雲門、「君は盲人ではない。」つづいて、「進み出よ」と呼ぶと、僧は進み出た。雲門、「君は聾ではない。」そこで言った、「わかったか。」僧、「わかりません。」雲門、「君は唖ではない。」僧は、ここでハタと気付いた。

『雪竇頌古』に採録された一八則の公案を紹介した。右のうちたとえば第六則の「日日是好日」をめぐっては鈴木大拙氏による「雲門の時間観」があることが知られる。そこではいかにも禅僧らしい「日送り」が語られるが、はたしてそれが雲門の真意なのか。また第三九則が言うように、咲き誇る芍薬の垣根に清浄法身仏を見うるにしても、それは南漢の束の間の平和を暗示していないか。金毛の獅子は戦場を駆ける兵士かもしれない。さらに第六〇則の拄杖の「はたらき」をめぐっても、入矢氏の理解（「雲門の禅・その〈向上〉ということ」）を踏まえるなら拄杖に仏法の働きそのものを見てとろうとする通常の解釈ではすみそうもなく、より雲門の立場に近づけて解釈する必要があるらしい。ともかく後世、人口に膾炙する雲門の語は『雪竇頌古』にとどまらない。次に『広録』を見てみよう。

雲門のことば――『雲門広録』――

『広録』から人口に膾炙した雲門の語をいくつか取り上げてみよう。

問う、如何なるか是れ釈迦の身。師云く、乾屎橛《かんしけつ》。（五五〇b）

質問、お釈迦さまの（清浄なる）身体とはどのようなものでしょう。師は答える、乾ききったウンチだ。

ブッダの本質は、時には「乾屎橛」、時には咲き誇るシャクヤクとなる。仏性現成の世界に分別はたたない（入矢義高「乾屎橛」）。このように徹見したとき、日々のありようは、特別なことがあってもなくても、ブッダが出世してもしなくても、仏法現成の世界にほかならない。

挙す、世尊、初め生下するとき、一手は天を指し、一手は地を指し、周行すること七歩し四方を目顧して云く、天上天下唯我独尊と。師云く、我、当時、若し見れば、一棒もて打殺して狗子に与えて喫却せしめ、貴むらくは天下太平を図らん。（五六〇b）

世尊が生まれられたとき、一方の手で天を、一方の手で地を指され、四方に歩まれ見回されて天上天下唯我独尊と言われたという話を取り上げられて、師は言われる、「もし私がその場に居合わせたなら奴をぶち殺して犬に食わせ天下太平にしたものを（何も言わなければ——私雲門もふくめて——誰も気づかず平穏無事だったのに）」。

またいわゆる「一字の禅」「一字関」とされる言葉もある。

問う、如何なるか是れ吹毛剣。師云く、骼。又た云く、齘。（五四六a）

問う、「（一切合切、触れるものはすべて切り尽くす）吹毛剣とはどのようなものでしょう」。師が答える、「（その切り払った音が）カキッ」。また言われる、「（骨に食い込んで）グサッ」。

問う、「如何なるか是れ玄中の的。師云く、㘞。（五四六a）

問う、「奥深いところそのものはどのようでしょう」。師が答える「㘞」。

㘞は読みは「しゅく」あるいは「そく」。「塞」と同義と言うから「充塞」、遍在の意となろう。仏法の究極は別になく法界に充満しているということになる。㘞の一文字は「醍醐の最上の味が、毒薬に変じるのはどうしてか」という問いに対しても答えとなる（五四七b）。執着しているかぎり悟りが煩悩にも、煩悩が悟りにもなる。悟りなら悟りきり、煩悩なら煩悩きり、「一方究尽の世界」が㘞ということであろう。

以上、『雪竇頌古』・『広録』を中心に、よく知られる雲門の言葉を、先達の成果を承けつつ紹介した。

重ねて言うなら雲門に関わる少なからぬ公案が、『雪竇頌古』に収録され、さらに『碧巌録』として提唱されたことは、雲門禅評価を決定づけたと言ってよい。ただしこのようなフィルターを介しての雲門禅理解に問題があることは、先の入矢氏の発言によっても明らかである。そもそも『碧巌録』への語注や提唱はあまたあるものの、『広録』そのものに対するそれは、先に見た『祖庭事苑』を除けば皆無に近い。また言うまでもないことだが、『広録』という名が冠せられていても、それは雲門の言葉すべてではない。すでに述べたように『広録』の冒頭は霊樹院入院の語であるし、残りは雲門山での語であるにしても雲門山入院《じゅいん》（九二三年）から遷化（九四九年）まで、二七年の長き間の言葉である。当然そこには記録者守堅の取捨選択にはじまり、余人の想いが加わった可能性がある。それらのことを勘案しつつ、いま一度雲門の言葉をめぐって筆者なりに考えてみよう。

第四節　『雲門広録』にあらわれた雲門の禅

雲門の実像にせまる

公案として残る先人の言葉は短言寸句を中心とする。ダラダラと広長舌を振うことは、不立文字《ふりゅうもんじ》、教外別伝《きょうげべつでん》を標榜する禅僧の言葉としてはふさわしくないし、短いが故に記憶に留めやすく、後世における参究の幅を大きくするという利点もある。先に見たように雲門の言葉の場合とて例外ではない。長文の上堂語が公案集に引用されることはない。しかしここで考えるべきは公案集に引用されてイメージされる祖師像と、それ以前、つまりオリジナルな雲門像とは微妙に異なってはいないかということである。

そもそも現存の『広録』それ自体に、何らかの問題のあることは先に述べたとおりである。

考えてみれば雲門にかぎらず、現存する禅者の語録のほとんどすべては、発せられた言葉の特徴、すなわち上堂とか小参とか偈頌とか、その内容や成立の背景をもって編集される。それはそれなりに読む側に便利さを提供する。しかしそのことはそれぞれの言葉が固有に持っていたはずの成立上の背景を無視してしまう可能性がある。叢林における毎日毎日の生活の中で上堂が行われ、それに付随して小参が行われ、時に古則へのコメントがなされ、修行僧への接化があり、それぞれは連続したものとして意味を持っていたはずである。それらを切り離して、形だけで分類するとなると、それ自体が

「公案化」への第一歩ということになる。

先にも述べたように、筆者は作業仮説ながら、雲門その人に対するイメージは、『広録』と『碧巌録』では、全く異なっている訳ではないが、かといって全同とは言いえないと考えている。これは入矢氏が花園大学における最終講義で述べられたこととある部分共通するが、そのような異なりは、実はオリジナルな雲門像と『広録』の間でも存在すると思われる。

かくして、語録が持つ固有の性格を踏まえつつ、出来るかぎりオリジナルな世界を考えることが、研究者においては必要なこととなる。

函蓋乾坤の禅風

いったい中国の禅宗をめぐってはさまざまな特徴が指摘される。かの圭峰宗密（七八〇―八四一）は馬祖に代表される洪州宗の禅を、

洪州の意は、心を起すも念を動ずるも、指を弾ずるも目を動かすも、所作も所為も、皆な是れ仏性の全体の用《ゆう》にして、更に別の用無し、全体の貪嗔痴《とんじんち》も、善を造り悪を造るも、楽を受け苦を受くるも、此れは皆な是れ仏性なりとす。（鎌田茂雄『禅源諸詮集都序』禅の語録九、三〇八頁、筑摩書房、一九七一年）

と総括する。その上で自分が属する荷沢《かたく》宗が洪州宗より優れていることを主張している。詳しくは鎌田・前掲書をご覧いただきたいが、鎌田氏は「頓悟と漸修という点からみると、洪州宗はすべての煩悩を仏性の全体作用とみるため修行の必要性がなくなり、漸修を認めないのに対して、荷沢宗は頓悟

とともに漸修を主張し、修行の必要性を説く」（同書、三六四頁）と指摘する。このことは後世の禅宗が、我々の日常の生活が仏性の働きに外ならぬとする、徹底した現実肯定の部分にその最大の特徴を有するに到ったこととも相まって、極めて重要な問題をはらむ。現実世界をはなれて仏法はない。しかしこのような立場は、うっかりすると修行無用の自然外道と何らかわるものではない。「全てが仏法の世界」という立て前と、煩悩無尽の現実の世界をどう関連づけ、どう説いていくか。頓悟は、六祖慧能以後の中国禅の基本的な考え方である。問題は「修行」をどう修行していくかであり、それを修行者にどう理解させるかである。仏教者の誰もがこの点に最大の関心を払う。

雲門についてみれば、先にも触れた「函蓋乾坤《かんがいけんこん》」をはじめとする「雲門三句」に問題がないわけではない。しかしこのような枠組みが設定される背景には、まさしくこのような問題意識があるからと言えよう。このことばをめぐっては、『広録』中に弟子の徳山縁密に次のコメントのあることが知られている。

函蓋乾坤。乾坤并びに万象、地獄及び天堂、物物皆な真現たり。頭頭総じて傷らず。（五七六b）

函蓋乾坤。法界のあらゆる存在、地獄から天堂にいたるあらゆる存在、一切合切、すべて仏法を損なうことなし。

このことは、弟子の時代、すでに雲門の禅の特徴の一つとして徹底した「現実肯定」のあることが知られていたことを示す。入矢義高氏の言われる「表詮」「表顕」であり、伝統的に言う「放行」である。有名な「日日是好日」が『雪竇頌古』第六則に収録されるのには大きな理由があることが分かる。もちろん雲門の言う「日日是好日」は「名月清風」の世界などではなく、もっとドロドロした現実そのものを引っ括っての「好日」であろう。そのほかの例についても『広録』から見ておこう。

上堂して、良や久しくして云く、触目《そくもく》道を会せず、足を運ぶも焉《いず》んぞ道を知らん。僧問う、如何なるか是れ触目菩提。師云く、我が与に仏殿を拈却せよ。問う、如何なるか是れ最初の一句。師云く、九九、八十一。僧、便ち礼拝す。師云く、近前し来たれ。僧便ち近前す。師便ち打す。問う、如何なるか是れ実学底。師云く、大好消息。進みて云く、畢竟是れ誰が家の子なる。師云く、臘月二十五。問う、教えを承けるに言える有り、一切智智清浄の時は如何ん。師便ち之に唾す。進みて云く、古人の方便、作麽生。師云く、来れ来れ、汝の脚跟を截却し、汝の髑髏を換却せん。鉢盂裏に匙筯《しじょ》を拈却し、鼻孔を拈じ将ち来れ。進みて云く、甚《な》んの処にか許多般有らん。師云く、者《こ》の掠虚《らくきょ》の漢。便ち打す。問う、如何なるか是れ禅。師云く、是。進みて云く、如何なるか是れ道。師云く、得。問う、如何なるか是れ一切法皆な是れ仏法。師云く、三家村裏、老婆、衢に溢れ、路に溢る。会すや。学云く、不会。師云く、但だ汝のみ会せざるに非ず、大いに人の会せざる有り。問う、学人、簇簇地、箇の什麽をか商量するや。師云く、大衆、久立せよ。（五四六 c）

上堂し、しばらくしてから言われた、「目に触れたところに仏道はなく、脚を運んでも仏道を知らない（石頭の『参同契《さんどうかい》』のことば。仏道と一体となった者はこれが仏道などと固定して考えず、またあえて修行しようとしない）」。僧が質問する、「目に触れたところが悟りとはどういうことですか」。師が言われる、「私のために仏殿を取り除きなさい（すべて真実の世界において、殊更に仏殿を建立しておく必要はない）」。質問、「仏法を言い尽くす最初の一句」とは。師が言われる、「九九、八十一だ（誰もが知るかけ算の始まり。触目菩提とは誰もが知る世界だし、仏教の原点だ）」。僧が礼拝する。師が言われる、「前に来なさい」。僧が前に来る。たちまち師が打つ（誰もが知っている当たり前のところで気を緩めてはならない）。質問、「ほんとうの学びとは」。師が言われる、「いい具合に学んでいる」。進んで問う、「結局、どの家の教え子なのでしょう」。「一二月二五日（私の教え子となると、いま少しのところだ）」。質問、「教えの中に言っている、一切智智が清浄の時（仏の智慧）とは」。師は唾を吐きかける。進んで言う、「先達のやり方はどうでしょう」。師が言われる、「来い来い、お前の脚をぶった切り、お前のされこうべを入れ替えてやる。鉢盂（食器）から匙筯を取り去り、鼻孔（本当のところ）を持ってこい」。進んで言う、「一体どこにそれほどのごちゃごちゃが有りましょうか」。師が言われる、「この上滑り野郎」。たちまち打つ。質問、「禅とは何ですか」。師が言われる、「（その質問している）これだ」。進んで言う、「仏道とは何ですか」。師が言われる、「（もうとっくに）得ている」。質問、「一切法が仏法とは」。師が言われる、「田舎の村で、老婆たちが道にあふれている。分かったか」。学人が言う、「分かりません」。師が言われる、「お前が分からないだけではなく、多くの人が分からないでいる」。質問、「修行者がぞくぞくと集まっております。彼らと何を談義されますか」。師が言われる、「みんなしばらく立っていろ（これが仏法商量の世界だ）」。

「触目菩提」を問われて「拈却仏殿」と答えたのと同レベルで、「露柱を拈却せよ」という答えもある（五四七b）。意図するところはおなじである。

ちなみに雲門は夾山善会《かっさんぜんね》（八〇五—八八一）の言葉によほど共鳴する部分があったらしい。考えてみれば『祖堂集』に丁寧に記録されるその求道の歩みは、ある部分、雲門に共通するかもしれない。

挙す、夾山語りて云く、百草頭上に老僧を薦取せよ。師、合掌して云く、不審、不審。又た拄杖を以て露柱を指して云く、夾山、変じて露柱と作れり。看よ看よ。（五五五ａ）

「不審」は挨拶のことば、あるいは挨拶そのもの。

挙す、夾山語りて云く、百草頭上に老僧を薦取せよ。鬧市裏に天子を識取せよ。又云く、一塵纔かに起これば大地全く収まる。（五五五ｃ）

「又云く、云々」はそもそもは洛浦《らくほ》の語（五四七ａ、五五六ｂ参照）。

挙す、夾山云く、百草頭上に老僧を薦取せよ。鬧市裏に天子を識取せよ。師云く、蝦蟇《がま》、爾の耳朶裏に入り、毒蛇、爾の眼睛中を穿つ。且らく葛藤の処に向《お》いて会取せよ。（五五六ａ）

百草も鬧市も現実そのものであるとともに、この現実を離れて真実はない。その真実のところに老僧（夾山）がおり、天子がいる。「又云く、一塵纔かに起これば大地全く収まる」と、洛浦元安の語を引用して結ぶ第二句は、特に雲門自身の語を記さないが、ここでも仏法世界に一微塵とか大地とかの区別は立たないことを述べていると理解できよう。

ひるがえって見れば『参同契』のこの言葉は、すでに雪峰の引くところでもある。

挙す、僧、雪峰に問う、如何なるか是れ触目菩提。峰云く、好箇の露柱。有る処《とき》は云く、還って露柱を見るや。師、拄杖を拈起して云く、有る底は体上に事を会し、露柱を見れば祇だ喚びて露柱と作す。有る処は道う、露柱有るを見ざれば、見解偏枯す。露柱を見れば但だ喚びて露柱と作す。拄

杖を見れば但だ喚びて拄杖と作す。什麽の過有らん。（五五六b）

取り上げて言う、僧が雪峰に質問する、「触目菩提とは」。雪峰が答えた、「すばらしい露柱だ（露柱が仏法）」。ある時（雪峰が）言う、「露柱を見たか」。師（雲門）は拄杖を取り上げて言う、「ある者は本質の上で事象を分かっていて、露柱をみればただ露柱と答える」。ある時（雪峰は）言う、「露柱のあることを見なければ、考えが偏っている」。（雲門が言う）「露柱を喚んで露柱と言い、拄杖を喚んで拄杖と言う、何の過があろうか」。

かくして雲門は、仏法が全法界に現成することを先人の語を引用しつつ言うのだが、そこには少なからぬ注意が必要らしい。

挙す、洞山云く、塵中にて染まらざる丈夫児。師云く、拄杖、但だ喚びて拄杖と作す。一切、但だ喚びて一切と作す。（五五八a）

洞山が言う、「世俗の中にあってもそれに染まらないことが、本当の仏教者だ」と。雲門先生が言われる、「拄杖は拄杖と喚ぶだけ。全てを全てと喚ぶだけ（それぞれのありようを、執着なしに、無条件でそれぞれとして認めるところに仏法がある）」。

師、有る時云く、我、尋常、常に道う、一切声、是れ仏声。一切色、是れ仏色。尽大地、是れ法身。杜《ま》げて箇の仏法中の見を作す。如今、拄杖を見れば但だ喚びて拄杖と作し、屋を見れば但だ喚びて屋と作す。（五五九a）

雲門先生があるとき言われた、「私は普段いつも言ってきた、一切の声は仏としての声だし、一切の存在は仏としての存在だし、尽大地が仏の姿であると。（このように言ってきたのは）仏法世界における見方をあやまって言ったものである。いまは拄杖を見ればただ拄杖と言うだけだし、家を見ればただ家と言うだけである」。

「枉《ま》げて箇の仏法中の見を作」すの「枉」は「狂」のことと言い、「道理を曲げて」「ゆがめて」の意。「拄杖を見れば但だ喚びて拄杖と作」す一段をめぐっては、入矢義高氏による示唆にとんだ立論がある。

あるとき彼（筆者注、雲門を指す）は言った。

私は今までいつも「一切の声は仏の声だ、一切の色は仏の色だ、大地全体が法身《ほっしん》なのだ」と言ってきたが、なんと空しい（仏法中の見）をやらかしたものだ。今の私は、拄杖《しゅじょう》を見たらただ拄杖と言うだけ、家を見たらただ家と言うだけだ。（『雲門広録』巻中）

結論を先に言えば、これは雲門が晩年に到達した見地であり、いわばその「晩年の定論」である。従って、ここで否定され乗り超えられている「一切の声は仏の声だ」云々は、その中期の見地である。これの初めの二句は、同じ『雲門広録』の初めのところに、彼が拄杖を取り上げて禅床を一打ちして言った言葉として出ている。（中略）

しかし晩年の雲門は、これらを一括して「むなしい仏法中の見」として全否定する。「仏法中の見」とは、〈仏法〉という枠の中で収まりかえって自己完結した見解、いかにもごもっともな型通りの模範見解のことをいう。彼がかつて拄杖を取り上げて「一切の声は仏の声……」と高言した時、彼はその拄杖を彼自身の法身と化していたのであったが、しかし「今の私」はもうそんな愚かなことはやらぬ。拄杖はまさに拄杖そのものとして存在し完結しているのだ。それを法身に昇華させる必要は全くない。個物は個物に還せ。それこそが『華厳経』にいう「塵塵三昧」（個個三昧）だ、というのである。（「雲門の禅・その〈向上〉ということ」）

先ほど見たように、釈迦身を問われて「乾屎橛」とするのは（五五〇b）、そのような「はからい」を否定したからであろうし、釈迦身＝清浄という既成概念を、個々における仏性現成の立場からひっくり返したとも言える。ここでは「仏法中から述べるなら」という条件を立てることすら問題となる。

上堂して云く、諸和尚子よ、妄想すること莫かれ。天は是れ天、地は是れ地、山は是れ山、水は是れ水、僧は是れ僧、俗は是れ俗。良久して云く、我が与に案山を拈じ来って看よ。便ち僧有りて問う、学人、山は是れ山と見、水は是れ水と見る時は如何ん。師云く、三門、什麽として這裏より過《いた》る。進みて云く、与麽なれば則ち妄想し去らざるなり。師云く、我に話頭を還し来れ。（五四七c）

上堂して言われる、「和尚さんたち、想い誤ってはいけない。天は天、地は地、山は山、水は水、僧は僧だし、俗は俗だ（それぞれが、そのままそれぞれだ。それ以外に仏の世界はない）」。しばらくして言われる、「私に案山を持ってきてくれ（私は主山＝仏法の側からもの申したが、案山＝世俗の立場から仏の世界を言ってみよ）」。僧が言う、「私も山は山、水は水と見ますがいかがでしょう」。師が言われる、「（寺に入るため、仏法に入るための）三門があるが、どうしてここから到達するのか（すでに仏法の世界にいるのにどうして入り口にもどろうとするのか）」。進んで言う、「それならばもう間違いません（言われることは、私も分かっています）」。師が言われる、「私に話題を還してよこせ（間違えていないというなら、口まねでない、自分のことばでしゃべってみろ）」。

ここでは師（雲門）の口まねをして、安易に現実を全面肯定することが否定される。雲門の説法に限らず現実そのものを仏法とする禅の立場が、修行僧たちに誤解されやすかったことだけは疑いない。当然このような姿勢が誤解を生むことは十分に承知の上である。

たとえば『広録』の劈頭を飾る霊樹山での初開堂の言葉はすでに見たとおりであるが、そこでは、語ってもだめ、語らなくてもだめという相い反する世界を突き抜けて「当処」「ここ」を知らなくてはならないとする。そして実はそれすらも仏法とは無縁の世界だと、かなり丁寧に、かつ力説していることを忘れてはなるまい。

師云く、我、事、已むを獲《え》ずして、爾ら諸人に向かいて道えり、直下、無事なりと。早に是れ相い埋没せり。更に歩みを蹋《ふ》んで向前し、言を尋ね解会を求覓せんと欲するも千差万別せり。広く問難を設け、一場の口滑を贏《か》ち得るも道を去ること転た遠く、什麽の歇《や》む時か有らん。祇だ此れ箇の事、若し言語上に在らば、三乗十二分教は、豈に是れ言語なからんや。什麽に因りて教外別伝と道うや。若し学解機智に従わば、祇だ十地の聖人の如きは、説法、雲の如く雨の如きも、猶お訶責せられ、見性は羅縠《らこく》を隔つが如し。此こを以ての故に知りぬ、一切、心有れば天地懸殊することを。然も此の如くなりと雖も、若し是れ得底の人なれば、火と道うも口を焼くこと能わざるがごとく、終日、事を説くも、未だ嘗て脣歯に挂著せず、未だ嘗て一字も道著せず。終日、著衣喫飯するも、未だ曾て一粒米を触著せず、一縷の糸を挂けず。然も此の如くなりと雖も、猶お是れ門庭の説なるべし。

須く是れ実得すること与麽のごとくして始めて得《よ》し。若し衲僧門下に約せば、句裏に機を呈するも徒らに佇思を労し、直饒《たと》い一句下に承当得するも、猶お是れ瞌睡漢《かっすいかん》なり。（五四五ｃ）

師は言われた、「私は事にあたってやむを得ず、お前たちに向かって「直下無事」と言うのだが、言った途端に相対の世界に埋没してしまう。そこで更に歩みを進めようとしても、言葉をもって理解をしようとしても、仏法とは千差万別のちがいが生じてしまう。広く質問の場を設けて、その場の調子あわせができたとしても、仏法とはますます遠くなり、いつになったら妄念が止もうか。この仏法が、もし言語によって表現できるとするなら、三乗十二分教は言語でないことがあろうか。（三乗十二分教が仏法なら）どうして教外別伝と言うのであろうか。もし学的理解や機智によるというのなら、十地にいたった聖人が、自由自在の説法を繰り広げたとしても叱責されたように、言葉による説法は見性とはっきりと異なってしまう。かくしてあらゆる物事において、わずかでも相対にわたる心があれば天地ほども仏法と離れてしまうことが知りうる。そのようだとしても、真実の仏法を得た人なら、火と言ったとしても口を焼くことはないように、終日、現実世界を説いたとしてもそれを口先に引っかけもしないし、一言も相対の世界をしゃべってはいないのだ。終日、著衣喫飯しても一粒の米すら口にせず、一条の布すら身につけていないのだ。しかしこのようであっても、やはり方便の説でしかない。そのように体得してはじめて仏法を得ることができる。もし衲僧の門下について見るなら、一句の中に大いなる機用を込めたとしても徒らに思量分別に陥ることになるし、たとえ一言で仏法にかなったようであっても、そいつは真の仏法を知らない居眠り野郎なのだ」。

このような言詮不及、当処の世界は、大力量の禅者においてはじめて言いうることになるのだが、それでも仏法を言葉で表現することに雲門は警鐘を鳴らす。

師、有る時云く、若し仏法の両字を問わば、東西南北、七縦八横、朝《あした》に西天に到れば暮れに唐土に帰る。然も此の如きと雖も、向後、錯って挙すことを得ざれ。（五五九b）

師がある時言われた、「もし仏法の二字を問うなら、東西南北縦横自在、朝、西天へ行っても夕べには帰国してしまうような、大力量の人がはじめて答えることができる。しかもこのようであったとしても、これ以後、仏法について錯って答えてはならない」。

かくなれば歴代の仏祖の存在も問題視しなくてはならない。

衆に示して云く、西天二十八祖、唐土六祖、天下の老和尚、総じて出頭し来る。過《とが》、什麽の処にか在る。又た云く、爾、爾、此間に在りて三冬両夏す。忽然、外に出で、人の雲門老和尚、什麽を道うかと問うこと有らば、爾、他に向かいて什麽と道うや。代って云く、驀面《まくめん》に這《こ》の野狐精に唾せん。前語に代って云く、他は是れ顛ならず。或とき云く、古人、道く、門より入るは宝に非ずと。作麽生か是れ門。代って云く、道得も也た無用の処なり。（五六五b）

衆に示して言われる、「西天の二十八祖、唐土の六祖、天下の老和尚、みなが一斉に出てこられて仏法を説かれる。過りはどこにあろうか（説いたとたんに的はずれ）」。また言われる、「君たち、この寺ですでに長い間修行しているが、突然、外に出て、人から私、雲門和尚の教えについて聞かれたらなんと答える」。代って答える、「いきなりこやつに唾をひっかけてやる（ことばで言いえようか）」。前の言葉に代って、「やつは間違っていない（それでもことばで言わなくてはならぬ）」。あるとき言われた、「古人（巌頭全奯）が門より入ってくるのは宝ではないと言われた（宝＝仏性は内にある）」。「門とは何か」。代って言われる、「言うことも無用の処だ」。

本来具有する仏性は時に言語表現とは別のレベルで現成する。

問う、三徳六味を離れず、還って仏法有りや。師云く、秖だ爾の問わざるを怕る。進みて云く、師の道うを請う。師云く、三徳六味、施仏及僧。（五五二b）

質問、「三徳六味を忘れずに仕事をやっております。いったい仏法がありましょうか」。師が言われる、「お前が質問しないのを恐れていた」。進んで、「先生、おっしゃってください」。師が（弟子に代って）言われる、「三徳六味をもって仏と僧に供養しています」。

三徳は軽軟（あっさり）、浄潔、如法作、六味は甘辛鹹苦酸淡の六つの味わい。典座《てんぞ》（禅寺の食事係）の心構えとされる。質問の僧は、典座の役にあったのかもしれない。真剣な役職務めこそ仏法に外ならぬと認める世界は、かの「百丈清規」に通ずる世界である。ともあれ仏法は日常の営みと別にあるわけではない。むしろ日常の営みこそが仏法そのものというのが、洪州宗以後の禅の立場である。

第二節で筆者は、『祖庭事苑』の注釈にある、喩筏、止啼、忘筌、摩竭揜室、毗耶杜口などに対応する雲門の言葉が『広録』には見出せないことを指摘した。これらが禅語録の中では多くの場合、仏法とそれを表現しようとする言葉の関係を言う過程で使用されること、さらにそれが次に述べる学人接化と密接に関わることを想起すれば、仏法、言葉、接化のバランスの結果が、いわゆる「一字関」

となったと見ることもできよう。

截断衆流の禅——ことば——

述べてきたように「当処」に仏法が現成するというのが、雲門に限らず、禅の基本的な立場である。このような立場からすれば、人間の計らいの一切は「仮」のものとして否定されるし、説法することも、又それを聞いて悟りの世界を目指すことも無用のこととなる。ところが我々が生きているこの現実はそのように立て前の側からのみ考えてすませられるようなものではない。

このように見て取ったとき「若し衲僧門下に約せば、句裏に機を呈するも徒らに佇思を労し、直饒い一句下に承当得するも、猶お是れ瞌睡漢」であることは言うを待たないのだが、「事にあたってやむを得ず」説くこともある。それは何も自分だけに課せられるものではない。古来の老宿においても例外なく「皆な慈悲の為の故に落草の談」（五五四 a）がある。「即心是仏」の語も、馬祖自ら「非心非仏」と否定せざるをえなかったように、実は「奴を認めて郎と為す」（大いなる取りちがい）ことにほかならない（五五四 a）。言葉による表現は、常に第二義（相対的な表現）に陥る危険性をはらむ。それでも「語る」のは慈悲の故にほかならぬ。ではどうしたら二義に落ちないのか。このときに雲門が見せる、ギリギリの処における激しい接化が「截断衆流《せつだんしゅうる》」と評される語を生み、さらに相手の機根に応じての「随波逐浪《ずいはちくろう》」の語となる。徳山縁密のコメントと合わせ見よう。

截断衆流。堆山積岳し来たるも、一一尽く塵埃たり。更に玄妙を論ぜんと擬せば、氷消瓦解し摧かん。（五七六 b）

截断衆流とは。山ほどの煩悩を持ってきたとしても、どれもこれも塵埃でしかない。そのうえに玄妙を論じようとするなら、木っ端微塵にしてやろう。

随波逐浪。弁口利舌もて問う、高低、総に虧《か》かず、還って病に応ずる薬の如し。診候は時に臨むに在り。（五七六b）

随波逐浪とは。舌鋒鋭く問う。しかしそこでは高低を欠くことがない（よくよく相手を見て取る）。それはあたかも応病与薬のようであり、相手の様子を見つつ時に応じてやっていく。

一方では、仏法の世界をにらみつつ、他方では教化に心を砕かなくてはならない。禅者の個性はこの部分に表れるのだが、多弁を弄すれば弄するほど二義的になるとしたら、できるだけ短言寸句で表現せざるを得ない。また時には言語に渉らない方がいい場合もある。ただし雲門は、臨済のように喝を用いたり、徳山のように棒を用いることは少ない。最初に学んだ睦州の禅は機鋒峻烈だが、睦州と「一摸脱出」と言われつつも、雲門はあくまでも言葉による接化を中心に据える。この部分は雪峰の禅を学んだ故であろうし、雲門その人が持つ、文人の一族という矜恃の故かもしれない。

截断衆流の禅――拄杖――

師、衆に示して云く、尽十方世界、乾坤大地、拄杖を以て一画して百雑砕せん。三乗十二分教、達磨の西来、放過すれば則ち可ならず、若し放過せざれば、一喝を消《もち》いず。（五五三c）

師が大衆に示して言われる、「仏法は尽十方世界、乾坤大地などと限定したら、拄杖でバラバラにしてやる（仏法は限定できない）。三乗十二分教や達磨が西来したところに仏法があると考え、好き勝手をさせたらダメだし、（仏法の存在を）認めないとしたら（教化のための）一喝すらできない」。

かく「当処」の仏法は言詮不及となるが、その言詮不及の世界を「落草の談」の想いをもって、雲門はしばしば手元にある拄杖に託して表現する。言語に渉らない境涯として拄杖は機能する。先に挙げた『雪竇頌古』第六〇則はその代表格だが、それ以外にも拄杖にちなむ説法は少なくない。圜悟が『碧巌録』第六則で「雲門、毎に拄杖の処に向《お》いて大機大用、活溌溌地を拈掇して人の為にす」（大正蔵四八‐一九二c）と言うとおりである。「雲門は拄杖そのものに大きな働きをさせて仏法を現じ、生き生きしたやり方で教化を行う」と、誰もが認めたのである。

上堂して云く、我汝ら諸人を看るに、二三は機中に尚お搆得すること能わず。空しく衲衣を披て何の益かある。爾、還って会すや。我、汝の為に注破すべし。久しき後、諸方に到りて、若し老宿の一指を挙げ、一払子を竪てて、禅か道かと云うを見ば、拄杖を拽きて頭を打破して、便ち行くべし。若し此の如くせざれば、尽く天魔の眷属に落ち、吾が宗を壊滅すべし。汝、若し実に会せざれば、且らく葛藤社裏に向いて看よ。我、尋常、汝に向かいて道えり、微塵刹土中の三世諸仏、西天二十八祖、唐土六祖、尽く拄杖頭に在りて説法す。神通変現し、声は十方に応じ、縦横に一任せり。爾、還って会すや。若し会せざれば且らく掠虚すること莫かれ。然も是の如くなりと雖も、且らく諦当し実見するや。直饒い此の田地に到るも、也た未だ夢にも衲僧沙弥を見ざること在り、三家村裏に一人にも逢わざるなり。師、驀《まく》に拄杖を拈じて地を劃《かく》すこと一下して云く、総じて這裏に在り。又た

劃すこと一下して云く、総じて這裏より出去す、珍重。（五五〇ａ）

上堂して言われる、「私が君たちを見るに、二三の連中は機用（はたらき）の中でツボをつかめないでいる。空しく袈裟を着けているだけでは何の益があろう。君たち分かったか。私が君たちのためによくよく説明してやろう。ずっと後になって諸方に行ったとき、もしそこの老宿が、指を立てたり、払子を立てたりして、禅か道かなどと言うのをみたら、拄杖でそいつの頭をひっぱたいて立ち去りなさい。もしそうしなかったら、誰も彼もが天魔の身内になってしまって、吾が仏法を破壊してしまうだろう。もし君たちが本当に分からないというのなら、まずは（拄杖の）説法を手がかりにしなさい。私は普段から君たちに、無数の仏国土におられる三世諸仏、西天二十八祖、唐土六祖のすべてがこの拄杖におられて説法され、神通変現される。その声は十方にわたり、縦横自在だと言ってきた。分かったか。分からないのに、上滑りに理解してはならない。しかもこのようであったとしても、ともかく仏法とピッタリし実際に見たことになろうか。たとえこのような境地に到ったとしても、（それだけでは）本物の禅僧沙弥に夢にも出会ったことにはならない。片田舎で誰にも会わないようなものだ」。（ここまで言って）師は、いきなり拄杖を持って地面にしるしをつけて言われた、「（仏法の）すべてがここにある」。重ねてしるしをつけて言われた、「（仏法の）すべてがここから出て行く。珍重」。

『広録』の記録を虚心に読むと、雲門の手元にはいつも拄杖があったように思われる。先に筆者は雲門が脚を患っていたのではないかと推測した。その若き日、行脚に明け暮れた時と異なり、老いは次第に雲門をむしばみ、行動の自由を奪ったはずである。結局、その程度は分からないまでも、常に拄杖を手元に必要とするくらいの不自由さはあったと推測したい。食事に際して、作務から帰ってきた僧との問答などは散見するが、共に作務しての問答がほとんど見られないのも同じ理由ではないか。それでも心の内なる部分において、拄杖と雲門、そして仏法とは一体の関係にある。

後に掲げもする入矢氏が言われるような、雲門の思想的な変化をめぐって筆者は云々できないが、「拄杖を喚んで拄杖となす」というような表現は、雲門からしてみれば「俺は俺だ」ということに等しかったはずである。

その「拄杖」がさまざまに変化しつつ仏法を鼓吹する。

師、一日、拄杖を拈じ挙して、教に云く、凡夫は実に之を有と謂い、二乗は析《わか》ちて之を無と謂い、縁覚は之を幻有と謂い、菩薩は当体は即ち空とす。乃ち云く、衲僧は拄杖を見て但だ喚びて拄杖と作す。行は但だ行、坐は但だ坐なり。総じて動著することを得ざれ。（五五五c）

師はある日、拄杖を持ち、ある経典の言葉を取り上げて言われる、「凡夫は諸々の存在を有と考え、二乗（仏の説法を聞いて悟る声聞乗と、縁起の道理を悟る縁覚乗。ここでは大雑把に「小乗」の意）は無と考え、縁覚の者は仮に有ると考え、菩薩はそのものずばり空だとする、と説かれている」。そこで師が言われる、「禅僧は拄杖を見たら拄杖と喚ぶ。行の時は行だけ、坐の時は坐だけ。すべてとらわれてはならない」。

挙す、経に云く、経書呪術、一切の文字語言は、皆な実相と相い違背せずと。師、拄杖を拈じて云く、者箇は是れ什麽ぞ。若し是れ拄杖と道わば地獄に入らん。是れ拄杖にあらざれば是れ什麽ぞ。

（五五六ａ）

「ある経典に、経典のことばから陀羅尼まで、一切の文字言葉は、すべて真実相と異ならないと言っている」。師は拄杖を持って言われる、「こいつは何だ。もし拄杖と言ったら地獄に堕ちる。拄杖でないとしたなら何だ」。

乃ち拄杖を拈じて云く、這箇の拄杖子、是れ三昧なり。爾、若し拄杖子を識得すれば、即ち天下の老宿を識得す。爾、若し拄杖子を識得すれば、未だ夢にも天下の老宿の脚跟下の一茎毛すら見ざるなり。（五六四ａ）

ここでは拄杖が二つの意味を持っている。一つは三昧（徹底肯定、仏法現成の世界）である。これがわかれば天下の禅僧の全てが分かる。いま一つは全否定。拄杖に仏法があるなどと考えたら天下の老宿方の脛の毛さえ理解できない。次も同内容。

挙す、応化は真仏に非ず、亦た説法者に非ず。（中略）又た云く、飯は是れ法身にあらず、拄杖は是れ法身にあらず。（五五八ｃ）

次は拄杖にとどまらず尽大地について言及しているが、言わんとすることは同じレベルである。

挙す、一宿覚云く、幻化の空身即法身と。師、拄杖を拈起して云く、尽大地、是れ法身に非ず。（五五四ｂ）

「一宿覚（永嘉玄覚）が言っている、ゆめまぼろしのようなこの体が法身である、と」。師は拄杖を取り上げられて言う、「尽大地は法身なぞではない」。

拄杖と仏法が不即不離の関係にあるのは「動著（心がゆらぐこと）しない、執着しない」ことが大前提である。同時にそれだけで済まされるものでもない。仏法と拄杖の関係をどう説くかは、畢竟、学人がどこまで理解しうるかという、その程度による。

師、衆に示して云く、西天二十八祖、唐土六祖、天下の老和尚、総じて拄杖の頭上に在り。直饒い倜儻分明に会得するも、秖だ半途に在り。若し放過せざれば、尽く是れ野狐精なり。（五五四a）

師は弟子達に示された、「西天二十八祖、唐土六祖、天下の老和尚も、総てが拄杖の上にある。このことをよく分かったとしても、まだ道半ばだ。（分かったというところすら）抛り捨てられなければ誤った仏法理解だ」。

動著するなと言われても、分かっている学人は少ない。

無情説法を挙すに、忽ち鐘声を聞きて云く、釈迦老子の説法なり。驀に拄杖を拈起して僧に問う、者箇は是れ什麽ぞ。僧云く、拄杖子。師云く、驢年に夢に見ん。（五五四b）

無情が説法するという公案について語っていた折、突然、鐘が鳴り響くのを聞いて、「お釈迦様の説法だ」と言われた。いきなり拄杖を取り上げて、「これは何だ」と僧に問う。僧は言う、「拄杖です」。師が言う、「ロバほど年をとって、やっと夢に見るだろう（まったく見込みのない奴だ）」。

師、拄杖を拈じて僧に問う、這箇は是れ什麽ぞ。僧云く、拄杖子。師云く、地獄へ入れ。（五七二a）

公案の現成、諸法の実相を説くにしても、自覚なきままに説いたのでは自然外道の世界に堕在する。

截断衆流の禅——仏法と現実——

直前のものもそうだが、次に挙げる公案も安易な現状肯定を批判する。と同時に仏法は現実と別に在るわけではない。

師、有る時云く、大用現前、軌則存せず。僧、便ち問う、如何なるか是れ大用現前。師乃ち拄杖を拈じて高声に唱えて云く、釈迦老子来たれり。（五五四ｃ）

師がある時、言われた、「大用現前、軌則存せず」と。たちまち僧が質問する、「大用現前とは」。師は拄杖をとられ大声で「お釈迦様がおこしだ（質問しているお前の姿だ）」と叫んだ。

師、有る時云く、看よ看よ、法身は変じて灯籠と作り、超仏越祖の談は爾の脚跟下より過《さ》る。僧云く、脚跟下に認得する時は如何ん。師云く、我を鈍置殺せり。僧云く、与麽なれば則ち迥然として者裏に在らず。師云く、十万八千。（五五四ｃ）

師がある時云われた、「看ろ看ろ、法身は灯籠に変じ、一方、仏祖を超越する教えは、お前の足下から去ってしまった」。僧が問う、「仏祖を超越する教えが足下にある時はどうですか」。師、「俺を馬鹿にしやがる」。僧が言う、「そうであるなら遙か遠くに行ってしまって此処にはありません」。師、「（ここにないとしたら）十万八千億土の彼方だ」。

かく脚跟下の仏法を明らめたなら、今更したり顔した老和尚の説法を聞く必要もない。

上堂して云く、一則の語を挙して汝をして直下に承当せしむるも、早に是れ屎を爾の頭上に撒ずるなり。直饒い一毛頭を拈じて、尽大地、一時に明得《あきら》かならしむるも、也た是れ肉を剜り瘡を作す。然も此の如くなりと雖も、也た須く是れ者箇の田地に実到して始めて得べし。若し未だ且らく掠虚することを得ざることなければ、却って須く退歩して自己の根脚下に向いて推尋せよ。是れ什麽の道理か、実に糸髪も汝の解会を作すを許与し、汝の疑惑を作すに与《くみ》することなし。況や汝等、且らく各各当人に一段の事有り。大用現前なれば、更に汝の一毫頭の気力を煩わさず。便ち祖仏と別なきも、自ら是れ汝ら諸人、信根浅薄、悪業濃厚なれば、突然に如許多の頭角を起得し、鉢嚢を担《にな》いて千郷万里するも、屈を受くるは作麽。且つ汝ら諸人、什麽の不足の処有りや。大丈夫の漢なれば阿誰か分なからん。独自、承当するも、尚猶お便を著けず、人の欺瞞を受け、人の処分を取るべからず。纔かに老和尚の口を開くを見て、便ち好し、特石を把ちて驀口に塞ぐに。便ち是れ屎上の青蝿の闘咂し将去するに相い似て、三箇五箇、頭を聚めて商量するも兄弟を苦屈せり。古人、一期も汝ら諸人の為にするも奈何んともせず。所以に一言半句を垂れて爾が入路を通ず。是般の事を知り、拈じて一辺に放じ、自ら些子の筋骨を著くれば、豈に是れ少し許り相い親しき処有らざらんや。快与、快与。時、人を待たず。出息、入息を保たず。更に什麽の身心、閑らに別処に用ることか有らん。切に須く意に在くべし。珍重。（五四六b）

上堂して言われる、「一則の言葉を取り上げて、一発でお前に仏法を得させたとしても、それはとっくに糞を君たちの頭上にまき散らしたことになる。たとえ一毛ほどの手がかりで、尽大地ほどの仏法を明らかにしようとしても、良い肉をけずって傷つけるような、余計なことをしたにすぎない。しかもそのようであったとしても、仏法の境涯を実際に体得して、そのことが分かるのである。もし未だに物まねを抜け出られない者は、逆に一歩退いて自分の足下に仏法をたずねてみよ。

これはどんな道理なのか、（仏法は）実にわずかばかりも君たちが思量分別すること、疑念を持つことを許しはしない。ましてや君たちは個々人が仏性を持っている。仏性の働きが現前しているのだから、これ以上、わずかでも汝の気力を煩わすことはない。仏祖と別でないのに、君たちは信根が薄く悪業が深いから、突然、あれこれたくさんの引っかかりを起こし、鉢嚢を担いで行脚した挙げ句、辱めを受けるのはどうしてか。いったい君たちは何か足りないものがあると思っているのか。大丈夫の人なのだから仏法にかなわない者などいようか。自分自身で仏法にかなったとしても、それ以上、むりやり仏法と結びつこうとせず、人の騙かしを受け、人の好き勝手にされてはならない。老和尚が（仏法を語ろうとして）口を開いたら、待ってましたと大きな石で口をふさいでしまうにしくはない。たとえ糞の上の青ばえが口でつつき回すように三人五人と頭をよせて談義をしたとしても、仲間をやりきれなくするだけだ。古人が一生をかけて君たちを導こうとしてもどうしようもなかったではないか。だから私はいささかの言葉を示して君たちのために手がかりをつけてやるのだ。この事を知って取り上げて一方に片付け、自らいささかの筋道をつけるなら、どうして少しばかりでも仏法と親しいところがないはずがない。急げ、急げ。時は人を待ちはしない。吐く息は吸う息を待たない。この身心以外のどんな身心を別の処で使おうというのか。よくよく心がけておきなさい。珍重（さようなら）」。

極めて短い上堂の言葉だが、次に挙げるものも言わんとするところは同じである。したり顔しての説法どころか、そもそも仏法と名づけること、説法すること自体が余計なことだ。

上堂して云く、雪上に雪を加うべからず。珍重。便ち下座す。（五五三a）

上堂して言われる、「余計なことをしてはならぬ。珍重」といって座を下りる。

上堂し、良や久しくして云く、秖だ這箇のみ人を帯累殺せり。便ち下座す。（五四九b）

上堂され、しばらくして言われる、「こいつ（ことさら仏法と措定されたもの）が人に迷惑をかける」。たちまち座を下りる。

右は先にも引用した「我、当時、若し見れば、一棒もて打殺して狗子に与えて喫却せしめ、貴むらくは天下太平を図らん」（五六〇b）や、「乾屎橛」にも通じる。同時に「ことさら」だけに終始して、自らの主体的な生き方を見失ってはならぬ。

上堂して云く、爾に横説縦説するを放《ゆる》す。朝より暮れに到るまで人の、爾の口を塞ぐことなし。爾の説くを放さざれば、又た作麼生。（五四九c）

仏法をめぐって言いたいだけ言ってみよ。言ってはダメとなったらどうする。

截断衆流の禅――修行者たちへ――

次の三つの上堂語は、『広録』では続けて収録される。どれも師匠の説法を期待する、その意味ではまじめな修行者だが、雲門にしてみれば「特別」な何かを期待するだけの連中ということになる。

上堂して云く、如来は明星の現ずる時に成道す。僧有りて問う、如何なるか是れ明星現ずる時の成道。師云く、近前し来れ、近前し来れ。僧、近前す。師、拄杖を以て打ち趁《お》う。（五五一b）

上堂す、僧有りて出でて礼拝して云く、師の答話を請う。師、大衆を召す。大衆、頭を挙ぐ。師、便ち下座す。（五五一ｂ）

上堂す。良や久しくして僧有りて出でて礼拝す。師云く、太遅生。僧応喏す。師云く、這の漆桶。（五五一ｂ）

師、有る時云く、弾指謦咳、揚眉瞬目、拈槌竪払、或いは円相に即す、尽く是れ撩鉤搭索《ろうこうたっさく》、仏法の両字、未だ曾て道著せず。道著すれば即ち屎を撒き尿を撒く。（五五六ａ）

撩鉤搭索は熊手と火叩き、火消しの道具の事という。古人は指を鳴らしたり、咳払いをしたり、ともかくさまざまな手だてを尽くして煩悩の火を消そうとするが、それはあくまでも方便であり、仏法そのものではない。私も仏法そのものを説いたことはない。説いたとたんにむちゃくちゃになってしまう。

師、有る時云く、横説竪説、菩提涅槃、真如仏性、総じて是れ向下の商量なり。直に拈槌竪払の時節を得るも、亦た是れ横説竪説にして、前頭に対するも猶お些子に較れり。僧問う、請う師、向上に道わんことを。師云く、大衆、久立す。速礼三拝せよ。（五五七ｂ）

仏法について自由自在に説いたり、あるいは菩提涅槃や真如仏性を説いたとしても、これらは全て向下（人々を教え導く）のための方便に過ぎない。言句を離れて拈槌竪払《ねんついじゅほつ》（導くために槌を打ち、払子をたてる）の作略を用いたとしても今一つ足らないと言う。僧が仏法そのものを求めると、言句を労しての説法はもうおしまい、説法しようがないと三拝を求める。

かくして言辞を弄するエセ禅者の教えなぞ聞く必要はない。だいたい世の中はエセ禅者ばかりだ。

上堂して云く、諸方の老禿奴は曲木禅床上に座地し、名を求め利を求め、仏を問えば仏を答え、祖を問えば祖を答え、屙屎送尿するなり。三家村裏の老婆の伝口令に相い似たり。箇の什麽の好悪か識るや。総じて這般底の似きは、水も也た消し難し。（五五三ａ）

上堂して言われる、「あちこちの坊主どもは椅子の上に坐りこんで、教えを説くような顔をしつつ名利を求め、仏を問えば仏と答え、祖を問えば祖と答え、オウム返しで日送りしている。田舎のばあさまの言葉遊びのようで善悪を識別するなどという主体性はない。全体、このたぐいの連中は水をかけたって始末しようがない」。

截断衆流の禅――ほんとうの行脚――

まともな連中は数少ないが、しかし参師聞法は必要である。自らの経験からして「遊方行脚」の大切さを次のように説く。

上堂して云く、尽乾坤、一時に将来して、爾の眼睫の上に著けん。爾ら諸人、与麽に道《お》うを聞きて、敢えて汝が出来して性燥に老僧を把りて打すこと一掴するを望まず。且らく緩緩、子細に看よ。是《は》た有りや、是た無きや。是れ箇の什麽の道理ぞ。直饒い爾、這裏に向いて明《あきら》得むるも、若し衲僧門下に遇わば、好し脚を槌うち折るに。若し是れ箇の人の、什麽の処にか老宿有りて出世すと道うを聞《き》説かば、便ち好し、驀面に唾して我が耳目を汚すに。汝、若し是れ箇の手脚ならざれば、纔かに人の挙するを聞きて、便ち承当するも早に第二機に落ちん。汝看ずや、他の徳山和尚は、纔に僧の門に入るを見れば、拄杖を拽きて便ち趁う。睦州和尚は、僧の門に入り来たるを見て、便ち云く、現成公案、爾に三十棒を放《ゆる》す。自余の輩、合に作麼生なるべき。若し是れ一般の掠虚の漢なれば、人の膿唾を食し、一堆一担の榼𣠽《こうそう》を記得して、到る処、驢脣馬觜を馳騁し、我、十転五転の話を問うを解すと誇る。饒い爾、朝に問いて夜に答え、夜に到りて劫までも論ずとも、還って夢にも見るや。什麼の処か是れ人の与に力を著《つ》くる処は。這般に似たる底の人、衲僧を屈し、斎するも也た飯と道得して喫せしむるなり。什麼ぞ共に語る処に堪えん。他日、閻羅王の面前にて爾の口の解説を取らず。

諸兄弟よ、若し是れ得底の人なれば、他家は衆に依りて日を遣り、若し未だ得ざれば、切に掠虚すること莫かれ。容易に時を過ごすことを得ざれ。大いに須く古人の大いに葛藤有りて相い為る処を子細にすべし。祇だ雪峰和尚の道うが如きは、尽大地是れ爾と。夾山和尚道う、百草頭上、老僧を薦取し、鬧市裏に天子を識取せよと。洛浦和尚云く、一塵纔かに起これば、大地全て収まる。一毛頭は獅子の全身、総じて是れなりと。爾、把取し翻覆思量して看よ。日久しく歳深くすれば自然に箇の入路有らん。此れ箇の事は爾の替代する処なく、各おの当人の分上に在るに非ざることなし。老和尚出世して、祇だ爾の為に箇の証明を作せり。爾、若し箇の入路に少許の来由有れば、亦た汝を昧《くら》すを得ず。若し実に未だ得ざれば、方便もて爾を撥《はら》うも即ち不可なり。兄弟よ、一等に是れ草鞋を踢破して行脚し、師長父母を抛却して、直に須く些子の眼睛を著けて始めて得し。若し未だ箇の入頭の処有らざれば、本色の、猪狗の手脚を咬むに遇著し、性命を惜しまず、入泥入水して、相い為に咬嚼すべき有り。眉毛を眨上し、高く鉢嚢を挂け、十年二十年、出頭を弁取せんとするも、成弁せざるを愁うること莫かれ。直に是れ今生に未だ得ざるも、来生、亦た人身を失わず。此の門中に向《お》いて亦た乃ち省力して虚しからず。平生に辜負するも、亦た施主師長父母に辜負せざれ。直に須く意を在《お》くべし。空しく時を過ごすこと莫かれ、州に遊び県に猟し、横に拄杖を担《かつ》ぎて一千里二千里走り、這辺に冬を経、那辺に夏を過ごし、山を好み水を好む。斎供を多くし、易すく衣鉢を得るを性とするに堪取せんや。苦屈苦屈。他の一斗の米を図り、半年の糧を失却す。此の如く行脚して什麽の利益か有らん。信心の檀越、一把菜一粒米、作麽生か消得《もちい》ん。直に須く自ら看よ。人の替代することなし。時、人を待たず。一日、眼光、地に落ち、前頭、何を将ってか抵擬せん。一えに落湯の螃蟹《ぼうかい》の、手脚忙乱に似ること莫かれ。爾の掠虚の説、大話の処をなし、将に等閑に空しく時光を過ごすこと莫かれ。一たび人身を失えば万劫復することなし。是れ小事にあらざれば目前に捌ること莫かれ。俗子すら尚猶お云く、朝に道を聞かば夕べに死すとも可なり。況や我ら沙門、合に何事をか履践すべし。大いに須く努力せよ。珍重。（五四七a）

「尽乾坤をいっときに持ってきて君たちの「まつげ」にくっつけてやる（そんな力量をもって教化してやる）。君たちは私がこのように言うのを聞いて、あえて出てきて気短にも私を掴まえてげんこで一発殴らないでほしい。まあゆっくりやって子細に看なさい。有るのか無いのか、これはどんな道理なのか。たとえ君たちがここで（仏法を）明らかにしたとしても、私の門下に出遇ったなら脚をたたき折られるだろう。もしこの人がどこに老宿がいて出世するのかなどと聞くとしたら、まっこうから私の耳目に唾することとなる。君がもし手脚をへし折られるような人物でなく、人が挙すのを聞いた途端に承当（ぴったり）しても、とっくに第二機（義）に落ちてしまっている。君は知らないのか、かの徳山和尚は僧が門から入ってくるのを見た途端に拄杖をもって追いかけ、睦州和尚は僧が門から入ってくるのを見ると、途端に、「現成公案、三十棒を許す」と言ったことを。ほかの連中はどうか。もし普通の上滑り野郎なら、人の膿唾（説法のおあまり）を食らい、一やま一かつぎのゴミ（役にも立たぬことば）をメモし、至るところを駆け回って大口をたたき、自分は人を（仏の道へ）転身させる話を問うことができると誇る。たとえ君が朝から晩までやりとりし、あげくのはてに未来永劫まで論じたとしても、夢にも（本当の仏法を）見ようか。どこで人のために全力を尽くすのか。こんな奴に似た人物が、禅僧をおとしいれる、それはお斎の時に、飯と言うだけで食べたことにしてしまうようなものだ。こんな奴と、いったいどこに共に語る所などあろうか。いつの日か閻魔大王の面前に立ったとき、君たちが（決着をつけるために）口で解説してくれても、それを聞くことなどありはしない。

修行者諸君、もし本物を得た人なら、彼は衆を導くことで日々を送るが、もしそうでないなら絶対にエセをやってはならない。安易に時を過ごしてはならない。古人が大いに葛藤した挙げ句に（修行者のために）言った言葉を子細にしなくてはならない。雪峰和尚は「尽大地がお前だ」と言い、夾山和尚は「百草の上に私の全身を見いだし、街角に天子を知りなさい」と言い、洛浦和尚は「一塵の中に大地が収まり、一本の毛先が獅子の全身、全て是れにほかならぬ」と言われる。君たちはこれらを掴まえ、あれこれひっくり返して考えて見なさい。日月が過ぎたならば自ずから入り口があろう。この事は君たちが代ってやれるようなものではないし、またそれぞれの人の分上にないわけでもない。老和尚たちは世に現れてただ君たちのために証明してくれたのだ。君たちが入り口にわずかでもとっかかりを得たならば、もはや君たちを瞞すことはできはしない。もし（とっかかりを）得ていないなら、あれこれ方便をつくして君たち（の煩悩）を払おうとしてもできはしない。

兄弟たちよ、ひたすら草鞋を踏み破って行脚し、師や父母を捨て去るほどにして、いささかばかりの見る目を我がものにして始めてよいことになるのだ。もし未だに入り口がないなら、本物（の衲僧のもと）で猪狗の手足に噛みつくような苦労を厭うことなく、性命《いのち》を惜しむことなく、泥水をかぶるほどの修行をして、おたがいに噛みつくことができるようになる。眉をつり上げ、高く鉢嚢をかかげ、一〇年二〇年と出頭のところ（自己の本分）をはっきりさせようとして、結局できなかったことを愁いてはならない。ただ今生に得られなくとも、来世には人身を失うことなく、仏門に（縁が）あって無駄で空しい努力をしなくてもよくなる。平生の生き方（が仏法）に背いたとしても、施主や師、父母に背いてはならぬ。いつも（このことを）心を留めておきなさい。空しく時を過ごしてはならない。町で遊び田舎で猟をするように（だらだらと時を過ごし）、拄杖を担いで一千里二千里と歩き回り、あちらで冬を過ごしたら、こちらで夏を過ごし、山水を好んでいる。沢山の斎供にあずかり、安易に衣鉢を得る（生活におちる）ような性《さが》になったとしたら堪えられぬ。やりきれぬ、やりきれぬ。さらに一斗の米を得ようとして、既得の半年分の食料も失ってしまう。このような行脚をして何の利益があるというのか。信心の檀越がくださる一把の菜、一粒の米をどう使おうというのか。（本当のところは）必ずや自分で見て取らなくてはならない。他人が替われるものではない。時は人を待ちはしない。ある日、眼光が地に落ちる寸前になって、どう抵抗しようというのか。熱湯におちたカニが手足を切り捨てるように、あわてふためいてはならない。君たちはエセ話、ほら話をやって、ダラダラと時を過ごしてはならない。一度死んだら万劫、生き返ることはない。これは小事ではない、目前に気を取られてはならぬ。俗人（孔子）すら言っているではないか「朝に道を聞いたなら、夕べに死んでもいい」と。まして我々沙門たるもの、何を行うべきか。おおいに努力せよ。珍重」。

訳文中の「沢山の斎供にあずかり、安易に衣鉢を得る（生活におちる）ような性《さが》になったとしたら堪えられぬ」の原文は「堪取性多斎供、易得衣鉢」だが、江戸の寛永一七年（一六四〇）刊本では「性を取るに堪え、斎供を多くし、易すく衣鉢を得」と訓点が付されている。いずれが適当なのか、判断できず、訳文はとりあえずの訳である。「性多」は「許多」かもしれぬとの御教示もある。

右の上堂語に続いて収録される僧たちとの問答は、上堂語の中で修行を強調した雲門とはいささかの違いを見せる。

問う、如何なるか是れ諸仏出身の処。師云く、仏前に装香し仏後に合掌す。問う、十二時中、如何が諸境に惑わされざることを得ん。師云く、三門頭に合掌せよ。問う、四面森森、如何なるか是れ霊樹。師云く、風鳴り雨息む。進みて云く、如何なるか是れ霊樹の枝条。師云く、皮草を曬眼《さいろう》せよ。問う、如何なるか是れ触目菩提。師云く、露柱を拈却せよ。学云く、露柱、豈に他事に干わらんや。師云く、驢年に会すや。問う、醍醐の上味、什麽んとしてか翻じて毒薬と成る。師云く、𥘿《そく》。（五四七b）

問う、「諸仏が出身される基本のところは」。師が言う、「仏前では焼香し、後方にしたときは合掌する（修行僧の日常の生活にある）」。問う、「一日の生活でどうしたら迷わないですみますか」。師が言う、「三門の前では合掌せよ」。問う、「四方、木々に取り囲まれています。抜きん出た木はどんなですか（徹底仏法世界におけるできごととは）」。師が言う、「風が吹き雨がやむ（自然の摂理にほかならない）」。進んで問う、「さらに詳細に言ってください」。師が言う、「日が出たら皮草を乾かす」。問う、「触目菩提とは」。師が言う、「丸柱を取り去りなさい（丸柱を立てて伽藍を作り結界としてはならない）」。学人が言う、「丸柱は仏法に関係ありますか」。師が言う、「驢馬の年まで生きても分かるまい」。問う、「醍醐（最高の味わいの乳製品＝仏法）がどうして毒薬になるのでしょう」。師が言う、「揑（毒薬も法界に充満する仏法のありよう）」。

さらに行脚の世界は、「これで十分」と止まらない世界、定着を拒否するとともに、自らを厳しく見つめる世界でもある。

挙す、長慶、拄杖を拈じて云く、這箇を識得すれば一生参学の事、畢れり。師云く、這箇を識得すれば、什麽として住せず。（五六一 a）

長慶慧稜は拄杖をとって、こいつが分かれば一生の学びも修了だと言った。師はそれを挙げて、「こいつが分かったのにどうしてその仏法のところにとどまらぬ」。

拄杖が役に立つのは行脚の時にほかならない。にもかかわらず「一生参学の事、畢れり」と行脚をやめてしまったら、拄杖の世界を本当に理解したことにはならない。仏法にしたがって生きる世界に終着点はないことを拄杖を携えての行脚にたとえ、「なんで終着点のない仏法の世界に生きようとしないのか」と長慶に批判的なこの公案、雲門の行脚の人生になぞらええよう。

上堂して云く、夫れ学般若の菩薩は、須く衆生の病を識得し、即ち学般若の菩薩の病を識得すべし。

還って人有りて揀得するや。出で来りて衆に対して揀して看よ。衆、無語。乃ち云く、若し揀不得なれば、我、東に行き西に行くことを妨ぐること莫かれ。（五五〇ｃ）

上堂して言われる、「仏道を学ぼうとする者は、衆生の病をよく識るとともに、仏道修行者の病も識らなくてはならない。誰か病を弁別することができるか。いたら出てきて修行者の前で弁別してみなさい」。誰もしゃべらない。そこで師が言われる、「もし弁別できないなら、私があちこちへ行くことを邪魔してはならぬ（私の行脚は、分からぬ連中の病を弁別し治療することだ）」。

生涯、拄杖を手元に置いた雲門は、また生涯行脚の心を抱き続けたのである。言うまでもないことだが、生涯行脚は定住をゆるさないし、そこでは付和雷同せぬ自己の確立が必要となる。

いみじくも入矢氏は言う。

雲門禅の深化の過程は、私の見るところ、三つの段階に分けられる。いま便宜上、その法身観の変遷を軸にして述べるならば、初期は理念的な法身の探求。中期は法身の肉体化、または身体としての法身の能動化。晩期はその法身を透出して更に上へ超え出ようとする見地、しかも、そこに措定されかねない或る種の究極絶対なものを絶えずふっ切っていこうとする志向がある。その志向の落ちつく先は、平常底（または日常性）における、自己をも含めての個物の円成《えんじょう》、つまりは華厳の「塵塵三昧」ではなかったか、と私は見ている。

右に図式的に述べた三段階は、まだ仮説の域を出ないけれども、その『雲門広録』を注意して読めば、彼の〈向上〉深化の軌跡が前後三期に分けられることは、かなりはっきりと見て取られる。

（「雲門の禅・その〈向上〉ということ」）

雲門禅は一切の図式・教条性を極端に嫌う。教条化したもの・パターン化したものを徹底的に拒否するという性格が非常に強く出ています。そこで雲門禅の到達点は何かとなりますと、最初の挨拶のなかでもちょっと触れましたように、到達点なるものを想定すること自体がそもそも非雲門的ではないか。（中略）雲門という人は、自分の座標軸を絶えず自分で転換してゆこうとするタイプの禅僧でした。（中略）一処に留まることをしない雲門に、我々はそのゴールを想定してはならないのです。ということはまた、我々も一処に留まっていては、雲門禅は分からずじまいになるということだと思います。（中略）

私は以前に、雲門禅を初期、中期、後期と敢えて図式的に三つの発展過程に分けてみたのですけれども、結局図式というものがすべてそうであるように、それはひとつの――無意味とは思いませんが――ひとつのパターンであるにすぎない。『雲門広録』の巻下を読み返してみましても、巻上に現れたのと同じ内容の発言が何度も顔を出しています。後期になったらその前の二つの時期は乗り越えられているのだなどという、そういうきれいな、機械的な展開には決してなっていないのです。（「雲門との機縁」）

雲門の禅を総括して述べる入矢氏の発言をここで引用するのはいかがかとも思うが、行脚を重視した雲門禅の背景を知るためである。雲門はさらに言う。

上堂して云く、故に知りぬ、時運澆漓《ぎょうり》にして、代、像季《ぞうき》に干《わた》る。近日の師僧は、北に去けば文殊を礼すと言い、南に去けば南嶽に遊ぶと言う。与麽に行脚するは名字の比丘にして、徒らに信施を消《もち》いるなり。苦なるかな、苦なるかな。黒漆を問著するに相い似て、祇管に性を取りて日を過ごすなり。設い三箇両箇有りて、狂学多聞し話路を記持し、到る処に相似の語句を覓むるも、印可の老宿は上流《おまえ》を軽忽して薄福の業と作すべし。他日、閻羅王の釘釘の時、人の汝に向かいて道うことなしと道う莫かれ。若し是れ初心後学なれば、直に須く精神を擺動して記説を空しくすること莫かれ。多虚は少実に如かず。向後、祇だこれ自ら賺《あざむ》くのみなり。什麽の事か有れば近前せよ、云々。(五四八c)

上堂して言われた、「誰でも時代は人情が薄く、像法、末法の世であることを知っている。(ところが)最近の修行者は、北に行けば文殊を礼すと言い、南に行けば南嶽に遊ぶと言って、まるで物見遊山だ。そんな行脚をするやつは、名前だけの比丘だし、布施を無駄遣いする奴だ。苦々しい、苦々しい。(手のつけようのない)黒漆について質問するように、ただひたすら仏性に執着して日を過ごし、二人三人の仲間がいて、狂ったように多聞し、公案を記憶保持し、到るところで似たような言葉をもとめたとしても、印可の老宿(本物であることを証明された禅僧)は君が薄福の業しかなしてこなかったと、馬鹿にするであろう。いつの日か閻魔大王に釘を打たれるときになって、誰も言ってくれなかったなどと言ってはならない。もし初心者であったり、後学の者であるというのなら、絶対に精神を振るい動かして議論を空虚なものにしてはならぬ。「多虚は少実にしかず」だ。(そんなであったら)これからも自ら(本心を)だますだけだ。何かあるなら前に出てこい、云々」。

上堂して云く、汝等諸人、傍家に行脚し、皆な是れ河南海北より来たるも、各各尽く生縁の在る所有り、還って自ら知得するや。試みに出来して挙せ、老漢、汝の与に証明せん。有りや、有りや。汝、若し知らざれば、老漢、汝を瞞ぜん。汝、識らんと欲得するや。生縁、若し北に向《お》いて在らば、北に趙州和尚、五台の文殊有るも、総て這裏に在り。生縁、若し南に向いて在らば、南に雪峰、臥龍、西院、鼓山有るも、総て這裏に在り。汝、識らんと欲得するや。這裏に向いて識取せよ。若し見ざれば掠虚すること莫かれ。見るや、見るや。若し見ざれば、且らく老漢の仏殿に騎りて出で去るを看よ。珍重。(五四九b)

上堂して言われた、「君たち諸君、よその(本筋からはなれた)家に行脚したうえに、国のあちこちからここへやってきた。それぞれに生縁があったはずだが、自分で分かったか。試しに出てきて挙してみなさい。私が君たちのために証明してやろう。(生縁が)有ったか、有ったか。お前たちがもし知らないなら、私はお前たちを瞞してやる。お前たち識りたいとおもうか。生縁がもし北にあるというなら、北には趙州和尚や五台の文殊がいるが、(本当の生縁は)すべてここに在る。生縁がもし南にあるというなら、南には雪峰、臥龍、西院、鼓山がいるが、(本当の生縁は)すべてここに在る。お前たち識りたいとおもうか。ならば此処で識らなくてはならぬ。もし此処で見て取れないからといって上滑りではならない。見たか、見たか。もし見てないなら、とりあえず私が仏殿にまたがって出て行くのを見なさい(祀られる仏祖さえも超える私の機用)。珍重」。

本物の行脚を知っている雲門からすれば、形ばかり諸方を行脚しているからといって誰もが本物ばかりとは言えない。まして広東までやってくる雲水の中には、物見遊山的に曹渓へやってきて、六祖のミイラを見学し、あたかも仏法が分かったような気がしている者も少なくない。

上堂して云く、爾ら諸人、端なくも這裏に走来して什麽をか覓むるや。老僧は秖だ喫飯屙屎を解するのみにして、什麽を作すかを解さず。爾ら諸方に行脚して参禅問道す。我、且らく問うべし、爾ら諸方に参得底の事作麽生。試みに挙せ看ん。又た云く、中間、汝が屋裏の老爺を譁《だま》し得るや。老漢の腒臀《こつでん》の後に向《お》いて些子の睇《(涕カ)》唾嚼を覓得し、将に為えり、自己、便ち道う、我は禅を解し道を解すと。饒い爾、一大蔵教を念得するも作麽生か擬し去らん。古人、已むを得ず、爾の乱走するを見て、汝に向かいて菩提涅槃と道う。是《は》た爾を埋没するか、是《は》た釘橛もて爾を繋却するか。又た爾の会せざるを見て、汝に向かいて道えり、菩提涅槃に非ずと。是般の事を知るも、早に是れ便りを着けざるなり。又た更に他の這般に注解する底を覓むれば、胡種を滅するの族なり。従上来、総じて這般に似る、何の処《ことわり》もて今日に到るか。我、向前行脚の時、一般の人の我が与に注解する有り、他は是れ悪心にあらず、我に一日覰見されて、是た一場の笑具たるか、是た我れ三五年不死なるか。這般の胡種を滅する底は、一斧もて脚を打折すべし。如今、諸方、大いに出世の紐捏《ちゅうねつ》有れば、爾、何ぞ彼の中に去かざるや。這裏に在りて什麽の乾屎橛を覓むるや。師、便ち地に下り、拄杖を以て一時に打趁下し去る。（五五三a）

上堂して言われる、「君たち諸君、いわれもなく此処にやって来て何を求めようとしているのか。私はただ食ったり飲んだり大小便をすることを知っているだけで、（仏法について）何かすることを知っているわけではない。皆はあちこちへと行脚して参禅問道している。私がひとつ聞いてみよう、君たちが諸方で学び得たことはどんなことかと。試しに取り上げてみなさい」。

また言われた、「行脚のさなか、爾の家の老人（自分自身の煩悩）をだませたかな。私の臀の後にいてわずかばかりの言葉を求め、自分を思い違いして、禅が分かり仏道が分かったなどと言っている。たとえ君たちが大蔵教全部を心に刻んでいたとしても、どうやって行こうというのか。古人は、お前がやみくもに歩いているのを見て、やむを得ずお前にたいして菩提涅槃（がある）と言うのだ。それはお前を（煩悩に）埋没させるのか、はたまた釘で（煩悩に）繋ぎ止めるのか。またお前が分かっていないのを見て、お前にたいして菩提涅槃はないと言うのだ。このような事を知っていたとしても、それでもハナから分かっていない。またこの上、この類の講釈するものを求めたとしたら、それは仏法を滅亡させる輩だ。今まで、すべてこの類だ、どうした訳で今日まで到ったのだろうか。私は、以前行脚したときある種の人々は私のために講釈してくれた。彼らは悪気はなかったが、ある時私に窺い見られてしまった。それはその場かぎりのお笑いであったのか、はたまた私が三五年（少しだけ）生き延びることになったのか。この類の仏法を滅亡させる輩は、斧で脚を切断してやる。（ところで）いま諸方の連中は大いに出世間のための手づるを持っている、お前はどうしてそっちへ行かないのか。此処にいてどんな乾きグソを求めようというのか」。師は（座から）地に下りて拄杖で（聞いていた弟子達を）いっときに追い払った。

師、一日云く、古来の老宿、皆な慈悲の為の故に落草の談有り、語に随いて人を識れり。若し是れ出草の談なれば、即ち与麼ならず。若し与麼なれば便ち重ねて話会の語有り。見ずや仰山和尚、僧に問う、近離、甚《いず》れの処ぞ。僧云く、廬山。仰山云く、曾て五老峰に遊ぶや。僧云く、曾て遊ばず。

仰山云く、闍梨、曾て遊山せず。師云く、此の語、皆な慈悲の為の故に、落草の談有り。（五五四ａ）

師がある日いわれた、「昔の老宿は、みんな慈悲の故にガタ落ちの言葉を使った。だから（その）言葉で人となりを識りえた。もし仏法そのものを説く言葉となれば、そうではない。もしそうなら更に筋の通った言葉があることになる。知っていよう、仰山和尚が僧に質問した、「どこから来たのか」。僧が答える、「廬山からです」。仰山が言う、「五老峰に行ったことがあるか」。僧が答える、「まだです」。仰山は、「遊山していないではないか」と言う」。師が言われる、「この言葉は皆な慈悲の故に出たガタ落ちの言葉だ」。

「見ずや仰山和尚、云々」以降は、『雪竇頌古』第三四則に共通する。廬山に至って名峰五老峰を見ないなど、宝の山に入って宝を得なかったようなものだ。「行脚は大事だ」がその本質を見誤ってはならない。ただ歩き回って万事終われりではない。

上堂して云く、和尚子よ、直饒い爾、什麽の事有りと道うも、猶お是れ頭上に頭を安じ、雪上に霜を加え、棺木裏に眼を眨し、炙盤の上に更に艾燋《がいしゃく》を著く、這箇は是れ一場の狼藉なること少なからざるなり。爾、合に作麽生。各おの自ら箇の託生の処を覓めよ。空しく州に遊び県に猟すること莫かれ。秖だ閑言語を担搦せんと欲得して、老和尚の口の動くを待ちて、便ち禅を問い道を問い、向上向下、如何ん若何ん。大巻に抄し将ち去って、皮袋裏に埿向し、卜度して到る処の火炉辺にて三箇五箇、頭を聚めて口を挙げ、喃喃地に便ち道う、這箇は是れ公才の語なり、這箇は是れ処に就いて打出する語、這箇は是れ事上に道う底の語、這箇は是れ体語と。汝の屋裏の老爺老嬢を体として、飯を噇却し了って、秖管に夢を説きて便ち道う、我、仏法を会せりと。将に知るべし、与麼に行脚すれば、驢年に休歇するを得ん。更に一般底有り、纔かに箇の休歇の処を説くを聞き、便ち陰界裏に向かいて目を閉じ眼を合し、老鼠の孔裏に活計を作し、黒山下に坐し、鬼趣裏に体当して、便ち道う、我、箇の入路を得たりと。還って夢にだに見るや。這の一般底、万箇を打殺するも、什麽の罪過か有らん。喚びて打底を作すも、作家に遇わざれば、至竟、秖だ是れ箇の掠虚の漢なり。爾、若し実に箇の見処有れば、拈じ将ち来って看よ、汝と共に商量せん。空しく過ごすこと莫かれ。好悪を識らず、謥謥詷詷地に頭を聚めて葛藤を説き、老僧をして見せしむること莫かれ、捉まえ来りて勘せんに、相当せざれば、槌もて腰を折るべし。道《い》わずと言うこと莫かれ。汝の皮下に還って血有りや。到る処、自ら屈を受けんと欲して作麽。這の滅胡種、尽く是れ野狐の群隊、総じて這裏に在りて作麽。拄杖を以て一時に趁下す。（五五二a）

上堂して言われる、「和尚さん達よ、たとえ君が（仏法についてあれこれ言わずに）「什麽事」と言ったとしても、それは頭の上にさらに頭を置き、雪の上にさらに霜を置くように余計なことだし、棺に入ってからも眼を動かし、焼けた器の上にお灸の艾《もぐさ》をのせるように、その場でひと騒せになることとうけあいだ。君たちどうだ。君たちはそれぞれ自分の拠り所を探しなさい。意味もなくあちこちを経めぐってはならない。ただ意味のない言葉を手に入れようとして、老和尚が話すのを待って禅を問い道を問い、向上はどう、向下はどうと、大冊にメモをとり、皮袋（全身）一杯にしまいこみ、あれこれ忖度して到るところの炉端で、三人五人と集まって口を開いてあれこれと、これは道理の叶った語、これは場所を考えてしゃべった語、これは表面を述べた語、これは本質を述べた語だという。それはお前の家の両親が生んでくれたこの体で（満足してしまって）飯を食い終わったら、ただ実体のない夢を説いているだけなのに、私は仏法が分かったと言う。このような行脚では、ロバの年が来てやっと止めることができるということを知らなくてはならぬ（いっになっても止められない）。さらにある連中は、煩悩がつきる処があると聞いた途端に、煩悩のままに目を閉じ眼を合わせて（坐禅して）、ネズミが（身動きできない）穴にはいって生きる手段を尽くすように、迷いの世界を悟境と考えて坐し、輪廻の世界にいるにもかかわらず、分かったようにして、仏法への入り口、手がかりを得たなどと言う。いったい本物の仏法を夢にも見たことがあるのだろうか。このような連中を万人も殺したとしても何の罪があろうか。喚んで打ちのめしたとしても、作家（本物の指導者）に遇わなければ、畢竟、ただの上滑りな奴でしかない。君たちもし本当の見処があるというなら持ってきなさい。そのような君たちと商量してやろう。無駄に時を過ごしてはならない。好悪を知ることなく、あれやこれやと雁首をそろえて葛藤を説いている。そんなものを私に見せてはならない。とっつかまえて来て調べあげ、仏法に当たっていなければ槌で腰をへし折ってやる。話さないなどと言ってはならぬ。お前には血が流れているか。到る処でいわれなく貶《おとし》められてどうしようというのか。この仏法をだめにする奴らめ、みんなエセの集まりだ、それらがみんな此処にいてどうしようというのか」。拄杖でいっときに追い出す。

数ある弟子であれば、分かる者もおれば、分からぬ者もある。

上堂し、良や久しくして云く、還って人の道得する有りや。道得する底あれば出来せよ。衆、無語。師、拄杖を拈じて云く、適来は是れ箇の小屎坑。如今は是れ箇の大屎坑。下座す。（五四七c）

屎坑は便壺のことであろう。大衆が答えないのは、仏法について言い得ても、言い得なくてもダメというギリギリを知った上での無語ではなく、立ち往生の結果であろう。便壺に入る思いでの苦労をした挙げ句が、立ち往生の弟子たちでは、よりいっそうの便壺苦労を覚悟しなくてはならない。

僧問う、如何なるか是れ学人の自己。師云く、老僧、入泥入水す。僧云く、某甲も粉骨砕身す。師喝して云く、大海の水、爾の頭上に在り。速やかに道え、速やかに道え。僧、無語。師代って云く、也た和尚、恐らくは某甲の不実なるを知る。（五五七ａ）

僧が問う、「学人の自己とは」。師が答える、「それを分からせるため私は泥水をかぶるほどに苦労している」。弟子が言う、「私も粉骨砕身、努力しています」。師は大声で、「大海の水がお前の頭にそそごうとしている。喫緊のことだ。明らめたところを言ってみろ、言ってみろ」。僧は答えられない。師は代って、「私は和尚さんが、私が分かっていないのを心配しておられるのを知りました」。

いけしゃあしゃあと「粉骨砕身しています」とは、苦笑して読まざるを得ないが、中には師の思いを満足させる弟子もある。

衆に示して云く、爾ら諸人、毎日、上来下去し、問訊は即ちなきにあらず。若し水を過《よ》ぎる時、什麼を将って過ぎらん。久住の僧有り対えて云く、歩。師、深く之を喜ぶ。（五五九ｃ）

どう河を過ぎるかの問いは、『摩訶止観』などに出て、兎、馬、象を声聞、縁覚、菩薩の境涯に当てはめた「三獣渡河」の譬えにかかわる。河底に足がついて歩く菩薩（象）の世界を我がものにしましたと答えたことになる。真面目かつ当意即妙、さらに自信をもっての答えが、師匠雲門を深く喜ばせたというこの記述、圧倒的に師の言葉が中心に記録される禅の語録において、教育者雲門の人間性を感じさせはしないか。

第五節　雲門の禅――私見――

雲門という人間

以上、まったく中途半端ながら、雲門の禅を紹介した。入矢氏においてすら

雲門にはひと所に留まることを自らに許さない一種のエモーションがあって、その語録を読む人を読めば読むほどずるずるとひきずりこんでいきます。それが私にとっては最大の魅力でして、臨済禅のように、『臨済録』という完結態の世界で理解してはみ出したり不足したりするところがないのとは大いに違う。雲門は絶えず自分で自分をはみ出させようとし続けた禅者です。従って雲門禅との付き合い方も、こちらが一処に留まるような対応の仕方では全然だめです。こういうことがだんだん分かってきまして、雲門との付き合いは、逃げることを雲門が「許さない」ものですから、死ぬまで私は付き合うつもりでおります。付き合っていくうちに、また別な切り口、断面を雲門はちらりと見せてくれるかもしれない。それが見えるかどうかは、こちらの付き合い方次第でありましょう。（「雲門との機縁」）

と発言されるのだから、その足下にすら及びそうもない筆者が、偉そうなことを言ってもあまり意味があるとは思えない。

ともかくここで、雲門の禅についていささかの「感想」めいたことを述べるなら、先にも記したように、筆者は今、雲門という人物が相当に屈折したというか、あるいは悩み多き人生を過ごした人ではないかと考えている。伝記の部分でも触れたように、雲門はその出自にはじまり、参学、伝法、開法と禅者としての節目節目にさまざまな出来事がある。それが必ずしも順風満帆ではなかったらしきこと、見たとおりである。しかしそのような屈折が『碧巌録』をはじめとした公案集の中で、真正面からとりあげられることは、まずない。「公案」というお手本は、登場する禅者の悩みや屈折を追体験することを前提とはするものの、重要視するのは突然のように提示される「結論＝悟りの境涯」であって、悩みや屈折の部分の打破は参究しようとする修行者個々の問題意識にまかされる。

　ただし雲門の場合、伝記や『広録』を検討してみると、紆余曲折の人生や接化にあたっての苦心の跡形が、おぼろげながらでも見えてくるような気がする。文学的な表現に特徴があるとする「文字禅」とか、たった一字、あるいは短言寸句で接化したところから「一字関」という、いかにも禅僧らしい禅僧であったという禅風評価だけでは、済まされそうもないのである。

　むしろ雲門の禅は、時には言説をもって第一義諦（仏法そのもの）を表現しようとしたかと思うと、たちまちそのような言説を否定するといった、千変万化する接化の妙にその特色があったように思われる。語録の構成をめぐってはさらなる検討が必要であるが、述べたように『広録』の劈頭を飾る霊樹山での開堂の言葉と、第二段となる雲門山での言葉とは五年のタイムラグがある。ちなみに雲門山への転住が許されたとき雲門は快哉を叫んだという。南漢朝に合わせての生活にほとほと倦んでいたということであろう。その後に何の変わりもないのか。同じように上堂するにしても、時には殆どとりつくしまもなく下座してしまうことが、ついに一字関に収斂するのであろうが、その道程をどう理解すべきか、検討の余地が大いにある。

さらに雲門の禅において「行脚」のはたした役割は私達の想像以上に大きいように思う。ひるがえってみれば『広録』の特徴の一つに「遊方遺録」のあることを挙げえよう。その名の示すように雲門が諸方を行脚した際の言葉三一則をまとめたものである。現在に残る「遊方遺録」が伝える睦州参禅から霊樹山入山までの言葉は、記録の生々しさというよりも、相当に整理され定型化した問答という印象が強い。オリジナルなものから、どのような手続きを経て「遊方遺録」となったのかは定かではないにしても、そもそもの基本は雪峰に得法の後も諸師に参じてその禅を探り、また自身の禅を確認しようとしたということにあろう。

禅僧が修行の途上で行脚するのは、自分にとっての正師を求めることであって、決して不思議なことではない。ただし雲門の場合、すでに睦州や雪峰の会下でそれなりの境涯を得たうえでの行脚であるから、正師を求めてということではない。相手の人数も他に例を見ないほど多数である。当然そこに何らかの意図があると見てよい。

いったい『祖堂集』や『伝灯録』の成立によっても知られる雪峰教団の特色、「他の禅僧の言葉に自分自身のコメント（著語）を付す」という世界は、雲門においても共通し、それは『広録』における「室中語要」や「垂示代語」の世界として結実する。その意味で雲門はたしかに雪峰教団の伝統を嗣ぐ人であった。雲門の出世は唐代の禅者としては後発組に属する。

後発の人の生き方には二通りあろう。伝統に唯々諾々と付き従うか、それを乗り超えるかである。言うまでもなく、雲門は後者を選んだ。もっとも質問しておいて自ら解答するなどは、雲門を伝統の総合者、あるいは教育者として評価するか、もうできの悪い弟子のことなど当てにできぬと、少しばかりいらいらしながら過ごす中での記録とみるか、意見は分かれるかもしれない。

先人の言葉を集め、自分の立場からコメントする、それは過去から現在にいたる禅の総合化であるとともに、周囲に撞着しない自分を堅持する営み、自己主張でもあったことは疑いない。禅者は自らの生きざまを自らの言葉で語らなくてはならない。まね事でない人生は、まね事でない言葉で語られる。一方、先人や他人の生き方をどう評価するか、ここでも自らの人生が問題となる。出世が後になればなるほどコメントすべき先人は多くなる。

また雲門の禅を「文字」という部分に注目しすぎると、雲門教団の日常のありようが不明瞭になってしまうが、『広録』を丹念に読むと、雲門教団が唐代と宋代の中間に位置することが理解できよう。雲門の寺には、仏殿や説法堂、厨庫、三門、水磨（水車小屋）、柴寮、涅槃堂、経蔵があり、典座（食事係）、飯頭《はんじゆう》、直歳《しつすい》（伽藍の維持など）、園頭《えんじゆう》（荘園管理）、磨頭《まじゆう》（水車小屋管理）などの役職が配置され、修行者はしばしば柴刈り（薪集め）に精を出し、亡僧があれば律にしたがって唱衣（遺品の競売）がなされたことが分かる。後に述べるように禅宗清規の成立は百丈にその嚆矢があり、本格的には一一〇三年の『禅苑清規』があるが、雲門の『広録』はその中間の様相を知らしめてはいないか。あるいは雲門教団においてすでに見られる変容が、『禅苑清規』において結実すると見てよいかもしれぬ。また経済的には南漢による潤沢な援助のあることが予想されるにもかかわらず——それは当然、のちの祝祷の行事にも関わるのだが——、一方では衲僧の鼻孔（修行者の真面目）と普請作務が同価値のものと見なされ（五五一c）、事実、大衆が普請作務したらしきことからすれば、雲門が政治権力やそのもたらす経済的余裕と、自給自足を仏法のありようと位置づける禅宗教団固有の性格とを、どう向き合わせるかに相当腐心したことも想像できよう。以下、雲門の禅を継承した人々について概観してみよう。

第三章　雲門宗の人々

第一節　雲門禅の後継者たち

文偃没後の雲門山

九四九年、文偃が没すると、その教えを嗣いだ人々は、幾ばくもなくしてその多くが前後して雲門山を離れる。雲門山第二世となったとされる法球については遂に知られるところはないし、最大の外護者である南漢も宋の建国をもって滅亡する。宗祖もなく、外護者もなく、さほどの後継者もない雲門山はすでに「故地・故郷」としての魅力を失う。

誤解を恐れず言うならば、雲門宗に属しつつも、雲門山を出たが故に歴史にその名を刻んだ人の方が多いとさえ言いうる。また時代的には五代から北宋というごく短期間に雲門宗の人々の活躍は集中し、それ以後はほとんど見るべきものがないと言って好い。

灯史にみる雲門宗の人々

いま禅宗の祖師の言行を記録する「灯史」に記される雲門宗の人々についてその数字を挙げると別表のようになる。それぞれの灯史、および『伝法正宗記』の成立やその背景について述べることはできないが、『建中靖国続灯録』（以下『続灯録』）についてだけは触れておく必要があろう。このテキストは建中靖国元年（一一〇一）、雲門宗の仏国惟白によって編纂される。惟白の生没年は未詳で、伝歴についても検討の余地が少なくないが、ともかく雲門―香林澄遠―智門光祚―雪竇重顕―天衣義懐―法雲法秀―惟白と次第する人で、開封の法雲寺に入り、仏国禅師と賜号され、晩年はのち曹洞宗の如浄が住し、道元が学ぶ天童山に入る。五灯（次の表に出る『伝灯録』『広灯録』『続灯録』『聯灯会要』『普灯録』の五つの灯史の総称）全体の流れからすれば先行する『伝灯録』や『広灯録』に記載されない禅者を含めて、後に続く者を収録したと解説すべきかもしれないが、『続灯録』が対象としたのは奇しくも惟白その人が所属する雲門宗の人々であった。穿って考えるなら、惟白は雲門宗の隆盛を記録するためだけに『続灯録』を編んだとも言いえよう。

ともあれ灯史に記載される雲門宗の人々を文偃を第一世とした各世代で集計すると次のようになる。この表を踏まえて、筆者は雲門宗の盛衰を次のように考えている。

灯史に記載された雲門宗の人々

灯史名称	成立年	雲門宗二世	三世	四世	五世	六世	七世	八世	九世	一〇世	一一世	合計
伝灯録	1004	61	10									71
広灯録	1036	37 (9)	47 (1)	15								99 (10)
正宗記	1061	88 (88)	56 (56)	1 (1)								145 (145)
続灯録	1101	2 (1)	34 (5)	95 (4)	239	132	329	81				912 (10)
聯灯会要	1183	17 (17)	23 (23)	9 (9)	9 (8)	8 (8)	5 (5)	1				72 (70)
普灯録	1204			1 (1)	11 (7)	27 (16)	32 (18)	88 (3)	44	8		211 (45)
五灯会元	1252	77 (75)	48 (47)	40 (40)	42 (41)	62 (57)	41 (39)	47 (45)	17 (17)	5 (5)	1	380 (366)
合計（実数）		92	86	106	245	148	345	169	44	8	1	1244

※（　）内はそれ以前の灯史と重複する僧の数

〔形成期〕

雲門文偃を第一世としてみると、形成期に該当するのは二世、三世の人々、たとえば香林澄遠や智門光祚たちである。あるいは雪竇重顕《せっちょうじゅうけん》（九八〇―一〇五二）以前の人々と言えよう。これらの人々は雲門に直接参じたか、あるいは直参の人に教えを受けた人々である。数字の上では二世で九二名、三世で八六名を数える。

〔隆盛期〕

雲門宗の隆盛は、雲門から数えて四世にあたる雪竇重顕その人が「雲門宗の中興」と称されることからも分かるように、おおよそ四世から九世までと言ってもよいであろう。まさしく『続灯録』の世界そのものである。雪竇の出世はおよそ一一世紀の前半であるが、このころから『普灯録』に収録される人々が活躍する一二世紀前半までがそれに該当しよう。別に触れたようにそれはおおよそ北宋の時代に重なる。

〔衰退期〕

南宋にはいると雲門宗の勢力は一気に後退する。一〇世で八名、一一世で一名が灯史に名を出すだけである。実際は別かもしれないが、見るべき人がなかったとも言えよう。

このように灯史記載の雲門宗の人々を見ると、総勢一二四四名が北宋の禅宗界を席捲したことが分かる。記録されない人々のあることを勘案すれば、その数はより増えよう。同時にこれらの人々の多くが江西、湖南、浙江、福建へと進出していったことも分かる。すでに広東は雲門宗の故地ではなくなっている。このように活躍した雲門宗の人々であるが、その活躍の様相は多彩である。禅浄一致（禅の教えと浄土教の教えは基本的に一致するという考え方）をもって名を残す人、禅者のイメージとかけ離れた生きざまをとる人、政治と近しいスタンスをとる人、ともかく個性的な人々が出る。これらの人々の誰もが「自分の立場は雲門と変わらない」と信じたはずである。

以下、それらの雲門の禅の後継者について概観してみよう。

第二節　薦福承古《せんぷくしょうこ》――亡き雲門に嗣承香を焚く――

道元の批判

『正法眼蔵』面授の巻において、師匠から弟子への教えの相続はあくまでも生きている人間同士が「面と面とをつきあわせた」ものでなくてはならないと、面授嗣法を強調する道元は、いったんは擱筆した上で、薦福承古《せんぷくしょうこ》（?―一〇四五）の例を悪しきものとして、ほとんど罵倒に近い口調で指弾する。いささか長文となるのだが、大久保道舟編『道元禅師全集』（増補復刻版、臨川書店、一九八八年）によって、以下に引用しておきたい。なお読解の便を考慮して漢文の部分はカタカナ使用の訓読文とした。

仏道の面授かくのごとくなる道理を、かつて見聞せず、参学なきともがらあるなかに、大宋国仁宗皇帝の御宇、景祐年中に、薦福寺の承古禅師といふものあり。

上堂ニ曰ク、雲門匡真大師、如今現在セリ。諸人還テ見ルヤ。若シ也タ見得セバ、便チ是レ山僧ト同参ナリ。見ルヤ見ルヤ。此ノ事直ニ須ク諦当シテ始メテ得ベシ。自ラ謾ズ可カラズ。且ツ往古ノ黄檗ノ如キ、百丈和尚ノ馬大師下喝ノ因縁ヲ挙スルヲ聞テ、他因ミニ大省ス。百丈問フ、子、向後大師ニ嗣スルコト莫シヤ否ヤ。黄檗云ク、某大師ヲ識ルト雖モ、要且《シヤスラクハ》大師ヲ見ズ。若シ大師ニ承嗣セバ、恐ラクハ我ガ児孫ヲ喪セン。大衆、当時、馬大師遷化シテ、未得五年ナルニ、黄檗自ラ不見ト言フ。当ニ知ルベシ、黄檗ノ見処不円ナリ。要且《シヤスラクハ》祇ダ一隻眼ヲ具セリ。山僧ハ即チ然ラズ。雲門大師ヲ識得シ、亦タ雲門大師ヲ見得ス。方ニ雲門大師ニ承嗣スベシ。祇ダ雲門ノ入滅ノ如キ、已ニ一百余年ヲ得タリ。如今作麽生カ箇ノ親見底ノ道理ヲ説カン。会スヤ。通人達士ハ、方ニ証明ス可シ。眇劣ノ徒ハ、心ニ疑謗ヲ生ゼン、見得シテ之ヲ言フコト在ラザラン。未ダ見ザル者、如今看取スヤ不ヤ。請スラクハ久立珍重。

いまなんぢ雲門大師をしり、雲門大師をみることをたとひゆるすとも、雲門大師まのあたりなんぢをみるやいまだしや。雲門大師なんぢをみずんば、なんぢ承嗣雲門大師不得ならん。雲門大師いまだなんぢをゆるさざるがゆゑに、なんぢもまた雲門大師われをみるといはず。しりぬ、なんぢ雲門大師といまだ相見せざりといふことを。(中略)

雲門大師入滅、已得一百余年なれども、雲門に承嗣すといふ。なんぢにゆゆしきちからありて雲門に承嗣するか、三歳の孩児よりはかなし。(中略)しかあるを、仏国禅師惟白といふもの、仏祖の嗣法にくらきによりて、承古を雲門の法嗣に排列せり。あやまりなるべし。

ついにその論難は雲門の弟子として承古を立伝する『続灯録』を編纂した惟白にまで及ぶのだから

道元の怒りはかなりのものと言えよう。

爾来、日本曹洞宗における承古評価は、法系としては直接かかわる投子義青の代付問題(補注参照)に隠れて、特に議論の中心なることもなく、それだけに常にマイナスを前提にした評価しかなかったように思われる。その大著『禅学思想史』において承古について論述する忽滑谷快天氏も、道元の呪縛を脱しきってはいないように思われるし、孤峰智璨『禅宗史』に至っては言及すらない。しかしここで道元というフィルターを除いて承古の立場を考えたらどうなるのであろうか。

〈補注〉北宋代、曹洞宗の教えは大陽警玄（九四三―一〇二七）にまで到ったが、弟子のなかった大陽は、臨済宗の浮山法遠（九九一―一〇六七）に頂相や直裰などを託して、自分に代って適当な弟子を見つけてくれるように依頼した。浮山は投子義青（一〇三二―一〇八三）を見いだし、大陽の遺品を与え、曹洞宗の教えを嗣がせた。このことは、後、直接の面授によらぬ嗣法、「代付」として江戸時代に大きな論争を巻き起こすことになった。

承古の生涯

いま辞典風にその生涯を確認しておけば次のようになる。西州（陝西省）の人である承古は、大光敬玄に参じて出家し、のち南岳福厳寺において雲門宗の福厳良雅に参じた。一日、雲門の語録の「対機」を覧《み》て忽然発悟するところがあった。さらに江西省雲居山にいたって道膺《どうよう》の塔を守り、古塔主《こたっす》の称を得る。『禅林僧宝伝』はその間の事情を「宏覚塔院の閑寂なるを愛して之に居す。清規凛然にして、過《い》たる者は粛恭たり。時に叢林、古塔主と号す」（続蔵二乙-一〇-三、二四五c）と記録する。のち鄱陽県芝山寺に初開堂し、景祐四年（一〇三七）一〇月、当地の刺史にあった范仲淹（九八九―一〇五二）の招きを得て鄱陽湖《はようこ》を望む薦福寺に入る。承古自身は当時の雲門宗の禅に対して相当な不満をもっていたらしい。『薦福承古禅師語録』（この節では以下『語録』）は言う。

且らく往日、親しく雲門尊宿に見えるが如きは、徳山密、洞山初、智門寛、巴陵鑑に若くは莫し。佗、親しく雲門に見えると雖も只だ雲門の言教を悟得するも、要且つ悟道見性せず。（続蔵二-三一-三、二二〇b）

と言って、巴陵《はりょう》の三転語を例として、雲門の真意を分かっていないと批判する。また黄檗が百丈を介して馬祖の言を聞いて省悟したにもかかわらず馬祖に嗣がなかったのは、黄檗が中途半端な悟りを得ただけだからであるが、先の道元『正法眼蔵』でも引用しているように、『語録』の中で、

山僧（承古）は即ち然らず。雲門大師を識得し、亦た雲門大師を見得して、方めて雲門大師に承嗣すべし。只だ雲門の如きは入滅して已に一百余年なり。如今、作麽生か箇の親見底の道理を説かん、会すや。是れ通人達士の方めて証明すべきを除けば、眇劣の徒は心に疑謗を生ずること定まれり。（同前、二二〇b）

と断言する。自分が雲門に嗣ぐことに絶対の自信を見せつつも、私承古が弟子としてふさわしいことを知っているのは本当に仏法が分かっている人だけで、半端な奴は疑いや誹りの心を持つだけだと述べている。しかし自分はそれらの譏謗のあることを知りつつも、

這《こ》の一弁香、大光和尚の為にせず、亦た福厳和尚の為にせず。大衆、記取せよ、唯だ韶州雲門山匡真大師のみ有りて、稍《や》や些子に較《あた》れり。這の一弁香、且らく雲門山匡真大師の為に焼《た》くなり。（同前、二一九a）

と、上堂にあたっての嗣承香《しじょうこう》を雲門文偃に焚くのである。嗣承香とは、初めての説法の場で、自分

の本当の師に対して報恩の意味を込めて焚かれる香を言う。少なくとも『語録』によるかぎり、名聞や奇をてらっての雲門嗣法とも思えず、むしろ他人の意を介さぬ清廉さ、あるいは信念をもっていたように思える。

「大衆、記取せよ（諸君、覚えておきなさい）」と敢えて言うのは、雲門の語録によって大悟したことはともかく、すでに亡き雲門に嗣承香を焚くことの異例さを自ら認めていたことに他ならないであろう。承古は慶暦五年（一〇四五）冬至四日、辞世の句を遺して示寂する。世寿については明記されないが、『語録』の中で「諸上座よ、若し諸方に至りて、人の、薦福和尚如何んと問うこと有らば、上座、作麽生か通吐するや。道うこと莫かれ、庚午《かのえうま》に生まるる人は、今年、七十一なりやと」（同前、二二三c）を踏まえるなら、慶暦五年（一〇四五）以前の庚午の年として挙げうるし、これが承古の生前の事跡とも矛盾しないことからすれば、開宝三年（庚午・九七〇）をもって生年に充てて良いように思う。とすればその一生は九七〇―一〇四五、世寿七六歳となる。

『語録』序文にみる宋代の承古評価

承古には、現在、『語録』一巻が伝えられ、これには霊源惟清《れいげんいせい》（?―一一一七）と大慧宗杲《だいえそうこう》（一〇八九―一一六三）二人の序文が付される。特に霊源の序は「紹聖四年（一〇九七）中秋」の年記を有しており、これが『語録』の最初の刊行かと思われるが、現行の『続蔵経』所収のそれには、覚範慧洪《かくはんえこう》（一〇七一―一一二八）の『石門文字禅』や、順治一〇年（一六五三）刊行の『五灯厳統』の記事も付載されており、数度の刊行があったことを窺わせる。ちなみに晁公武『昭徳先生郡斎読書志後志』や『文献通考』巻二二七には「古塔主語録三巻」の記事がある。紹興年間（一一三一―一一六二）の進士とされる晁公武であるから、当初は三巻の構成であったのかもしれない。まず霊源の序を見たい。

禅師は即ち所謂る古塔主なる者なり。浄行無垢にして、孤風攀を絶す。名、当年に重きは、誠に虚しく得るには非ず。機を垂れて物を接するに、深く悟中を指し、語直くして宗を標《あら》わし、世、多く参究せり。夫れ雲門に見《まみ》えずして公は嫡嗣と称す。情猜の士、或いは譏評を致す。是れ猶お器に循いて空を定め、舟に刻みて剣を尋ね、親しく大薬に逢いて、反って沈痾を益すがごとし。儻《も》し善く思いを退けば神会歴然たるべし。則ち知りぬ、彼の上人は、豈に徒然ならんや。禅者道宣、竦聞、通弁、其の録を将《も》って板に鏤《きざ》み流伝せんことを請い、仍ち斯の言を乞う。之が為に引を冠す。実に紹聖四年中秋の日なり。（続蔵二―三一―三、二一八a）

「承古禅師は世に言う古塔主である。その浄行は汚れなく宗風は他を寄せつけないものがある。その名が今でも重いのはいい加減に得たものではないからである。大きな機で衆生を教化するに当たっては、奥深い悟りを指し示し、正しい言葉で本質を示したので、世の人々は皆なその教えを学んだ。雲門禅師に見《まみ》えないのに弟子だと言ったので、疑い深い連中は非難したが、これは器で大空を型にはめようとしたり、往く船に印を付けて水中に落とした剣をさがそうとしたり、薬を飲んで逆に病気を重くするようなものである。もしそのような思いを除けば承古の禅がよく分かるであろう。そして承古禅師の教えが徒然（むなしいもの）でないことが分かる。禅者道宣、竦聞、通弁たちが語録を持ってきて刊行流布することを願い、序文を依頼してきたので文章を書いた」と言う。

承古と霊源の没年にはほぼ五〇年の隔てがあるが、ともに江西省中心の生涯を送り、ともに雲居山に居住している。また霊源が雲居山に在住していた時の住持は、第四節で取り上げる雲門宗の仏印《ぶっちん》了元（一〇三二―一〇九八）であったことも知られる。霊源が承古を知る機会は十分にあったし、それ以上に好意的な印象を持った可能性すら否定できない。霊源が得法の後に雲居山に入ったのは韜晦隠棲するためであったともいう――それは承古が雲居の守塔の任にあったことと類似しよう――。同時に霊源は承古についての世の悪しき評判も知っていて、それは見当違いもはなはだしいと断ずるのである。ちなみに言うなら、承古を雲門の法嗣として立伝する『続灯録』の成立は、建中靖国元年（一一〇一）のことである。それは雲門宗内部での承古評価が私達の想像以上に高いものであったことを知らしめるとともに、当時の禅宗教団内部の嗣承観が必ずしも面授一辺倒でなかったことを知らしめると言えよう。

ところで霊源の序とともに収録される大慧宗杲（一〇八九―一一六三）の序はどうか。時間的な問題が残る以上、霊源と大慧の序はそれぞれ別の時点で付されたと考えてよいと思われる。あるいは数度の刊行の途中において、大慧の序や覚範慧洪（一〇七一―一一二八）『石門文字禅』の一文が付されたとも推定可能であろうが、大慧の序文中には「近日、叢林にて誑妄説法の流、妙悟あるを知らずして、専ら教乗文字、先徳の語言に事《つか》え、章を尋ね句を摘《えら》び、学者に狐媚し、伝襲して以て家宝と為す」などと現状を批判する部分があり、「嗚呼、安んぞ此の老を得て復び出しめ、後進の為に膏肓に針して廃疾より起たしめんや」（同前、二一八b）という言葉はあるにしても、そこに霊源ほどの思い入れは感じられない。

見たように大慧は安易な先人の語の依用に否定的であるし、一方、承古が雲門宗の人々による機関（修行者を導くための手段）依用に批判的であったらしきも、その『語録』から窺える。一方、慧洪『禅林僧宝伝』巻一二の承古章の「賛」、あるいは『人天眼目』巻二で、承古の「三玄三要」理解が批判されるように、その禅に対する否定的な発言も少なくない。特に覚範慧洪は、雲門への嗣法を認めず、承古は福厳良雅に嗣ぐとするのであるから事は複雑である。このあたりの事情は柳田聖山『禅の文化』（京大人文研、一九八八年）に詳しい。

そのような雰囲気の中で、大慧は序文を撰することになるのだから、いま一つ熱い想いが足りなかったとしても無理はない。周知のように大慧は、建炎元年（一一二七）一一月、雲居山に住した圜悟克勤（一〇六三—一一三五）のもとで首座を務め、前後六年にわたり在山する。住持にはならなかったにしても大慧と雲居山との縁は深く、当然、承古をめぐる毀誉褒貶については熟知している。そんな地理的な縁もあって大慧は筆を執ることになるのであろうが、これ以外、少なくとも大慧の語録を見る限り承古に言及したものを見ることはない。

かく大慧の承古にたいする当たらずさわらずの態度を考えたとき、実はそのような承古評価は、宋代禅宗界全体を覆っていたとみることにさほどの誤りはないように思われる。わずかに薦福寺に住した無文道燦《どうさん》（?—一二七一）が『無文和尚語録』の中で、

上堂す、古塔主、当山に住ずるの日、僧問う、如何なるか是れ仏法の大意。主云く、莫莫。師、頌して云く、云々。（続蔵二乙-二三-五、五〇八b）

と言及する例はあるものの、管見するかぎり、宋代に生きた禅者が承古に言及するとき、その嗣承が

表だって問題にされることはない。この点は、道元禅師の承古評価とは明らかに異なったものが宋代の禅者にはある。

承古の転生エピソード

さらに考えるべきは南宋の洪邁《こうまい》（一一二三―一二〇二）による志怪小説集『夷堅志《いけんし》』支癸巻一〇の次の記事であろう。

南康建昌県の雲居山は大禅刹なり。祀る所の五通は甚だ霊異あり、名づけて安楽神と為し、塔上に居す。嘗て出でて監寺の僧と語言するに、其の形を見《あらわ》すことなきも、其の声は全く五、六歳の児の如し。紹聖元年（一〇九四）、忽ち僧に謂いて云く、「古塔主、江州の知たることを得、今日、都門より出たり」。時に仏印師了元は長老たり。明日、僧、具さに以て告ぐ。元、笑いて曰く、「那《な》んの鬼子と説《かた》るや。乱道を要す莫かれ」。僧、回りて以て神に語る。神曰く、「塔主、昨《きのう》、已に泗州に到る。急脚の某人を遣わして書を齎《も》ち来らしめて堂頭《どうちょう》に与うべし」。僧、復び往きて之を白す。師、答えず。後半月して又た云く、「日午に、書、当に至るべし」。期の如く、果たして黄衣の卒ありて、以て新たに知江州たる彭《ほう》待制の書到れり。方めて彭器資尚書は乃ち古塔主（承古）の後身なることを悟る。

初め、范文正公、鄱陽の守たり、母の忌を以て、予め芝山寺の僧に請いて『金剛経』を誦せしむ。夜、母を夢みるに、云く、「古仏の経の半巻するを得て、已に超升せり」。明日、山に入れば、暫到の僧あり、古塔主と曰い、之に扣ぬるに果たして夢中の語の如し。戯れに云く、「何ぞ看畢《おわ》らざるや」。曰く、「好物は多きを須《もち》いず」」。薦福、住持を欠くに会えば、即ち自ら疏を草し、古に請いて往かしむ。是に於いて始めて出世す。禅子の問話するごとに、輒《すなわ》ち応えて曰く、「莫」。再三に至る。今ま法堂に牓《かけふだ》して「莫莫」と曰うは、此の故なり。時に彭公は猶お未だ生まれず。彭は九江を治むこと数月にして卒す、寿、纔かに五十四、其の人となりは清修淡薄なるは、真に自ずから来るあり。〈右三事は、馬永卿の懶真子録に見えたり。古塔主は、頗る未だ尽くさず。予、以て聞く所を此こに止むるのみなり。〉（明文書局本、第三冊、一二九五頁）

洪邁の「右三事は云々」という末尾の注記からすれば、自身の直接の見聞というわけではないが、承古没後いくばくもなくして右のエピソードが流布した事実は否定しがたい。

そもそも『夷堅志』の記事は二段からなる。一つは、仏印了元が住持を務めていた時、古塔主（承古）の後身（生まれ変わり）とされた彭汝礪《ほうじょれい》（字、器資）が江州刺史として任官した件に関わる安楽神の預言であり、二には范仲淹《はんちゅうえん》の請によって承古が薦福寺に入寺した由縁である。名山大刹の開創に民間で信じられる神々が関わるのは、かの天童山の場合にも見られ、特に目新しいとは思えないが、元代の『新編連相捜神広記』前集「五聖始末」にも収録されるように、五通とか五聖とか呼ばれて、人々の大きな信仰を集め、道容の雲居山開創にあたってもその名を出す安楽神について（補注参照）はまた別に考える必要があろうし、その安楽神が承古と彭汝礪との関係を述べたというのも興味深い。

そもそもなぜ二人が結びつくのか。いったい彭汝礪には汝霖（巌老）、汝方（宜老）の二人の弟があり、このうち汝霖は黄龍慧南―東林常総―泐潭応乾と次第する円通道旻《どうびん》（一〇四七―一一一四）との交流が知られている。彭汝礪その人は、『宋史』巻三四六がその「遺表」において「佞人は初めは悦ぶべくも、而して其の患い後に在り、忠言は初めは悪むべくも、而して其の利は甚だ博し」（中華書局本第三一冊、一〇九七六頁）と言い、「汝礪は書を読みて文を為《つく》るに、志は大、言動取舎は必ず義と合し、人と交わるには必ず誠敬を尽くす」（同前）とするように、時には疎まれることもあるにせよ、歯に衣を着せない物言いと清廉潔白な生き方への評価は高い。その生前の生き方において承古と彭汝礪は共通点を持つこととなる。

さらに彭汝礪には、その文集として『鄱陽集』が残っており、仏印了元との親交を想像させる記事が少なくない。ちなみに当時、雲居山の住持であった仏印了元その人にも、第四節で述べるような転生譚がある。

この時代、禅僧の輪廻転生はあるべきこととして世に受容されていた。

> 托生の説も亦た妄なり。時に或いは之有れば以て無しと決すべからず。但し聖人の教えは怪を語らず。蛍雪叢説に前身の事を記すこと多きも、事、信ずべからず。但し、余、英傑の士を観るに必ず多くは般若中よりし、来ること何れなるかを知らざるなり。聊か宋人の之を言うを挙ぐるに、張方平は乃ち瑯琊寺の僧の転世なり〈冷斎夜話に見ゆ〉。東坡は是れ真戒和尚の投ずる所なり〈捫蝨新話に見ゆ〉。王十朋は乃ち族叔の師、厳伯威なり〈梅渓文集に見ゆ〉。史彌遠は乃ち覚闍梨の復生なり〈隆山雑誌に見ゆ〉。馮京記は已先に五台の僧なり〈孫公談圃に見ゆ〉。真西山は是れ草庵和尚なり〈癸辛雑誌外集に見ゆ〉と。本朝に至りては尚書胡濙は乃ち天池の僧の後身なり〈墓誌に見ゆ〉。皆な事跡明白にして、或いは自ら言い、或いは同時の人言えり。諒らかに誣りにあらず。（明、郎瑛『七修類稿』四八「僧転世」）

豈に当に衲子の常理を以て之を疑うべけんか。夫れ聖人の化を託するは、豈に父母の縁を仮らんや。唐伊尹の空桑に生まれ、宝公の鷹巣に生まるるが如きは、独り父母の縁を論ぜざるのみならんや。唐より今に至るまで学者の疑信、相い半ばして決すること能わざるなり。（『石門文字禅』巻二二「栽松庵記」、明文書局『禅門逸書』初編、第四冊、二九九頁）

それが歴史的な事実であるか否かを問う必要はあるまい。要はそのような伝説が生まれることにどのような意味があったかであろうし、誰がこのような転生譚の生みの親かという事とも関わる。そもそも仏印と蘇東坡との関係の親密さを前世からの縁によるとすることは、「三世因果」の道理――それが本来的な「因果」の考え方と異なっているにしても――をもって両者の関係の親密さをより強調しようとした結果であることは疑いない。さらに承古と彭汝礪の場合は、転生譚が生まれる背景には北宋という国家体制と、そこに組み込まれた仏教教団という枠組みを想定することも可能かもしれない。考えてみれば北宋の時代、国家権力とどのような距離を保つかという事が仏教者にとっては必須の関心事となる。新たに任官する刺史との関係は、該地の寺院にとっては重要な問題であり、その時に当たり性格も似通う承古と彭汝礪を結ぶことは、政界と仏教界それぞれの立場においてメリットのあることだったのではないか。かくみると、のち仏国惟白が『続灯録』で承古を雲門下に立伝するのは、理由があることとなる。承古の生き方を認め顕彰することは、雲門の禅を顕彰することであり、間接的に彭汝礪を顕彰し、ひいては国家権力との結びつきを強める一助となったからかもしれない。

〈補注〉安楽神や道容をめぐって、たとえば『雲居山志』巻七（中国仏寺史志彙刊第二輯）所収になる張大猶「雲居開山縁起記」には次のようにある。すなわち唐の憲宗の元和（八〇六―八二〇）の初め司馬頭陀なる僧がこの山に到って道容と出会った。司馬頭陀は道容にこの地で仏法を興隆させてくれと願う。その夜、五人の神人が夢に現れ、ここから一〇里ほどのところが優れていると告げる。夜が明けて司馬頭陀と道容が道を開きつつ登って行くと、山に囲まれた平らな地に着いた。五神人が再び現れ、ここは自分たちが住んでいたところであるが、この地を仏の教えを後世に伝えるために寄進すると述べた。道容は承諾してこの地に寺基を築いて「龍昌」と名付けた。三日後、五神人が現れたので、行き先を聞くと、後ろの山の枯木の中だという。道容が「安楽か」と聞くと「一族皆な安楽」と答えた。そこで山を「安楽」と名付けたという。

このような記事から、道容は曹洞宗の道膺が入山する以前の雲居山に龍昌寺を開いたこと、その開創に土地神である安楽神が関わっていたことが分かる。

第三節　雪竇重顕《せっちょうじゅうけん》――雲門宗中興の祖――

雪竇重顕と『雪竇頌古《じゅこ》』・『碧巌録』

「雲門宗中興の祖」と呼ばれる雪竇重顕《せっちょうじゅうけん》（九八〇―一〇五二）は

雲門文偃―香林澄遠―智門光祚―雪竇重顕

と次第する。雪竇は雪竇山のことで今の浙江省寧波の郊外に位置する。江南の山なみは、この山の別名乳峰が示すように想像以上の穏やかさを見せる。寺の前を流れる小川は、林を抜け瀑布となって崖を落ちる。重顕が住んだ資聖寺はこの雪竇山の中腹にあり、いまでもその偉容を誇る。

雪竇重顕、その名を知る人はさほど多くはあるまいが、彼が先人の残した公案一〇〇則を選び、それに頌（漢文の歌）を付して『雪竇頌古《せっちょうじゅこ》』とし、さらにそれに圜悟克勤《えんごこくごん》がコメントしたものが『碧巌録』だと説明すれば、ご理解いただける方が少なくないであろう。いろいろな意味で『雪竇頌古』はエポック・メーキング的な存在なのである。

このように重要な位置にある雪竇なのだが、その実像がどこまで分かっているのかというと、実はこれからの解明を待つ部分が少なくない。したがってここでは分かっている範囲をあらまし述べて、今後への問題提起としておきたい。

雪竇の伝記

さて雪竇その人についてまず考えてみよう。そもそも彼の伝記を記した資料は『広灯録』巻二三、『続灯録』巻三、『五灯会元』巻一五など少なくない。特に景祐三年（一〇三六）成立の『広灯録』は、次に掲げる雪竇の「塔銘」中にその名を出す李遵勗《りじゅんきょく》の編集で、そこに生前の雪竇が収録される意味には絶大なものがあるのだが、残念ながら雪竇の言葉が中心で、伝記的な内容はとぼしい。また『続灯録』は雲門宗仏国惟白の編集であるが、雪竇没後ほぼ五〇年後の建中靖国元年（一一〇一）成立であるし、その伝記の部分は「塔銘」の節略であること歴然たるものがある。とすれば見逃すことのできない存在として、治平二年（一〇六五）二月五日付けで呂夏卿が撰文する、「雪竇山資聖寺第六祖明覚大師塔銘」（この節では以下「塔銘」）があることとなろう。「塔銘」には、雲門を南岳系として雪竇を「大寂九世」とするなど問題がないわけではないが、それらを勘案しても「塔銘」の資料的な価値が損なわれることはない。「塔銘」は現在『大正大蔵経』巻四七に収録される『明覚禅師語録』（以下『明覚録』）の巻末に付載されるから、今それによって雪竇の生涯を見ておきたい。

まず直接伝記にかかわる部分の訓読文を掲げる。

禅師は諱は重顕、字は隠之、大寂九世の孫、智門の法嗣なり。俗姓は李氏なり。母文氏は、太平興国五年四月八日、大師を遂州に於いて生む。始め生まるるに瞑目して寐るが若し。三日して既に浴すれば乃ち豁然として寤《さ》む。葷血《なまぐさ》を屏去して戯弄を習わず。七歳のとき、僧の門に過《いた》る有り、袈裟を挽持して喜ぶこと自ら勝えず。梵唄の声を聞いて輒《すなわ》ち泣下するに父母其の故を問えば、懇ろに出家するを請う。父母、執して可《ゆる》さず。師、食らわざること累日す。咸平中、父母の喪を終え、益州の普安院の仁銑師に詣でて落髪して弟子と為る。大慈寺の僧元瑩、定慧の円覚疏を講ずるに、師、巻を執りて大義、至心本《も》と是れ仏、念の起こるに由《よ》りて漂沈すを質問す。夜を伺《ま》ちて入室請益す。往復数四、瑩、屈すること能わず、乃ち拱手し称え謝《おわ》りて曰く、子《なんじ》は教に滞る者に非ず。吾れ聞くに南方に諸仏の清浄法眼を得る者有りと。子、其れ之に従うべし。彼、子の求むるを待つこと久しし。師、是に於いて東して襄陽に出ず。石門聡禅師の席に至り、居すこと三歳するも機縁諧《かなわ》ず。聡、之に諭して曰く、此の事は思量分別もて解する所に非ず、随州智門の祚禅師こそ子の師なり。師、乃ち錫を徙《うつ》して之に詣る。一夕、祚に問うて曰く、古人、一念も起こさざるに、云何んぞ過ありや。祚、師を前席に招く。師、衣を摂《おさ》めて趨進す。祚、払子を以て之を撃つ。師、未だ其の旨を暁《あきら》めず。祚曰く、解すや。師、答えんと擬す次いで、祚、又た之を撃つ。師、是れに由りて頓悟す。尋いで廬山の林禅師の道場に往く。之に問うて曰く、法爾と不爾と、云何が指南せん。林曰く、只だ法爾と不爾と為せ。師、遂に払衣して退く。衆は皆な股栗《こりつ》す。林を毀る者有り、林、衆を諭して曰く、此は如来の広大なる三昧なり。汝等輩の取捨の心を以て了別すべきに非ざるなり。師、辞して池州景徳寺に往きて首座と為り、衆の為に肇法師の般若論を解す。知州曾公会、果子を以て地に抵《なげう》ちて曰く、古人曰く、当処を離れず常に湛然と。即今、何許に在りや。師、景徳の長老を指して曰く、只だ此の長老も亦た落処を知らず。曾公云く、上座の知も也《ま》た過なきを得ず。師曰く、明眼の人、瞞じ難し。師、南して杭州に遊び、蘇州の洞庭翠峯に住持し、智門に嗣げり。未だ幾ばくもなくして曾公出て明州を守るに、手ずから疏して師を請し、雪竇資聖に住持せしめんとす。蘇人、固く留めて可《ゆる》さず。師曰く、出家の人は止《た》だ孤鶴の松に翹《か》くるが如し。去くこと片雲の若くして頂を過ぐ。何ぞ彼此有らんや。雪竇は本《も》と智覚禅師の道場なり。智覚も亦た雪峰五世の孫なり。備は琛に伝え、琛は益に伝え、益は韶に伝え、寿は之に継ぐ。智覚は其の号なり。一法同源なるも地には盈虚有り。師の至るは猶お家のごとし。潢汗《おうかん》は決《なが》れて清泚《せいせい》に変じ、躄偃《へきえん》を抜《たす》け迅馳を争わしむ。州邦の遠近、座下に輻輳す。駙馬都尉和文李公、表もて紫の方袍を錫《たま》わる。侍中の賈公、又た奏し、明覚の号を加う。師は住持すること三十一載、度せし僧七十八人なり。是れより先、門弟子寿塔を寺の西五百余歩に於いて建つ。一日、侍者に命じて塔亭を灑掃《しやそう》せしめ行きて山椒《ちようじよう》に至り、歴覧久しくして曰く、今より此こを過ぐ、何の日にか復《ふたた》び至らん。左右、皆な大いに驚く。衆は師を迎えて還らんとするに、師は堅く塔所を指す。衆、皆な号泣し、随いて塔の前に至る。或は曰く、師は頌もて世を辞すなきや。師曰く、吾れ平生語を患うこと多し。翌日、杖、屨《くつ》、衣盂を出し散じて其の徒に遺す。問疾の者有り、留めて食し慇懃に之と約して曰く、七月七日、再び来れば相見すべし。其の夜、盥浴し衣を整え側臥して滅す。時に皇祐四年六月十日なり。俗寿七十三、僧臘五十夏なり。七月初六日、入塔す。（大正蔵四七‐七一二b）

禅師は諱を重顕、字を隠之と言われる。大寂禅師馬祖道一から九代の法孫であり、智門光祚禅師の法嗣である。俗姓は李氏、母の文氏は太平興国五年（九八〇）四月八日、遂州（四川省）で大師を生んだ。生まれた時は目を閉じていて寐《ね》ているようだった。三日して産湯をつかうとようやくはっきりと目覚めたのである。生臭を避け子供の遊びをしなかった。七歳の時、僧が門前へやってきたところ、その袈裟を引っ張って喜びにたえないようだった。梵唄の声を聞いて涙を流し、両親が理由を問うたところ心から出家を願ったのである。父母は許そうとせず、大師は数日間、食事をしなかった。

咸平年間（九九八―一〇〇三）、父母の喪が明け、益州（四川省）普安院の仁銑師について落髪して弟子となった。大慈寺の僧元瑩が、定慧禅師圭峰宗密の『円覚疏』を講ずる席で、大師は経巻をもって大義「至心本と是れ仏、念の起こるに由りて漂沈す」について質問しようとし、夜になるのを待って入室し元瑩に法益を請うたのである。問答往復すること数度したが、元瑩は説得できなかったので、拱手《きょうしゅ》し尊敬の礼をとって大師を称えて言うには「君は教宗に滞るような人物ではない。私が聞いたところでは南方には諸仏の清浄なる法眼を得た者がいるという。君はそのような人に従いなさい。彼の人は君が求めてくるのを久しい間待っている」と。そこで大師は東に行って襄陽（湖北省）に至り、石門の蘊聡禅師の席に参じて三年したが機縁が叶うことはなかった。蘊聡禅師は大師に教えて「この事（仏法）は思量分別で理解できるものではない。随州（湖北省）智門山の光祚禅師こそお前の師匠である」と。そこで大師は錫杖を持って光祚禅師のもとへ出かけられた。ある晩、光祚禅師に質問する「古人は一念も起こしていないのにどうして過《とが》があったのでしょう」。光祚禅師は大師を前の席に招く。大師は衣をからめて小走りに寄られる。光祚禅師は払子で大師を打つ。大師はまだその意味が分からなかった。光祚禅師「分かったか」。大師が答えようとしたところ、光祚禅師は再び大師を打った。

大師はこれで頓悟された。つぎに廬山林禅師の道場へ行かれた。質問するに「法爾（ありのまま）とそうでないのと、どうやって指南しましょう」。林が言う「法爾は法爾、そうでないものはそうでないものとせよ」と。大師はついに衣を翻して退いた。大師の力の優れていることを知った大衆は誰もが恐れおののいた。また林を誹る者がいたが、林は大衆を諭して「このことは如来の広大なる三昧なのだから、お前たちの取捨の心で弁別できるものではない」と。

大師はここを辞して池州（安徽省）の景徳寺へ行き首座となり、大衆のために僧肇法師の『般若無知論』を説いた。知事の曾会が果物を地に投げて「古人が言われた、仏法はこの場を離れるものではなく、常に湛然としていると。では今どこにあるのか」と言われた。大師は景徳寺の長老を指さして「この長老も落としどころを知らぬ」と。曾会が言う「上座の知も過ちがないわけではない」。大師が言われる「分かっている人は瞞しにくい」。

大師は南遊して杭州に出られ、蘇州の洞庭翠峯寺に住持され、智門光祚禅師に嗣いだことを明かされた。ほどなく曾会が明州の知事となって赴任され、手ずから請疏を作られて大師を招き雪竇山資聖寺に住持させようとされた。蘇州の人々は強く慰留して許そうとしなかったが、大師は「出家人は孤鶴が松に止まって周囲を望むようにとらわれなく、また去来は自由で雲が山の頂上を過ぎるようである。どうしてあれこれの違いを立てようか」と言われた。雪竇山はもともと智覚禅師永明延寿の道場である。延寿も雪峰義存から五世の法孫であり、玄沙師備は羅漢桂琛に伝え、桂琛は法眼文益に伝え、文益は天台徳韶に伝え、延寿は徳韶に嗣いだのである。智覚禅師とは賜号である。根源は一つであるが、（教えを広める）土地には満ち欠け（ちがい）がある。大師が雪竇山に入られたのは自分の家に入ったようなもので、汚水を清らかな水に変じ、歩みがおぼつかない人を助けて早さを競わせるほどの力を振るわれた。遠近の人々が教えを求めて参集した。

駙馬都尉和文の李遵勗公が上表して紫衣を賜り、侍中の賈昌朝公が上奏して明覚禅師の号が加賜された。

大師は雪竇山に住持すること三一年、教えを伝えた弟子は七八人である。これ以前、弟子達は大師の長寿を願って、塔を寺の西五百歩の所にたてた。ある日、侍者に命じて塔の建物を掃除させようとされ、自分も山頂へ出かけたが、あちこち見ることとしばらくしてから「今ここにやって来たが、いつ再びやってこられようか」。左右の人たちは、誰もが驚いた。皆は大師をつれて寺へ帰ろうとしたが、大師はしっかりと塔所を指さされた。皆な号泣しつつ、大師について塔の前に至った。あるものが「大師は辞世の歌を作らないのですか」と問うと、大師は「私はふだん言葉にかかずらわることが多かった」と答えられた。

雪竇寺の瀑布（筆者撮影）

翌日、拄杖や履き物、袈裟や鉢を弟子達に分け与えた。病気見舞いの者がやって来たので引き留めて食事をし、丁寧に約束して「七月七日、もう一度やってきたらお会いしよう」と。その夜、入浴され衣服を整え、右脇に臥して亡くなられた。時に皇祐四年六月一〇日、七三歳、僧臘五〇である。七月六日に遺体を塔に納めた。

「塔銘」は言わないが、『続灯録』は伝記を記した後で、

雲門、讖して曰く、二百年後、吾が道、重ねて顕わるべし。即ち師の名なり。豈に虚然ならんや。

（続蔵、三一d）

「雲門禅師が予言されて、二〇〇年後に私の教えが重ねて顕れることとなろう。つまり雪竇禅師のお名前であり、どうして出鱈目などであろうか。」の一文を収録する。真偽はともかく、当時の雪竇評価の一端を示すものと言えよう。また『明覚録』は、蘇州から明州への移住をめぐっての具体的なやりとりを収録するが今は記さない。ともあれ『続灯録』の記事にせよ、『明覚録』の内容にせよ、そこには雪竇の眼を通したものが正統な雲門の禅であるとの主張がある。

雪竇の外護者

こまかな動向はともかくとして、池州知事の曾会をはじめとして、雪竇の外護者はそれなりに有力な官僚である。ただしその交流の程度についてはさまざまあるように思われる。

曾会は『宝慶四明志』巻一や『延祐四明志』巻二、さらに『五灯会元』巻一六や、『居士分灯録』

などにその名を出す。いま『宝慶四明志』巻一によれば、

朝奉大夫尚書、刑部郎中、充集賢殿修撰、知軍州、兼市舶管内勧農事上護軍、賜紫金魚袋

なる役職にあり、天聖二年（一〇二四）に郡守として赴任したという。また『五灯会元』の言うところでは、

修撰曾会居士は、幼きころ明覚と舎を同じくす。冠するに及びて途を異にす。天禧の間、公は池州を守る。一日、景徳寺に干いて会う。公、遂に中庸、大学を引いて参ずるに、楞厳を以て宗門の語句に符《かな》うかを明覚に質す。覚曰く、這箇すら尚お教乗と合せず。況や中庸、大学をや。学士、径捷に此の事を理会せんと要するや。乃ち弾指一下して曰く、但だ恁麽に薦取せよ。公、言下に於いて旨を領ず。大《(天カ)》聖の初め、公、四明を守るに、書幣を以て師を迎え雪竇を補せしむ、云々。（続蔵、三〇三b）

と、二人は幼なじみだったことを伝える。この点、当面、確認できない。

李遵勗は先にも述べたように『広灯録』三〇巻の編者であり、谷隠蘊聡（九六五―一〇三二）に参じて得法した居士として知られるが、その交遊は広く『伝灯録』を删定した楊億や石霜楚円、汾陽善昭、浮山法遠など錚々たる禅者が名を連ねる。それだけでも十分だが、むしろこの人は宋の太宗の娘と婚姻を結んだ人として知られ、『宋史』巻四六四や『東都事略』巻二五などに伝記がある。子供の李端懿、李端愿、李端慤らも禅僧との交流が知られるから一家を挙げての仏教信者だったのかもしれない。

ところが『宋史』巻二八五に立伝される賈昌朝（九九八―一〇六五）についてみれば、雪竇の明覚禅

師号加賜に関与した人物ではあるが、この人の仏教観には是々非々的なもののあることが窺える。

太平興国寺、災す。是の夕べ、大雨にて雷震う。朝廷は修復を議すに、昌朝、上《たてま》つりて言く、易の震の象に曰く、洊《しき》りに雷あるは震なり。君子、以て恐懼修省す、と。近年、寺観、屢しば災す。此れは殆ど天の警告を示すなり、繕治すること勿《な》く、以て天を畏れ人を愛するの意を示すべし、と。西域の僧、仏骨、銅像を献ずるに、昌朝は加賜さるるも遣還《かえ》して、以て献ずる所を中外に示すことなきを請う。悉く其の言を行ず。（中華書局本、第二七冊、九六一四頁）

太平興国寺の罹災にかかわる修復についても、異国の僧の献上物をめぐっても、賈昌朝の対応は予想外に冷たい。

また雪竇の「塔銘」を撰文した以上に欧陽修らとともに『唐書』を編集したことで知られる呂夏卿については、『宋史』巻三三一に伝があるが、「塔銘」を撰したという以外に雪竇との交流が不明で、そのような前提で「塔銘」の

師（雪竇）世を辞して十有三年、碑表、未だ立たず。余杭の僧恵思、行業録を撰し、其の徒元圭覚済大師悟朋、踵を継いで文を褒め銘を請う、云々。（大正蔵四七-七一三a）

の一文を読むと、何やら頼まれたので筆を執ったと言っているようにも受け取れる。雪竇を取り巻く官僚たちにはそれなりの想いがあったのかもしれない。

その点は今後の課題とすべきであるが、ともかくこれらの人々を引きつけるだけの魅力――それは自らいささかの謙遜と自虐をこめて「吾れ平生語を患うこと多し」と言う部分――が雪竇にはあった

と見てよい。

雪竇の禅

雪竇の禅をどのように総括できるのかは今後の課題とせざるをえないのだが、せめて『明覚録』巻一「蘇州洞庭翠峯禅寺語」の冒頭の一段を見ておこう。

師、万寿に在り。開堂の日、白槌し了る。師、云く、宗乗一たび唱えれば三蔵詮《ことば》を絶す。祖令、当に行ずれば十方坐断す。其れ達士有れば死生を避けず、眉毛を貶（眨カ）上して衆より出でて相見せよ。問う、人天普く集まり佇みて雷音を聴かんとす。学人上来す、師の垂示を乞う。師云く、十万八千も是れ遠しとせず。進みて云く、恁麽なれば則ち大衆、恩に霑《うるお》うなり。師云く、後五日して看よ。問う、師は誰が家の曲を唱うるや。宗風は阿誰《たれ》に嗣ぐや。師云く、分明に記取せり。進みて云く、恁麽なれば則ち昔日の智門、今朝の和尚。師云く、甚麽の交渉か有らん。問う、如何なるか是れ和尚、為人の一句。師云く、量才補職。学云く、師の方便を謝す。師云く、自領出去。師乃ち云く、一問一答、総じて未だ事有るに在らず。直《た》饒《と》い乾坤大地草木叢林、尽く衲僧の為に異口同声に、各おの百千の問難を置くとも、也た長老を消《もち》いず。弾指すること一下して、並乃《すなわ》ち高低普く応じ、前後差なし。祖仏の妙霊を曠《ひろ》げ天人の幽迹を廓《ひろ》ぐ。是の如くなれば則ち何ぞ覚城の東際にて、五衆、咸《み》な古仏の廟前に居すを仮らんや。此の時、参じ畢れり。（大正蔵四七―六六九a）

師（雪竇）は万寿寺におられた。開堂の日、白槌（説法の始まりに槌を打って、注意を喚起すること。終わりにも槌を打って内容が正しいことを証明する）がおわって、師が言われる、「根本の教えが唱えられれば、経律論三蔵の文字は意味をなくしてしまう。仏祖の教えが行ぜられれば十方の煩悩をひっしいでしまう。究極に達した者があるなら、生死の苦を逃げることなく眉毛をつりあげ、衆から出て相見しなさい」。

質問、「人天のすべてが集まって、説法を聞こうとしております。修行者がやってきて師の垂示を願っています」。師が答える、「十万八千里離れた浄土も遠くはない（この場にある）」。進んで問う、「そうであるなら皆が仏恩に潤うことになります」。師が言われる、「五日したら見なさい」。問う、「師は誰の教えを述べますか、宗風は誰に嗣ぎましたか」。師、「はっきりと憶えている」。進んで問う、「そうなら昔の智門禅師、今の和尚さんですね（二人は一体）」。師が言われる、「何の関係があろう（私は私だ）」。質問、「和尚さんが人を導くための一句は何ですか」。師が言われる、「相手に応じて導いてやる」。修行者が言う、「師の導きを感謝します」。師が言われる、「自分で自分の決着をつけろ」。

師が言われる、「どんなに問答を繰り返しても、すべて本当の処はない。たとえ全宇宙の一切合切が私のために異口同音にさまざまな問答を仕掛けてきたとしても、私を使いこなせはしない。指をはじいて、高かろうが低かろうが全てに対応し、前でも後ろでも差はつけない。仏祖や天人の奥深いところを広めよう。このようにやれば（『華厳経』に言う文殊菩薩が比丘に）福城の東の大塔のもとに行けと勧めたり、（善財童子が求法した）五衆が古塔の側に居す（ような修行の）必要があろうか。この時、参学が了ずる」。

その背景に江南とか雪竇山とかいう環境があるかどうかは分からないが、随州で参学し得法した後、蘇州から明州と移るなかで生来のものであったろう文学的才能が花開いたことになる。

なにより雪竇は自らの言葉に絶対の自信がある。そうでなければ『広灯録』の場合と同じく、生前から自らの語録の編集作業を認めるはずがない。ここに宋代に生きた禅者が、語録をめぐっては唐代の人たちと異なった意識を持っていた事実を確かめ得よう。

語録「雪竇七部集」

雪竇に「雪竇七部集」と呼ばれる語録があること、「塔銘」に見る通りである。

師より出世せる門人、惟益、文軫、円応、文政、遠塵、允誠、子環、相い与に記、提唱の語句、詩頌を裒《あつ》めて、洞庭語録、雪竇開堂録、瀑泉集、祖英集、頌古集、拈古集、雪竇後録、凡そ七集と為す。師、語を患うこと多ければ、其の徒は愴然たり。猶お以為《おもえ》らく、編攟《へんくん》して遺す有るは、蓋し利他の謂なり。（大正蔵四七–七一三a）

愴然は悲しみや愁いにうちひしがれること。雪竇が遺した言葉のあまりの多さになすすべを知らないと言ったところであろうか。しかしそれらを集めて語録を刊行するのは利他行だというのである。

灯史にその名を出すことのない近侍の人たちだが、多分、彼らは雪竇の言葉の集録に全力を尽くす。何より雪竇その人がメモなどのデータを手ずから渡すこともあったはずである。ここにある緊張感は、ついにその言葉を記録することを許さなかった雲門会下におけるそれとは質を異にする。そしてそれが『祖庭事苑』によって知られるように訓詁の対象となる一方、また別の人々による批判の対象となることは先に見たとおりである。

ただし雪竇の場合、語録を遺すことの是非よりも、自らが雲門の正系という意識が強い。『明覚録』巻一は常識的な「塔銘」とはおもむきを異にする「雪峰和尚塔銘并序」を収録するが、その存在の意味を考えるなら、雲門にとどまらず、さらには雪峰の正系という意識もあったはずである。

それらからすれば、雪竇は雲門と同じようにそれまでの禅を総括しようとしたことになる。

「雪竇頌古」

そもそも雲門の『広録』のうち「室中語要」や「垂示代語」は、諸方の禅を弟子たちに紹介するとともに、それとどう向き合い、どう独自性を表すかということに雲門が終始熱心であったことを示す。「遊方遺録」もその範疇で捉えてよいであろう。いささか乱暴な物言いになるが、雪竇の場合「洞庭語録」、「雪竇開堂録」、「瀑泉集」、「雪竇後録」を語録に分類し、「祖英集」を詩文に分類するなら、「頌古集」、「拈古集」は、ともに一〇〇則の古人の語を拈弄（古人の語をとりあげて自らのコメントを付すこと）したことで、雲門禅の継承者としての面目躍如たるものがあると言ってよい。

特に雲門がなさなかった、頌をとおしてコメントする部分「頌古」に、語録と詩文の融合を見、雪竇の独自性を認めることができるのではないか。もちろん頌古をつくることにはすでに先人がいる。臨済宗汾陽善昭による「汾陽頌古百則」にならって雪竇は自らの頌古集を作ったという。汾陽善昭と、かつて雪竇が学んだ石門谷隠蘊聡とは、ともに首山省念に嗣ぐ。雪竇が谷隠蘊聡のもとで「汾陽頌古」を知る機会は十分にあった。この「雪竇頌古」が「汾陽頌古」以上に禅界を席捲するのはやはり圜悟による『碧巌録』の成立が大きな要因となるが、このような詩禅一体の禅の成立は坐禅による大悟──つまり執着をはなれた自由な世界──と、知的営みによる自由の世界とを同じレベルに措定し、多くの場合、後者に傾斜してしまう危険をはらむものとして批判の対象となる。『禅林宝訓』巻四は、雪竇に遅れること約一〇〇年する心聞曇賁の発言を次のように伝えている。

心聞賁和尚曰く、教外別伝の道、至って簡、至って要なり。初めより它の説なし。前輩、之を行いて疑わず、之を守りて易《か》えず。天禧の間、雪竇、博辯の才を以て意を美《かざ》り変弄して新を求め巧を琢《みが》き、汾陽に継いで頌古を為《つく》って当世の学者を籠絡す、云々。（大正蔵四八－一〇三六b）

心聞の発言の趣旨は、雪竇がその文学的な才能に任せて目新しさだけをもとめて頌古を作ったために、後学のものは新奇さばかりに気を取られて仏法の本質を忘れてしまったという点にある。

後世に大きな影響を残す『雪竇頌古』や『碧巌録』であるが、今はこれ以上はふれない。

またこの頌古集は、雲門顕彰の意図もあわせ持っている。柳田聖山氏等による『雪竇頌古』（禅の語録一五、筑摩書房、一九八一年）が指摘するように、『雪竇頌古』に名前を出す筆頭は雲門であり（一八則）、口唇皮禅と評される趙州従諗（一二則）、長慶慧稜（八則）などがこれに次いでいる。雲門以外の雲門宗の人は七則で、雲門以外の雪峰下は一八則（含、長慶）となる。数字の多さだけで判断できないことは言うまでもないが、一つの目安となることは疑いないし、頌の内容は言うまでもなく雲門に好意的である。その全てを挙げ得ないがその一例を見よう。引用等は構成を入れ替えた部分があるが柳田等・前掲書による。

頌古第一四則

〔本則〕僧、雲門に問う、「如何なるか是れ一代時教《いちだいじきょう》。」門云く、「対一説《たいいっせつ》。」

ある僧が雲門にきいた、「ブッダが一生のあいだに弟子に説きつづけたのは、どういうことです。」雲門、「俺はいつでも一つずつ答えていく。」

〔頌〕対一説、太《はなは》だ孤絶。無孔《むく》の鉄鎚、重ねて楔《せつ》を下す。閻浮樹下《えんぶじゅげ》笑うこと呵呵《かか》。昨夜驪龍《りりゅう》角を拗《よう》して折る。別、別。韶陽《じょうよう》老人一橛《いっけつ》を得たり。

一つずつ答えるとは何とものすごい。柄のない鉄のハンマーで二度もぐさりと杭を打ちこんだようなもの。みどりなす南閻浮(提)台の木陰でカラカラと大笑いの声がしている。きけば昨晩、驪龍が角をへしおられたという。とびきりだ、とびきりだ。韶陽おやじが一本手にいれた。(柳田等・前掲書、四八頁)

ブッダの説きようを超えて一つ一つ丁寧に答えていくところに雲門は自分のスタンスを定める。それは驪龍の角一本を手にいれたようなもの。

頌古第五四則

〔本則〕雲門、僧に問う、「近離甚処《きんりいずく》ぞ。」僧云く、「西禅。」門云く、「西禅は、近日、何の言句《ごんく》か有りし。」僧、両手を展《の》ぶ。門、打つこと一掌《いっしょう》す。僧云く、「某甲《それがし》、話すること在り。」門、却って両手を展ぶ。僧、無語。門、便ち打つ。

雲門が僧にきいた、「どこから来たか。」僧、「西禅からです。」雲門、「西禅では近ごろどんな説法だ。」僧は両手をひろげた。雲門は一発平手打ちをくらわせた。僧、「私はまだ話がすんでいません。」こんどは雲門が両手をひろげた。僧はだまってしまった。すると、雲門は打ちすえた。〔頌〕虎頭と虎尾と一時に収む。凛凛《りんりん》たる威風《いふう》四百州。却って問う、知らず何ぞ太《はなは》だ険なる。師云く、「一著《いちじやく》を放過す」と。

虎の首も尻尾も一挙にせしめて、ぴりりとした威風は大唐四百州をなびかせた。ひとつおたずねしたい、どうしてこうも手きびしいのかと。雪竇は〔雲門に代って〕言う、「とどめの一手はひかえてある」と。（柳田等・前掲書、一五七頁）

人まねの禅なぞ何の役にも立たない。人まねの世界も独自の世界も我がものにして威風堂々、それでも究極を言い尽くしたわけではない、雲門の意を呈して雪竇が言う「究極は言い切らない。言詮不及だ」。ここで雪竇は雲門と一体となる。

『明覚録』巻三を見ておこう。

挙す、洞山、雲門に到る。門問う、近ごろ甚れの処を離るるや。山云く、査渡。云く、夏《げ》は甚れの処に在りや。湖南報慈。云く、甚れの時に離るるや。山云く、去年八月。門云く、爾に三頓棒を放《ゆる》す。山、来日、却上して問訊す、昨日、和尚の三頓棒を放すを蒙る。知らず、過、什麽の処に在りや。門云く、飯袋子、江西湖南、便ち消磨にし去る。山、此こに於いて大悟す。

師（雪竇）云く、雲門の気宇、王の如し。拶著すれば便ち氷消瓦解。当時、若し令に拠って行ぜば、

子孫も也た未だ断絶に到らず。（大正蔵四七-六八六c）

洞山守初が雲門へやってきた。雲門が問う、「近頃どこを離れたのか」。洞山守初が答える、「査渡です」。雲門、「夏安居はどこにいたかね」。「湖南省の報慈という寺です」。質問、「いつ離れたかね」。洞山が答える、「昨年八月です」。雲門、「お前に六〇棒を食らわすのを許そう」。洞山は翌日、戻ってきて挨拶した。「昨日は和尚さんから六〇棒を許していただきましたが、どこが間違っていたのか分かりません」。雲門、「無駄飯食らいめ。江西湖南へそんなやりかたでいってきたのか」。洞山はここで大悟した。（雪竇）先生がコメントされる、「雲門禅師の心意気はまるで大王だ。問いつめれば、相手の妄想は瓦解氷消してしまう。もしそのとき命令に従ってやっていてくれれば、子孫も断絶することはない」。

『無門関』第一五則にも取り上げられるこの公案は、洞山守初大悟の機縁を語ったものとして有名で、そこでは雲門の接化の厳しさに焦点を当てた無門慧開のコメントが特徴的である。しかし雪竇の語はむしろ「雲門の教えどおりにやっていれば、雲門宗の勢力が衰えることなどなかった」ことを言いたいのではないか。

冒頭に述べたように、雪竇には「雲門宗中興の祖」という評価がある。たしかに雪竇の禅に雲門の宗風を再確認させるものはある。そのことを否定することはできないが、雪竇の出現が、一面、雲門の禅をワクにはめ、その理解を誤らせはしなかったか。今さらながらその感を強くするがすべて今後の課題である。

第四節　仏印了元と蘇東坡

五祖師戒の転生

入矢義高氏による現代語訳「五戒禅師が紅蓮に密通せしこと」（『中国古典文学大系』二五所収、平凡社、一九七〇年）がある「五戒禅師私紅蓮記」（『清平山堂話本』所収）は、前世に法友であった五戒禅師、明悟禅師の二人が生まれかわって（転生）、それぞれ蘇東坡（蘇軾、一〇三六—一一〇一）と仏印了元（一〇三二—一〇九八）となって親しく交わったという、宋代に広く流布したエピソードを活字化したものである。

あらましを記すなら次のようになる。

銭塘浄慈寺に五戒禅師、明悟禅師の師資が住していた。五戒は三一歳、左目が不自由、身長五尺ほど、名文家として名を馳せる。明悟は二九歳、身の丈七尺、五戒に参じて師弟となる。ある日、門前に捨てられていた女の赤子紅蓮を、清一なる寺男に養育させることとなった。それから一六年、美しく成長した紅蓮と密通してしまった五戒は、明悟に見破られてとうとう坐禅したまま亡くなってしまった。明悟もその後を追いかけて亡くなった。その後、五戒は四川の蘇洵の家に男の子として生まれ、軾と名づけられた。明悟も四川の謝家に生まれ変わり端卿と命名される。端卿はのちに出家して仏印と名乗り、後に東京の大相国寺の住持となる。蘇軾は科挙を受けて合格し、ついに翰林院学士となる。両者は再会して、前世にもまして交友を深めたという。

明悟禅師についてはよく分からないが、五戒禅師が五祖師戒を指すこと、また仏印が仏印了元を指すと理解されたことは後に見るとおりである。この小説との前後関係はよく分からないが、王日休『龍舒増広浄土文』巻七にも次のような一文があって、当時、五祖師戒が転生して蘇東坡となったと信じられていたことは疑いない。

戒禅師の後身は東坡なり。五祖禅師は乃ち東坡の前身なり。応験一ならざるは、前世の修行を以ての故なり。今生の聡明は人を過ぐるも、五毒の気習、未だ除かざるを以ての故に、今生、多く詩語に縁あり、意外にも竄謫さる、此れ亦た大なる誤りなり。若し前世に僧と為り、参禅し兼ねて西方を修すれば、則ち必ず径《ただ》ちに浄土に生まれ、大福大慧を成就すべし。何ぞ此の世界に至りて多く苦悩を受けんや。聞くに、東坡、南行するに唯だ阿弥陀仏一軸を帯するのみにして、人、其の故を問わば、答えて、此《こ》は軾、西方に生まるるの公拠なりと云えり。若し果たして是の如くなれば、則ち東坡、此の方に至るは、計ることを得るが為なり。亦た宿植善根を以て、明達なること人を過ぎ、方しく此の理を悟る故なり、云々。(大正蔵四七–二七五b)

五祖師戒は、雲門―双泉師寛―五祖師戒と次第する人。王日休が言いたいのは、前世での修行のありようなのだが、その論拠として五祖師戒→蘇東坡が挙げられるのは興味深い。

先にも見たように、この時代、禅僧の輪廻転生はあるべきこととして世に受容されていたという。転生を事実と見るか虚妄と見るか、死後を思う中国人の心は揺れる。朱子(一一三〇―一二〇〇)も言う。

因みに論ず、釈氏に多く神異あり。疑うらくは其れ之有らんか。曰く、未だ必ずしも有らず。便ち有りとも、亦た只だ是れ妖怪なり。
仏家に多く脱胎の説あり。也た如何が見得せん。只だ是れ理に在りては此れなし。（『朱子語類』巻一二六）

終始、仏教に批判的であった朱子は、神異や脱胎（もと道家のことばだが、ここでは霊魂が亡骸を脱け出して輪廻することを指すのであろう）にも批判の眼差しを向けるが、庶民のレベルはまた別であったろう。そこでは因果応報の説が「事実」として受け容れられていたように思われる。

五祖師戒と蘇東坡

このように考えてくると五祖師戒と蘇東坡、さらに仏印了元の関係をめぐって関説する資料として、覚範慧洪（一〇七一―一一二八）による『禅林僧宝伝』巻二九の記述は見逃すことはできない。そもそも五祖師戒をめぐっては伝記思想ともに未解明の部分が少なくない。灯史として最初に師戒を立伝するのは『広灯録』巻二一であるが、そこでは伝記に関して知りうることは皆無であり、大愚山で亡くなったというのも後代の灯史ではじめて出る。ところが『禅林僧宝伝』巻二九の仏印了元章ではどうか。

論の展開の都合もあり、段落を設けた上で各段に番号を付すものとしたい。

（1）禅師、名は了元、字は覚老なり。饒州浮梁、林氏に生まる。世よ儒を業とするも、父祖は皆な仕うるなし。元、生まるるや、三歳にして琅琅と論語および諸家の詩を誦す。五歳にして三千首を誦す。既に長ずれば師に従って五経を授くるに略ぼ大義に通ず。去きて首楞厳経を竹林寺にて読むに、之を愛して尽く旧学を捐て、父母に白して出家を求む。生死を度せんとして、宝積寺の沙門日用を礼す。法華を試み、具足戒を受く。廬山に遊び開先暹道者に謁す。暹は自負して、其れ海上横行と号し、後進を俯視す。元と問答するに捷給なれば、暹、大いに称賞し、以て真の英霊の衲子と為せり。時に年十九、已にして又た円通の訥禅師に謁す。訥、其の翰墨に驚きて曰く、骨格は已に雪竇に似たり、後来の俊なりと。時に書記の懐璉、方に詔に応じて西すれば、訥、元を以て璉の職を嗣がしむ。江州承天の法席虚となれば、訥は又た元を以て当に遷らしむ。郡の将は見て之を少《わか》しとす。訥曰く、元は歯《よわい》少くとも徳は壮たり。万もの耆衲と雖も折すべからず。是《ここ》に於いて説法して開先の嗣と為る。時に年二十八なり。其の始め承天に住してより、淮山の斗方、廬山の開先、帰宗、丹陽の金山、焦山、江西の大仰に移る。又た四たび雲居に住す。

（2）凡そ四十年の間、緇白を化し、名は幼稚にも聞こゆ。縉紳の賢者、多く之と遊べり。蘇東坡、黄州に謫さるるに、廬山と対岸たり。元は帰宗に居せば妙句を酬酢すること煙雲と麗を争う。其れ金山に在るに及べば、則ち東坡、釈《ゆる》さるるを得て呉中に還る。丹陽に次げば書を以て元に抵して曰く、必ずしも山を出ずして、当に趙州の上等に人を接するを学ぶべしと。元、書を得て径《ただ》ちに来る。東坡、迎うるに笑いて之に問う、元、偈を以て為に献〈或いは戯に作る〉じて曰く、趙州、当日、謙光少なし。三門を出ずして趙王に見ゆ。争でか金山無量の相に似たる。大千、都《すべ》て是れ一禅床。東坡、掌を撫でて善と称《ほ》む。

（3）東坡、嘗て弟の子由を高安に訪ぬ。将に至らんとするの夕べ、子由、洞山真浄禅師、聖寿聡禅師と与に連牀夜語して三鼓となる。真浄、忽ち驚覚して曰く、偶たま吾等が五祖戒禅師に謁するを夢みる。思わざるに夢は何の祥なるや。子由、聡公を撼《ゆす》りて曰く、聡公曰く、吾も方に戒禅師に見ゆるを夢みる。是に於いて起ちて品坐して笑いて曰く、夢は乃ち同じき者有るか。俄に東坡の已に奉新に至るを報ず。子由、両衲を携えて城南の建山寺にて候《ま》つ。有頃《しばらく》して東坡至る。夢の事を理《ただ》し、戒公、何の所にて生まるるかを問うに陝右と曰う。東坡曰く、軾、十余歳の時、時に身は是れ僧となり陝西を往来するを夢みる。又た戒の状の奚若《いか》なるかを問うに、曰く、戒は一目を失えりと。東坡曰く、先妣、方めて娠《みごも》るとき、僧の門に至るを夢みる、瘠せて眇たり。又た戒、何れの所にて終わるかを問うに、曰く、高安の大愚なり。今五十年せり。東坡、時に四十九なり。後に真浄と与に書すに、其の略に曰く、戒和尚は人を嫌うことを識らず。強顔もて復び出ずるも亦た笑うべし。既に是れ法契〈或いは法器と云う〉なれば、願わくは痛く磨励を加え、旧観に還らしめんことをと。是れより常に衲衣を著するが故に、元は裙を以て之に贈り、東坡は酬ゆるに玉帯を以てす。（中略）

（4）太子少保張公方平安道、滁州と為り、日び瑯琊山の蔵院に遊ぶ。梯を呼び、梁に梯して木匣を得、之を発《ひら》けば忽ちに前身は蓋し知蔵の僧なることを悟る。楞伽経を写すに未だ終わらざるに化す。安道、続きて残軸を書す。筆蹟は宛然として昔の如し。二生経と号す。安道、刻して以て四方に印施せんと欲す。東坡曰く、此の経は他人に在りても、猶お希世の瑞たり。況や公においてをや。請うらくは家に蔵して子孫の無窮の福と為すべし。元、東坡に請うて代りて之を書せしめ、金山にて鏤板す。時に士大夫は欧陽文忠公を師として古文を為る。公は韓子を佐《たす》けて我を詆《そし》るに、原性を
d）以てす。性は生と倶に生ずの論を銓量と為す。元は是れを以て之に勧む。（続蔵二乙‐一〇‐三、二七九

（1）は了元の伝記を述べたものである。その内容は後で引用する『続灯録』よりは詳細なものになっているがこの部分については後に触れよう。

（2）は了元と蘇東坡との交遊の発端とも言うべき部分である。蘇東坡が湖北省黄州に流されたのは元豊二年（一〇七九）末のことであり、同七年（一〇八四）には汝州（河南省）に移るために江西省廬山や筠州に至っている。この頃、両者は邂逅したことになる。

当面の課題である師戒と蘇東坡の関係をめぐっては（3）と（4）に注意を払う必要がある。

（3）によれば、ある時、蘇東坡が江西省の高安県にいる弟の蘇子由（轍）を訪問した。到着する前、子由は真浄克文、聖寿聡と夜話を楽しんだが、克文が五祖師戒を夢見たと言えば、聖寿聡もやはり五祖師戒を夢見たという。そんな折、蘇東坡が奉新県までやってきたというので三人で城南の建山寺まで迎えに出ると、しばらくして蘇東坡が到着する。夢の出来事を確かめようと五祖の出身地を問えば陝右という。蘇東坡自身も一〇余歳の時に、僧となって陝西の地を行き来した夢を見たといい、また師戒の容貌については片方の目を失っていたという。さらに母親が妊娠したとき僧が訪ねてきたが瘠《や》せていて目が不自由だったと言う。師戒の終焉の地は高安県の大愚山だと言う。今、すでに五〇年を経るが、時に蘇東坡は四九歳であった。後に了元と克文はそのあらましを記して言う、師戒和尚は人に嫌われることを知らなかった。こわい顔つきの人に出会っても笑っていた。前世から法に契っているが、さらに切磋して旧観に復して欲しいと。これよりのち蘇東坡はいつも僧服を身につけたので、了元は裙を贈り、蘇東坡は玉帯を贈ったのである。

右のエピソードは、明らかに五祖師戒と蘇東坡の前世からの因縁を前提にする。慧洪は『石門文字禅』巻二七「東坡の悦池録に跋す」において、仏教嫌いの欧陽修の文章を「理の通ぜざる」ものとして批判する一方、「東坡は蓋し五祖戒禅師の後身なれば其の理の通ずるを以ての故に其の文は煥然」たるものがあると言う。結局、慧洪は五祖―蘇東坡の転生譚を知っているが、この情報をどこで入手したのかは定かでない。やはり慧洪の『林間録』が五祖弘忍の転生に言及するのを勘案すると、あるいは湖北省蘄州五祖山を中心にこのような伝説があって、それが長江をへだてた江西省へも及んだのであろうか。慧洪自身、輪廻転生はもとより叢林のさまざまな情報に強い関心がある。

そもそも蘇東坡を軸に考えたとき、慧洪の視野に入ったのは五祖師戒や了元だけではない。（4）は（3）を承けて専ら転生にかかわる張方平・安道と蘇東坡と了元の関係を述べたものである。張方平が安徽省瑯琊山の僧の転生であるという理解も当時は一般にあったようで、前世（瑯琊山の僧）と今世（張方平）の二代をかけて楞伽経を写経したが、蘇東坡は今日の功徳を讃え、そこで了元は蘇東坡に楞伽経を写させ、それを金山において印行したという。これだけでも張方平と関係の密なることが想像できる。生まれる前から、そして生まれて後も、蘇東坡の周囲には転生譚がつきまとう。五祖師戒と蘇東坡の関係をめぐっては、当面これ以上論じられない。では蘇東坡と仏印了元との関係はどうか。

仏印了元略伝

いったい『禅林僧宝伝』や『林間録』、『石門文字禅』を撰述して、北宋の禅界に異彩を放つ慧洪による仏印了元評価は、蘇東坡との関係とも相まって高いものがあるが、その背景の主たるものとして（3）のような部分がありはしないか。また雲居山には別に述べたような、了元と彭汝礪（薦福承古の後身とされる）との交遊をめぐってのエピソードがある。

すでに（1）において述べたことと重複するのだが、

雲門―双泉仁郁―徳山慧遠―開先善暹―了元

と次第する仏印了元について、雲門宗に属する仏国惟白による『続灯録』（一一〇一年成立）巻六所収の了元章によってその伝記を見ておこう。

雲居山の仏印禅師は、諱は了元、姓は林氏、饒州浮梁の人なり。至道壬申六月六日に誕生す。祥光、燭より上り、鬚髪爪歯、宛然として体に具《そな》う。風骨爽抜として孩孺より常と異なる。言を発すれば章と成り、語は経史に合《かな》えり。閭里の先生、称《たた》えて神童と曰う。歳、将に頂角とならんとするに、博く典墳を覧るも、巻、再び舒ぶることなし。洞《あき》らかに今古を明らめ、才思は俊邁、風韻は飄然たり。志、空宗を慕い、師に投じて出家し、試経円具す。夙習を感悟し、即ち徧く参尋して、遠く廬山開先の暹《せん》禅師の法席に造《いた》る。機に投じて印可せられ、叢林の抜萃となり、出でて宗匠と為る。三十余年のあいだ、九たび道場に坐す。四衆は傾向し、搢紳碩儒《しんしんせきじゅ》、咸《み》な道望を欽《うやま》い、名は朝野を動ず。神宗皇帝、高麗の磨衲の金鉢を宣賜し、以て師の徳を旌《ほ》む。元符元年元正七日、偈を写《か》き、坐して本山に滅す。余は知院大尉蔣公之奇の塔記の如し。（続蔵、五四b）

饒州（江西省）林氏を出自とする了元は、（至道は明道の誤りであろう）明道元年壬申（一〇三二）、六月六日に誕生。誕生に当たっては奇瑞があり、また幼い頃から優れた才能を見せ、七、八歳の頃には古典籍を読破して再覧することはなかった。のち出家を志し試経得度の後、具足戒を受け、廬山開先寺の善暹《ぜんせん》に参じて得法、出でて九つの道場を歴住し、道俗の帰依を受け、ついには神宗皇帝より高麗から伝わった磨衲の金鉢を下賜される（多分この時、仏印禅師の号も賜っている）。元符元年（一〇九八）元正（一月）七日に示寂する（ただし『禅林僧宝伝』によれば元符元年正月四日、世寿六七、法臘五二）。

『続灯録』の記述は、この種の資料としてはオーソドックスなものであるが、それでも誕生の日時を明記するのは、雲門宗内部の伝承とともに、惟白自身の了元への思い入れを暗示していよう。それが過度にわたらないのは他の人々とのバランスを考えた故のように思われる。

すでに見た『禅林僧宝伝』巻二九の記述は、編者である覚範慧洪の了元への思いを強く示している。そもそも慧洪の『禅林僧宝伝』には、仏法を護持する「僧宝」という意識が強いというが、その僧宝にさまざまあることを認めようというのが、慧洪の世界ではなかったか。そしてそれは慧洪だけに限定されるものではなかったように思われる。徹底的に現実を見ていこうとする禅者において、摩訶不思議な世界もその視野に入っていたということは、歴史的な限定を考慮に入れても興味深いものがある。そしてこのような摩訶不思議な世界への関心の延長線上に、冒頭の「五戒禅師私紅蓮記」のような志怪小説があることは疑いないが、その経緯を解明するにはいま少し時間が必要である。

第五節　円照宗本《えんしょうそうほん》――相国寺慧林禅院初代住持――

開封相国寺

北宋の都開封のにぎわいについては孟元老『東京夢華録』や『清明上河図』があって、往時への夢をふくらませる。その開封の町を代表するものの一つとして相国寺がある。現在の開封市内においてもかなりの規模を誇っているが、熊伯履『相国寺考』（修訂本、中州古籍出版社、一九八五年）の考証によれば、清代、その寺域は――その境界をめぐって異論はあるものの――五四〇余畝あったという。清代の一畝を六・一四四アールとすれば、三、三一七・七六アール、三三・一七六ヘクタールとなる。いかに清代とはいえ、都の中に三三町歩余もの広大な寺域を誇りえたのは理由がある。

そもそもこの寺、もともとは魏の公子である無忌（信陵君）の故宅であったという。北斉の天保六年（五五五）、建国寺として建立されたが、兵火に罹る。唐代の初めには歙州《きゅうしゅう》の司馬鄭景の宅園となった。また近辺に福慧寺があった。景雲二年（七一一）、慧雲がこの宅園を購入した際に北斉の古碑を発掘したため、福慧寺を改めて建国寺とした。延和元年（七一二）、睿宗は夢に感じて建国寺を改めて大相国寺としたという。唐宋代を通じて何度か罹災したものの、歴代皇帝の帰依のもと、その度に復興し大伽藍を誇ったという。もちろんこのような帰依や保護が、さまざまな現世利益を期待してのものであることは言うまでもないが、そのほかにもさまざまな役割が期待された。

熊伯履・前掲書に挙げられた相国寺の役割を見よう。

1、観賞。毎年一月の元宵の日（一五日）、観灯のための行幸があった。
2、巡幸。行幸は元宵以外にもしばしば行われた。
3、祈報。祈雨、祈晴の法要がなされた。
4、恭謝。天、先祖、戦勝の祈願。

さらに君主の生誕の慶祝、君主の病気の平癒祈願、君主の忌日のお参りがあり、広大な寺域を利用して群臣の宴会や重臣のための追善供養、科挙の結果報告、官吏の簡閲なども行われたという。これだけなら庶民の生活とは全く無縁な寺というイメージが強いが、実際は月に五回は商売のための市が立ち、書籍から絵画、おもちゃ、薬品などさまざまな品々が売られ、算命や人相見、占い、雑劇など、ともかく日頃の生活に必要なものは何でもあるといった具合だったらしい。

このような相国寺には六〇余の院（塔頭）があったという。ところがこれらは神宗の治世の元豊三年（一〇八〇）、いっせいに整理される。理由は防災である。『宋会要』職官二五、課利司に

熙寧九年五月十四日、提挙在京寺務司言わく、大相国寺泗州院の近くにて、火、発す。即ち行きて撲滅せんとすと雖も、僧院と寺庭の闠闠《えんりよ》、相い接するに縁り、深くして未だ便ならざるが為に、僧院の逼近の屋を柝《こぼ》ち寺庭を繞《めぐ》りて高く遮火の墻《かきね》を築くを乞う。之に従う。（新文豊本、第三冊、二九〇四頁下）

とある。熙寧九年（一〇七六）、火災予防のために近接する建物を壊して防火壁を作ることが進言され、それが認められたというのである。『続資治通鑑長編』巻三〇三では、より具体的に次のように言う。

（元豊三年夏四月丁酉）提点寺務司言わく、大相国寺に僧居六十余院有りと雖も、一院、或いは屋数

間有るに止まり、檐廡《えんぶ》相い接し、各おの包饗《ほうさん》を具し、常に火の患いを虞《おそ》る。東西に各おの三院を為《つく》り、禅僧を召して四院を主持せしめ六院と為すことを乞う。之に従う。後、又た分けて八院を為り、度牒二百を賜り、以て修繕の費を給うことを請う。之に従う。（中華書局本、第二一冊、七三七八頁）

元豊三年（一〇八〇）四月、相国寺の六〇余の建物は小さなうえに軒を接するほどで、いつも火災のおそれがある。そこでそれらを整理して東西に六院を作ることが奏上され認められたという。さらには八院となって度牒二〇〇道が給付されたというのである。

「六〇余」という数字をめぐっては六二院という資料もあるが、「六四院」が大勢を占め、元豊三年に始まる伽藍整理が元豊五年に完成を見たと考えていいらしい。『釈氏稽古略』巻四に言う。

元豊五年、中使梁従政に詔して汴京相国寺六十四院を闢《ひら》きて二禅八律と為す。元豊庚申（三年）より起《はじ》まり、是れ壬戌（五年）の秋に成る。東西の序を以て慧林、智海の二巨禅刹と為す。（大正蔵四九−八七四c）

『事物起原』巻七では、東には宝厳、宝梵、宝覚、恵林があり、西に定慈、広慈、普慈、智海の各院があったとする。

宗本の出自と浄慈寺入院まで

この慧林禅院の初代住持に任じられたのが雲門―香林―智門―雪竇―天衣と次第する慧林宗本《そうほん》（一〇二〇―一〇九九）である。『続灯録』を編纂した仏国惟白とは嗣法の上で伯父と甥の関係となる。

宗本は、宋の哲宗から円照大師と賜号されたところから円照宗本とも呼ばれる。嗣法の弟子無際慧弁の収録した『東京大相国寺慧林禅院第一代円照禅師別録并霊巌偈頌』というかなり長い名前の語録があり、霊隠寺住持の法真守一が校勘者として名をつらねている。その語録の末尾には『嘉泰普灯録』巻三や『五灯会元』巻二八、『禅林僧宝伝』巻一四などによって蒐集された宗本の行状がまとめられる。それらによって宗本の伝記を見ると次のようになろう。

宗本、俗姓は管氏、常州（江蘇省）無錫の人である。晩年、蘇州の霊巌寺に退居したことからすればこの地の生まれと見てよい。一九歳の時、蘇州承天永安寺の道昇に参じて行者《あんじゃ》の生活を送る。たまたま道昇の入室に当たって問答があり、道昇はひそかに宗本の機根のすぐれたるを認めたという。このようにして一〇年をこえ、その真摯な姿勢を認められて出家受具、さらに三年して諸師に参ぜんと遍歴の旅に出たという。

はじめ池州（安徽省）景徳寺で天衣義懐に参じて大悟得法する。義懐が越州（浙江省）の天衣山、常州の薦福寺に遷るのにつきしたがった。時に蘇州の漕使である李復圭は、義懐の推薦をうけて宗本を蘇州瑞光寺に招聘した。いったい蘇州瑞光寺は現在は塔のみとなっているが、蘇州市の南西部に現存する古刹で、呉の赤烏四年（二四一）、孫権が普済禅院として建立、一三層の舎利塔が建立された。のち北宋代になって塔は八角七層に改築され、寺の名前も瑞光寺に改められたという。とすれば宗本の入院《じゅいん》はこの改築の前後にあたることになる。心機一転した瑞光寺に宗本を入寺せしめようとする道俗の意気込みが窺えよう。

その瑞光寺での宗本の化導は日を追って盛んとなった。それを聞きつけた杭州の太守陳襄が承天寺・興教寺二刹を董《ただ》すことを願ったが、蘇州の道俗が反対したためはたせず、ついに三年という年限つきで杭州浄慈寺《じんずじ》への入院を願ったのである。

浄慈寺と宗本

浄慈寺は南宋に制定された「五山十刹」のうちでは第四位に位置する大刹であり、道元の師の如浄も二度にわたって住職となる。ただし径山《きんざん》興聖万寿寺の創建が唐の天宝初年（七四二）ころ、天童山景徳寺が西晋永興元年（三〇四）、阿育王寺が東晋義熙元年（四〇五）、霊隠寺《りんにん》が東晋咸和初年（三二六）ころであることと比較すればその歴史は決して古くない。新興の浄慈寺が五山に加えられるにはそれなりの理由があるはずである。

そもそも浄慈寺の創建は五代の後周の顕徳元年（九五四）のことという。熱心な仏教信者として知られる呉越の忠懿王《ちゅういおう》銭宏俶が、法眼宗の永明道潜（?—九六一）を開山に慧日永明院として開創、宋の太宗によって寿寧禅院と改められ、紹興九年（一一三九、紹興一九年とも）に浄慈寺と改められている。開山となった道潜もさることながら、浄慈寺の歴史を考える上では住山第一世となった永明延寿（九〇四—九七五）の存在が大きい。『仏祖統紀』巻二六は言う。

初め法を雪竇に演《の》べ、建隆元年、忠懿王、請うて霊隠に住せしむ。二年、永明に遷る。日課の一百八事、未だ嘗て暫くも廃せず。学者、参問するに、心を指して宗と為し、悟を以て則と為す。日暮、別峰に往き行道念仏す、旁人は螺天楽の声を聞く。忠懿王は歎じて曰く、古より西方を求むる者、未だ此の如きの専切なるあらず。乃ち為に西方香厳殿を立て、以て其の志を成す。永明に居ること十五年、弟子一千七百人、常に衆の為に菩薩戒を授く。夜は鬼神に食を施し、昼は生命を放ち、皆

な尽く荘厳浄土に回向せしむ。時の人、号して慈氏の下生《あしょう》と為す。（大正蔵四九―二六四 c）

雪竇山から霊隠寺へと移り、さらに建隆二年（九六一）に忠懿王の懇請によって浄慈寺に入る延寿は、夕刻に西方に沈む太陽を眺めつつ阿弥陀仏を念じ、ここに一五年住す。一七〇〇人の弟子を擁して菩薩戒を授け、弥勒菩薩（慈氏）の下生と讃えられたというのである。事実、『宗鏡録』一〇〇巻をはじめとして幾多の著作をのこし、禅浄を双修する仏教を挙揚した延寿は当代を代表する。

覚範慧洪も『禅林僧宝伝』巻九で延寿を高く評価する。

予、初め自行録を読むに、其の行いし事を録す。日に百八件、其の貌状を計るに必ず枯悴尫劣ならんと。其の画像を見るに及べば、凛然として豊碩、眉は秀抜、気の和やかなること春の如し。其の平生を味わえば千江の月の如く、其の説法を研《きわ》むること禹の水を治め、孔子の韶を聞き、羿の射、王良の御、孫子の兵を用い、左丘の明太史公の文章の如し。嗚呼、真に悲願に乗じて至れる者なり。

（続蔵二乙―一〇―三、二四一 a）

多分、このような延寿への評価が、ある時期までの浄慈寺の動向を決定する。ちなみに『浄慈寺志』は、

〈開山〉道潜―〈一世〉延寿―〈二世〉通弁道鴻―〈三世〉興教洪寿―〈四世〉円照宗本―〈五世〉大通善本

の住持の次第を述べる。我が国の『扶桑五山記』は興教洪寿を除いて、三世・円照宗本、四世・大通善本とする。いずれが正しいのか今は問わないが、ともかく師資が続けて入院する背景には、かれらが延寿と同じように禅浄双修の人と受け止められていたことがある。

明の大佑『浄土指帰集』巻下は、

円照本禅師は窃かに浄業を修す。（中略）汴京資福寺の曦法師は、門を杜じて道を養い、世と接せず、往々心は浄域に遊び、妄りに人と言《かた》らず。一日、歩みて恵林に慇勤に致敬す。人、其の故を問う。答えて曰く、吾れ定中に於いて浄土の金蓮の極めて大なるを見るに、題して永明寺比丘宗本と云う。其の他、麗しき小華を附くること、勝《あ》げて数うべからず。皆な禅師の所化の人なり。此の為に特に往きて修敬すと。或いは禅師に問いて云く、師は乃ち別伝の宗なり。何ぞ名を浄土に標し得るや。師云く、迹は禅門に在りと雖も、心を留むるは浄業の故なりと。（続蔵二―一三―一、八〇c）

と資福寺の曦法師の定（禅定・坐禅）中に現れたことを伝えるとともに、自ら「表に現れた迹《あと》かたは禅者であっても、心では浄業を修めている」とする。いささか宗派意識に拘泥した記事と言えるが、そのように捉えられるような生き方であったことは認めるべきであろう。

ちなみに『角虎集』巻下の捉える宗本像も「密かに浄業を修し」たと言い、合わせ収録する雲棲袾宏の賛も次のように言う。

雲棲大師、賛して曰く、蓋し兼の義に二有り。足、両船を蹋《ふ》むの兼ならば、則ち誠に不可なり。円通して礙えざるの兼ならば、何ぞ不可なること之《これ》有らん。況や禅外に浄土なければ、則ち即土即心なり。原《たず》ぬるに二物に非ざるなり。其れ円照の謂か。（続蔵二―一四―三、二〇六d）

当面、宗本の禅浄思想についてこれ以上の言及はできないが、覚範慧洪が「宗鏡堂記略」の中で、宗本が『宗鏡録』を大衆に勧めたと記すことからしても、その禅思想が延寿と同様、禅浄一致を中心としたものであったことが想像できよう。さらに『浄慈寺志』は宗本に関わる興味ある記事を載せる。成化二〇年（一四八四）の「重修浄慈禅寺碑記」（巻一）は言う。

継いで是れ則ち円照宗本、之に居す。適たま旱《ひでり》にて水涸る。寺の西隅に甘泉湧出し、金色の鰻と鱯《おおなまず》の祥あり。甃《かわら》を因《つら》ねて井を為《つく》る。千衆に飲ますも竭《つ》きず。遂に師の号を以て之に名づく。（明文書局『中国仏寺史志彙刊』第一輯第一七冊、一四九頁）

また巻三では右の円照井が浄慈寺羅漢殿の後ろにある旨を述べる。現存の有無を確認できないものの当時としては特記すべきエピソードであったのだろう。このように浄慈寺と深い縁のあった宗本は、元豊六年（一〇八三）、勅命をうけて新たに開創された相国寺慧林禅院に入院する。それは当人の実力が高く評価された証であるとともに、権力との結びつきを拒否しない雲門文偃以来の宗風に忠実であったからかもしれない。

宗本と王法

余談ながら、相国寺のもう一方の禅院である智海禅院には臨済宗黄龍派の東林常総（一〇二五―一〇九二）が招かれる。しかし常総は病を理由に固持する。皇帝の勅命を固持することはよくよくのことで、場合によっては命に関わる。本当に病気だったのか、あるいは権力とのかかわりを拒否したのか。一時代後ながら紫衣師号をことわって流罪となった芙蓉道楷（一〇四三―一一一八）と異なって、特なるペナルティが科せられなかったのは本当に病気だったからかもしれない。ちなみにこの紫衣事件を契機にして芙蓉道楷の評判はすこぶる好くなったらしい。邵伯温（一〇五六―一一三四）の『邵氏聞見録』巻一五に言う。

儒釈の道は同じからずと雖も、特立の士に非ざれば以て其の家と名づくるに足らざるも、近時、伯温の見し者二人あり。大儒伊川先生程正叔は、元祐の初め、司馬温公の薦めを用って禁中に侍講す。時に哲宗は幼冲なるも、先生は師の道を以て自ら居せり。後に出でて西京の国子監を判じ、両たび加えて秘閣に直らしめんとするも、皆な之を辞す。党禍起こり涪州に謫さる。先生、周易に注し門弟子の与に学を講じ以て憂いと為さず、赦に遇いて帰るを得るも、以て喜びと為さず。長老道楷は、崇寧中、朝廷の命を以て京師の法雲寺に住す。上、一日、紫の方袍及び禅師の号を賜うに、楷曰く、吾が法に非ざるなりと。却って受けず、中使、上に譖すに、道楷は勅を地に擲つと以為《おも》えり。上怒り、大理寺に下して之を杖す。理官は楷の有道の者なることを知り、之を出さんと欲し、問いて曰く、師の年は七十なるか。曰く、六十九なり。疾有りや。楷、色を正して曰く、某、平生、病なし。上、杖を賜れば、官は輒ち之を軽んずべからず、と。遂に杖を受け一言もなし。此れより沂州芙蓉渓に隠るるに、之に従う者、益ます盛んなり。朝廷、数しば旨有りて、復び命じて僧と為すも従わず。嗚呼、二人は学は同じからずと雖も、皆な特立の士なり。はた儒、はた釈なるも道を以てせざる者、其の風を聞き以て少しく愧ずべし。（中華書局、唐宋史料筆記叢刊、一六四頁）

ほぼ同内容の記事は蔡條の『鉄囲山叢談』巻五にも記されるが、儒者でも仏教者でも「特立の士」に変わりはないという似通った評価を下しているのは興味深い。

右のように考えたとき、宗本に対する評価がどのようなものであったのか、これも興味深い。方《ほう》勺《しゃく》（一〇六六―？）の『泊宅編』巻三は円照宗本、大通善本師資（禅門では二人を併称して大本小本と呼ぶことが知られる）の次のようなエピソードを伝える。

大通禅師善本、龍山に退居するに、時に節使、呂吉甫、杭を帥《おさ》む。暇日には常に山に入りて師に見《まみ》え、春容に道論して頗る契合するに似たり。有るもの問う、呂大尉は如何ん。師、頭を揺《ゆす》りて曰く、力なし。臘月三十日になりて伱の力あるを要す、と。円照禅師宗本、常に人に語りて曰く、我、爾に出家し学仏するを勧めず、只だ爾に福を惜しみて修行するを勧む、と。大通、常に人に語りて曰く、我、只だ爾に生処に放じて熟せしめ、熟処に放じて生かしむるを勧む、と。〈時に呉中の二本と称す。〉

（中華書局、唐宋史料筆記叢刊、一八頁）

善本の「生処放教熟、熟処放教生」がよく分からないが、「生まれながらの煩悩の世界を放っておいて円熟させ、円熟したところも放っておいて生きていく」といった意味であろうか。それにしても呂吉甫と契合したようなそぶりを見せながら「ダメだ」と言う弟子（善本）、出家学仏するよりも現世での福を求めよと言う師匠（宗本）について、方勺は必ずしも好い感情をもっていなかったことが行間に窺える。それもこれも権力者に迎合し、世俗に迎合すると見なされたからではないか。

宗本と慧林禅院

ともあれ宗本の語録である『別録』は、元豊六年に慧林禅院に入院した宗本が、元豊八年（一〇八五）四月一〇日に、哲宗の命によって入内して福寧殿で行った上堂から筆を起こす。実質、宗本を慧林禅院に招いた先の皇帝神宗は同年三月五日に没しているからわずか一ヶ月余しての入内であり、神宗の霊駕を前にしての上堂であった。そこで「臣僧」という自称が使われたり、「大行皇帝の乗り物（つまり魂）はどこへ行ったのか」という問いに対して「この場を離れることはなく、いつも湛然とし

ておられます」と答えるなどは、あまりにも平凡なやりとりで問題とする必要もあるまい。加えて

此の日、今上皇帝、恭しく大行皇帝の降生の辰の為に僧一千員に斎し、特に臣僧に宣して陞座《しんぞ》し般若を挙揚せしむ。集むる所の功徳は、上、仙駕の大行皇帝を資け、恭しく願わくは浄域超陞《じょういきちょうしん》（魂が浄土に往生すること）し、霊光不昧にして金沙池《きんさち》の畔に報化《ほうけ》の身を受生し、宝閣の門開き、弥陀の相を覩《み》、親しく仏記を承け、決して菩提を証せんことを、云々。（続蔵、二五九d）

とあるのを見れば、この入内上堂が神宗への追善を意味していることは疑いあるまい。また元豊八年七月二八日には高麗から渡来した義天と会っている。義天の入宋については『釈氏稽古略』巻四の記事と齟齬があるが、今は問わない。ともかく宗本と義天が出会い、『華厳経』をめぐって問答がなされたことは事実だし、実は後世での評判は彼が禅浄双修の人であったことに力点が置かれるが、『別録』を虚心に読むかぎりむしろ華厳に親しかったようにすら思える。

霊巌寺への退居

元佑元年（一〇八六）、宗本は三年の慧林禅院での生活をおえる。慧林禅院の跡を継いだのが誰なのか当面明らかでないのだが、哲宗代には覚海若冲、仏陀徳遜、仏日惟岳、さらに慈受懐深などが知られる。それはともかく宗本は生まれ故郷無錫にほど近い蘇州の霊巌寺へ退居し、ここで一三年を過ごす。霊巌寺は蘇州の町から約二〇キロ、現代にのこる古刹である。『霊巌紀略』や『霊巌志略』が山志として遺る。それらによれば晋代に陸玩がその宅を喜捨して秀峰寺として建立、のちに崇報禅寺と改められ、明代に霊巌寺となったという。太平興国二年（九七七）、節度使の孫承祐が、姉で呉越王銭

叡の妃のために九層の塼塔を建てたこと、創建当時は律院であったのが、元豊中に禅院となったことも知られる。禅院に転じた直後に宗本が入院したことになる。霊巌寺での活動についてはよく分からないが、これも『別録』に収録される「霊巌山居頌二十首」などを見るかぎり、相国寺慧林禅院を退いて悠然たる生活を楽しんでいる風が感じられる。一三年という歳月は決して短くないから、余力をのこしての慧林禅院退居ということになる。特なる瑕疵がない以上、願っての退居だったかもしれない。とすれば推測の域を出ないが、慧林禅院での生活は自ら望んだものでなかったことになろう。表にあらわれた世界と内面の世界には大きなギャップがあったのかもしれない。

第六節　長蘆宗賾《ちょうろそうさく》――『禅苑清規』と民衆教化――

清規とは

「清規《しんぎ》」とは「清浄な大海衆が守るべき規矩」の意味であると言われ、特に唐代以降の禅宗における独自の規範をこの名称で呼んでいる。清規の濫觴は、唐代、百丈懐海による「百丈清規」とされている。現在『伝灯録』巻六、百丈懐海章に付載される「禅門規式」が、「百丈清規」そのものなのか、それとも趣旨を抜萃した「部分」なのか、はたまた「百丈清規」とは後世になって百丈に仮託されたものなのかなど、今日では意見が分かれる。いずれにしてもこの資料が唐代の禅宗の基本的な立場を伝えるという点で貴重であることにかわりはない。

その詳しい内容については、本シリーズの『百丈』において関説されるであろう。清規成立の背景について、筆者なりに考えているところを要して言うなら、「仏教」といっても、それは日常の生活を離れてあるものではない。つまり仏教を学ぶ者は日常生活の中に「仏法」を顕現させなくてはならない。このような立場によって制定された規範が「清規」ということになる。修行者が守るべきルールとしては、すでにブッダによる「戒律」があるが、「清規」の場合は、単なる禁止事項を定めたというよりも、日常こそが仏教の世界という立場をより強く主張したところに意味があると思う。

かくして清規は、後世の中国、日本の叢林でしばしば編集刊行されることとなるが、現在に残る完成した形のものとしては『禅苑清規』が最古のものである。『禅苑清規』は、雲門宗の長蘆《ちょうろ》宗賾《そうさく》の編輯になるもので北宋の崇寧二年（一一〇三）に刊行されている。

宗賾の『禅苑清規』

宗賾は

雲門文偃―香林澄遠―智門光祚―雪竇重顕―天衣義懐―長蘆応夫―長蘆宗賾

と次第する人で『続灯録』を編集した仏国惟白とは法の従兄弟の関係にある。宗賾については分からない部分が少なくないが、崇寧年間（一一〇二―一一〇六）に河北省真定府の洪済禅院に住し、ここで『禅苑清規』を編集した後、江蘇省の長蘆寺に入っている。彼はまた禅浄一致を唱えた人としても知られ、『禅苑清規』の中にも浄土思想の影響が見られる。

さて『禅苑清規』をめぐっては、すでに鏡島元隆、佐藤達玄、小坂機融の三氏による『訳註禅苑清規』（曹洞宗宗務庁、一九七二年）の労作があって、資料の提供や訓読がなされ研究に資すること極めて大なものがある。なお最近、現代語訳が刊行されているとも仄聞する（『禅語録傍訳全書』、四季社）。

ところでこの『訳註禅苑清規』には鏡島氏による「解説」が付されていて、『禅苑清規』の内容が伽藍、職位、修行の三方面から紹介されるとともに、かの「百丈清規」との比較検討の結果が詳述されている。その一々については述べないが、ともかく『禅苑清規』を通して知りうる北宋叢林は、一方に、「百丈清規」の修行中心の精神を留めた部分が見られるものの、また一方では禅宗教団といえども北宋時代における社会経済の影響を免れ得なかったことになるという。

考えてみれば五代という時代を経て、久方ぶりに中国全土を統一した宋朝は、官僚の力をフルに活用して確固たる中央集権の枠組みを作り上げ、国のあらゆる部分に政治の力を及ぼすこととなった。出家の立場を重視する仏教教団も、否応なくその支配に組み込まれたことは言うまでもない。北宋開封における相国寺の存在、あるいは南宋臨安府を中心とする「五山」や上天竺寺、明慶寺の存在などはその典型と言える。

今、筆者は「否応なく」という表現を使ったが、それが正しく当時の状況を説明しているかどうか、あまり自信がない。権力と結びつかなければ僧個人も、寺院も存続不可能だったことは否定できず、そのかぎりにおいて「否応なく」なのである。逆に権力と積極的に結びつけば個人の栄達も伽藍の維持も思いのままという時代であった。

加えて当時の人々における政治と宗教の関係についての「意識」が、現代のようであったはずもないからである。

「世俗化」する仏教教団と『禅苑清規』

ところで社会との関係が緊密になるということは、教団が一部の知識人の占有物から社会の大多数を占める「民衆」に目を向けるようになったことをも意味している。そこには民衆の要求に応じた、原理原則の世界からは予想できなかったような、さまざまな展開がなされる。祈祷や葬送などはその典型的な例であるし、歴史に残らないような営みも当然そこにはあったはずである。筆者は以前から『東京夢華録』巻四の次の記事に注目している。

家の手入れや、壁や塀の修理をしたい時、また、誕生日や命日に僧尼や道士をお斎《とき》に呼びたい時は、どこの橋辺や町かどにも、早朝から左官や大工がいる。それを「雑貨工匠」という。そのほか手伝職や人夫、道士に僧侶までもが、ずらりと並んでいて、人から呼ばれるのを待っている。それを「羅斎《らさい》」という。（入矢義高・梅原郁訳注『東京夢華録』一五一頁、岩波書店、一九八三年）

職人たちと同じように声がかかるのを待っている僧侶のレベルが、相国寺に住んで社会の上層の人人と交渉を持ちうるような僧侶たちと同じとは、とても言えまい。しかし庶民により親しいのはこのような、市井にあって苦楽をともにしてくれるような僧侶たちだったはずである。そもそも教団が民衆に目を向けることを、多くの場合「世俗化」ということばで表現する。

しかしここで注意すべきことは、この言葉がすでにマイナスの評価を内含していることであろう。評価の基準となるのは、当然ながら教理に代表される「立て前の世界」である。この立て前の世界によるかぎり、一個の宗教の「変容」はもうそれだけで原理原則から乖離したものとして評価されることとなる。

しかし当該の宗教が時空をこえて長い歴史を生きれば生きるほど、「変容」は避けようがない。とすればそのような歴史的展開をハナからマイナスのものとして評価してよいのか。

考えようによっては、宗教信仰の立役者が歴史の中で生きる生身の人間である以上、教えの受け止め方も、また受け止めさせ方も、自ずと異なりが生ずるはずで、そこでは原理原則との違いをあげつらうよりも、むしろ立て前と現実という、時には正反対となる両者の関係を、当事者達がどう考えたかを吟味することに、研究の意味があることとなる（荒木見悟『仏教と儒教』平楽寺書店、一九六三年参照）。

このように見てくると、『禅苑清規』の性格を、「百丈清規」に比して「世俗化」したと捉えるだけでは、あまりにも単純化しすぎていて、必ずしもその全体像を捉えたことにはならないように思う。『禅苑清規』の特色である叢林修行の形式化の問題はしばらく措くにしても、たとえば「教化の主人」の略称である「化主」が、後には「勧化の主人」へと意味の転換がなされたなどは、単に経済的な側面ばかりの強調ではなく、檀越への布教の部分も考慮する必要がある。勧化（勧進）の現場で何が説かれ、民衆が何を期待して勧化に応じたのかが解明されて、初めて勧化の主人としての化主の意味が正しく理解されるのではないか。出隊《すいたい》や還隊《げんたい》の上堂も同様である（隊は叢林の修行者をさす。出隊は叢林を離れて檀越へ勧化に赴くこと。還隊は戻ってくること）。さらに葬送儀礼の成文化、そこに表れる浄土思想、あるいは孝思想もこの範疇で考えてよい。そしてこの問題はひとり『禅苑清規』だけの問題ではなく、中国仏教の性格に関わる大きな問題でもあることは疑いない。

『慈覚禅師勧化集』の出現

右のような問題についての解答は、すべて今後の研究に関わるが、ともあれ考える方向性を示すであろう資料として、筆者は最近、椎名宏雄氏によって紹介された『慈覚禅師勧化集《じかくぜんじかんげしゅう》』（以下『勧化集』と略す）の存在に注目している（同氏「黒水城文献『慈覚禅師勧化集』の出現」駒澤大学仏教学部研究紀要六二、二〇〇四年）。このテキストについての書誌学的な吟味はすべて椎名論文にゆずるが、このテキスト、前述の『禅苑清規』を編集した長蘆宗賾に関わるものであり、いみじくも椎名氏は次のように評する。

（『慈覚禅師勧化集』の刊行されたであろう）崇寧三年は、『禅苑清規』が初めて刊行された崇寧二年の翌年だということである。『禅苑清規』一〇巻は現存する最古の禅門清規であり、後世に大きな影響を与えた重要禅籍である。いっぽう、『勧化集』は後述のように、あらゆる階層の在家者に対して仏教帰依を説き勧める化導の文集といえる。このように禅門修道者を対象とした厳格な生活規範と、在家者への平易な入門化導のための両書をほぼ同時期に発刊した宗賾の姿勢には、改めて驚かざるをえない。

以下に見るように念仏を勧め、坐禅を勧めるなどし、加えて職業別に修行の方法を説くことなどから勘案すれば、その書名に「勧化」の語が使用されていても、テキスト全体としては経済的側面より、在家化導に重点を置いた書と言って差し支えあるまい。同時に宗賾において『禅苑清規』と『勧化集』を通底するものは何であったのかも考える必要があろう。

ところでこのテキスト、すでに椎名氏論文でも詳しく解説されるが、順序としては次の表のようになる。なお既存の資料と重複するものもあることが椎名氏によって指摘されていることを承けて、下

『慈覚禅師勧化集』内容（構成順）	内容が重複する既存資料
蓮池勝会録文	『龍舒増広浄土文』巻一一参照
念仏懺悔文	
念仏発願文	『楽邦文類』巻二参照
発菩提心要略法門	
勧念阿弥陀仏防退方便	『楽邦文類』巻二・巻五参照
浄土頌	『楽邦文類』巻五参照
戒酒肉文	
坐禅儀	『禅苑清規』巻八参照
自警文	『禅苑清規』巻八参照
在家菩薩脩行儀	『禅苑清規』巻一〇「勧檀信」参照
事親仏事	
豪門仏事	
軍門仏事	
鄽中仏事	
公門仏事	
人生未悟歌（輔国大師撰）	
未悟歌（郎師撰）	

段に重複するテキスト名を付した。これらを一瞥して分かるのは冒頭から浄土教の色彩が強いことであろう。中国において記載の順序は優先の度合いを示すから、宗賾が在家を教化するための手だてとして「念仏」を有効なものと考えていたことは疑いない。ただし念仏一辺倒でないことは、「坐禅儀」「自警文」「在家菩薩脩行儀」が存在することから分かる。それらはいずれも出家修行者を対象とした『禅苑清規』のそれと共通する。出家者も在家人も坐禅を行い倫理的な生活をすることを指示するのであるから、この点、宗賾は雲門の流れを汲む人でもあった。

倫理的生活のすすめ

そこでまずはじめに「在家菩薩脩行儀」を見ておきたい。これは椎名氏も指摘するように『禅苑清規』巻一〇「勧檀信」と重複するものである。

在家の菩薩は、先ず当に仏に事え、務めて極めて厳謹にて、永く葷酒《くんしゅ》を断ちて、堅く斎法を守るべし。諸もろの慾染に於いて誓いて犯さんと擬せず、知識に親近して己見を発明し、其の悟入に随いて理の如く修行せよ。若し初心の士にして未だ頓に葷酒を除くこと能わざれば、且らく早に素を食すべし。一月の間、已に能く半ばを減じ、久しく淳熟を習えば、自ら永く断ずること能うべし。未だ長斎すること能わざるもの、及び慾障厚き者は、先ず且らく五戒を奉行し、然る後に進みて菩薩の清浄なる大戒に登るべし。若し未だ知識に親近すること能わざる者は、但だ応に大乗を読誦し正見を助発せよ。若し未だ摩訶般若を知らざる者は、但だ仏語に依りて脩行し、時中、亦た虚しく棄てざれ。学般若の菩薩は、応当《まさ》に勤めて発願して、南無仏、南無法、南無僧と云い、身心安楽にして、道を進むに魔なく、般若の光中に梵行を精脩し、念念の間、常に般若を以て十方の諸仏に供養し、念念の間、常に般若を以て一切衆生を発悟せしむを願うべし。普く願わくは一切の衆生、頓に摩訶般若波羅蜜多を悟り、同じく無上正遍知覚を成ぜんことを。

日常の生活をどう送ることが望ましいか、説示はその一点に関わる。酒肉五辛（五辛はニラ、ニンニクなど臭いの強い野菜）へのタブーは五世紀の南北朝時代以来、現代に至るまで、中国仏教者が特に強く意識する世界であるが、ここでもそれが強く主張される。同時に五戒の護持、大乗経典の読誦、三帰依などを必須の修行要件とした上で、仏智を自らのものにせよと説くのである。在家の仏教信者に対する説き方として、特に目新しい部分があるわけではない。

次に右と密接なる関係にある「戒酒肉文」を見ておこう。

> 夫れ有為は偽りなりと雖も、之を棄つれば則ち功行成らず、無為は真なりと雖も、之に趣けば則ち聖果剋《な》り難し。刹那に道を悟るも要須《かなら》ず長劫に錬磨すべく、頓に一心を悟るも必ず円に万行を脩するを仮る。心田、未だ浄ならざれば、法器、成り難く、世味、忘れざれば、寧んぞ妙道を専らにせん。況や夫れ三界の内、六道の中にては衆生は皆な我が父母、四大は皆な我が故《もと》の身なり。菩薩は大悲もて生草すら護るも、凡夫は麤行《そぎょう》（仏法にそむく行）なれば反って衆生の肉を食らう、自然に非ず。皆な従いて命を断ち、他を殺し己を活かす、痛ましきかな、傷むべし。其の根源を探れば、実に清浄に非ず、其の敗壊を推《かんが》うれば、見聞に忍《た》えず。人は方に味に耽り、自らは甘香と謂うも、浄眼もて傍観すれば、膿血を啖うが如し。人と羊、相い食らう、因果は差《たが》うことなく、命債、転《うた》た多ければ如何が解脱せん。酒の若きに至りては、毒水と為《な》りて、有情の三十六失の禍胎、八万塵労の業海を濁乱す。未だ真心を了ぜず、常に幻夢に居すに、況《まし》て狂薬を資《もちい》れば転た迷途に堕つ。醺醺《くんくん》たる竟日、兀兀《ごつごつ》たる浮生、全身を以て自ら糟甕に投ずるが如し。況や復た一杯才《わず》かに挙せば万禍潜かに五刑を生じ、三千の捌款結案す。世尊、戒を制するに、尚お毛頭も過ぐるを禁じ、酒器を人に与うれば五百世手なしと。故に知りぬ、酒肉は患いの極めて深きもの為ることを。一時の心を快くすと雖も、終に万劫の苦に嬰《まつわ》る。蔬飡して世を度ること清楽にして、有余般若の光中にて、梵行を精脩し、縁に随って旧業を銷し、更に新たな殃《わざわい》を造ること莫かれ。若し改めて往き修し来らんと欲すれ

ば、便ち請いて一刀に其の習力の如きを両断にし、深く且つ戒を重んぜよ。日中已前、唯だ匹下のみに非ず、有余も亦た乃ち修行すれば漸なること有るべし。所以に道う、三寸の舌に因りて空しく百年の身に負うこと莫かれ。努力し勤修して、同じく妙覚に登るべし。

肉食について言えば、解脱を得ず六道を輪廻している以上、今我々が食べている動物の肉は前世における我が父母が転生して動物となり、その結果、殺されて今我々に食べられているのかもしれない。だから肉を食べることは前世の父母の肉を食らうことになり、「孝」に背くのだと説かれる。このような論理構成は、後に述べる顔丙《がんぺい》などにおいても共通するもので、これも必ずしも目新しいものではない。しかしそのような論理構成はすでに『涅槃経』において見られるものであり、結局、このような「孝」の強調が中国人社会では説得力をもっていたことを窺わせる。しかしながら宗賾は、このような肉食の問題も含めて、世間的な「孝」と出世間――つまり仏教側で考える――「孝」とは別であると主張する。

「事親仏事（親に事《つか》うる仏事）」では、まずはじめに世間的な孝とはどのようなものなのかが、かなり詳しく論じられる。

夫れ孝子の親に事うるや、日は鶏鳴を以て盥漱《かんそう》（手を洗い口をすすぐ）し、畢れば敬念精誠にして寝門の外に立ち、微声にして謦《せきばらい》欬し、安詳にして入り、温恭に安否の如何なるかを問う。起くれば則ち其の衣服を奉り、沃盥に其の槃水を奉る。服する所の湯薬は、審《しら》べて後に進みて徐《おもむろ》に稟《あた》えよ、云々。

ともかく二十四時間態勢で親の一切に真心を尽くすのが孝にほかならないと書き連ねるのだが、途中で話が逆転する。どんなに真心を尽くしたとしてもそれは世間的な親孝行だというのである。出世間の孝がある、それは

此《こ》は猶お世間の孝なり。当に三途の長夜、悪趣の輪廻を念うべし。恩に報いんと欲すと雖も、如何が苦を息めん。応に朝夕に於いて父母に勧進し三宝に帰依して菩提心を発し、貪瞋を調伏し、因果を味《くら》まさず、古教を披尋し、聖容を瞻礼《せんれい》し、仏の禁戒に於いて力に随い奉持して大事を発明して因縁修習して念仏三昧し、或いは檀を行じて以て道を助け、或いは宴坐して以て澄神せしめよ。此《こ》は皆な未来成仏の因にして、歴劫無窮の孝なるべし。親に事うること、此こに至りて以て加うること有るべからず。

父母に三宝帰依を勧めることをはじめとして、教えにそった生き方の中で念仏をし、布施を行じ、坐禅するよう勧める。するとこれが自分自身においても未来成仏の因となるのだから、これに勝る孝はないというのである。

このほか「豪門仏事」では、資産家は菩提心を起こして修行し、善知識に参じて立地《たちどころ》に成仏、さらに治生産業を通じて利他を計るべき事が説かれる。「軍門仏事」では、軍人の行が菩薩の行に外ならず、報国を思い、父母に孝養を尽くし、陣中にあっても自利利他の営みを忘れてはならないと説かれる。また「鄽中仏事《てんちゅう》」では、一百二十行と言われるほどのさまざまな職業があるにしてもまず三宝に帰依し、菩提心を発し、父母に孝養を尽くし斎戒を守って、嘘偽りのない誠実さをもって生きる

ことが大事で、三世の諸仏も「実《まこと》」を出ることはないと説く。「公門仏事」については、次段でいささか詳しく見ることにしたい。

公門への説示

宗賾の『勧化集』には見たように「豪門仏事」、「軍門仏事」、「鄽中仏事」などがあるが、すべてに言及する事はできない。そこでここでは公門に対する説示をみよう。実は宗賾以外にも、公門に対する説示としては如如居士顔丙（?—一二一二）による「公門方便修行」があり、また王日休には「在公門者」への説示がある。もちろん二人の説示において比較対照が可能な職種は他にもある。その意味からすれば公門である必要はないとも言えるが、時は北宋という中央集権の時代である。政治権力に対して仏教者がどういう態度をとったかを見ることは、当該の人物の考え方を知る上で極めて重要な手がかりとなるように思われる。そもそも公門とは、辞典的には「きみの門、君門」であり「官署」と説明される（諸橋・大漢和辞典二―四二頁）。するとそれは正式の科挙を通過して任官した士大夫から、現地で必要に応じて採用された下級官僚（胥吏）にいたるまで幅広い対象がふくまれることとなる。かれらはそれぞれの立場で権力構造の一翼をになう。それは当然のことながら民衆の生活を左右しえたはずである。とくに末端に位置する胥吏の存在は民衆にとって畏怖の対象そのものであったことは、各種の小説にしばしばあらわれるとおりである。

このような身近な権力者たちを、宗賾たち三人がどう考えていたかを知るためにも「公門」を取り上げるのが最も適当と思う。まずその全文を見よう。

公門仏事并びに頌

夫れ以《おもん》みるに、公門の吏役は紛擾万端にして、既に聴法の縁なければ、誰か修行の路を識らん。真如仏性は翻じて巧偽の心と成り、平等の真慈は貪残の行に入る。老いの将に至らんとするを覚《さと》らざれば、寧《いずく》んぞ身後の如何《いか》なるかを知らん。忽然として三塗に堕落し、便ち是れ千生万劫なるべし。所以に恭しく十勧を陳べ、普く未だ聞かざるを告ぐべし。庶《ねが》わくは悲願の懐いを興し、沈淪の苦を済うを念い、凡夫の事業を捨てず、頓やかに菩薩の行門を円かにし、西には蓮社の遊に陪《したが》い、東には龍華の記を受けんことを。

一には、心を回らして道に向かうべし。竊《ひそ》かに以みるに公事も仏事に非ざることなし。公門は即ち是れ仏門なり。若し能く善用すれば其の心、種々、皆な法利と成る。業火を変じて清涼の地と作し、塵労に即して解脱の郷と為す。上、制御の労を寛《ひろ》くし、下、冤憎《おんぞう》（にくしみの心）の苦を息む。

万緒紛紛として業火煎る。幾人か甘露、心田に沃《そそ》がんや。須く知るべし、仏事に他事なきことを。此の塵縁に即せば是れ道縁なり。

二には、忠もて国家に報ゆべし。既に乃ち司に分かれ職に列す。各おの□（原欠）専すること有り、常に須く子細に精勤すべし。因循鹵莽《ろもう》なることを得ざれ。而も全家衣食を□（原欠）するは、仰いで公門より給せらる。若し也た公家、事を悞《あやま》れば便ち私計に於いて不安なり。但だ報国の心を存すれば、自然に公私倶に済むべし。

全家の衣食は公門より仰ぐ。唯だ精勤を念い国恩に報ずべし。王事、前《すす》まざるに空しく飽暖すれば、他年、地の身を容るるべきなし。

三には、父母に孝養すべし。世も出世間も、孝を以て本と為す。現在の父母は即ち現在の仏なり。好衣有れば父母をして着せしめ、好食有れば父母をして喫せしめ、財物有れば父母をして用いらせよ。非違の事を作すことなく、父母に憂いを貽《のこ》すを恐れよ。早《あさ》に至れば公門に入り、暮れには私舎に帰り、終日の間、父母の養は妻子に委在す。宜しく当に謹察して麤心《そしん》（欲にまみれた心）を縦《ほし》いままにし、其の侍養勤めず、甘旨給わざるが如きこと勿《なか》れ。丁蘭の木母は、尚お泣涙の悲しみを形《あら》わす。父母、肉身なれば寧んぞ念《こころ》を動ぜざらんや。父母、既に終われば、孝養に所なきも、常に好事を行じ、常に人を済《すく》うを念じ、神霊を資導して浄土に往生せしめよ。

早に甘旨を供えて因循すること莫かれ。謹みて妻孥《さいど》を率いて至親に奉ぜよ。木母、尚猶《な》お曾て泣涙す。老人、争でか神《しん》を傷《やぶ》らざるを得んや。

四には、獄訟を留めざれ。蓋し一人の犯罪を以て、族を挙げて憂惶、隣里親知、之が為に楽しまず。他を将って己に喩えば、豈に安然ならんや。若し其の罪なきを察すれば、速やかに疎放して家に帰らしむ。若し実に有罪の人なれば、早く与に文案を結絶せよ。乃至、勾追して照証し得ざれば蔓を引いて枝を生ぜん。若し能く是《かく》の如くなれば心を用うるも、便ち是れ人に安楽を与うべし。

一家に罪有れば百家憂う。印蔓生枝は早晩に休めよ。人に安楽の処を与うるを会せんと要せば、

但だ公事に於いて遅留すること莫かれ。

五には、罪人を寛恤《かんじゅつ》せよ。寒なれば須く獄を暖め、夏なれば必ず牢を涼ならしむべし。洒掃併除して常に浄潔ならしめ、飢える者には食を与え、渇く者には飲を与え、寒き者には衣を与え、老いし者には失所せしむる無かれ。病者は粥薬もて扶持せよ。等しく貧富を観ること、我が至親の如くせ

よ。縦い情理を饒《ゆた》かにするも、難にて容ること得ざれば、心に耐耐を生ぜよ。常に善言を以て慰喩し、勧めて観音を持ち念ぜしめよ。冀《こいねが》う所は聖力に依憑して、別に解脱の門有れば、麤言を以てすること無かれ。故に相い寒熱せよ。人は木石に非ず、陰理は昭然たり。但だ好き心有れば、必ず好き報有るべし。

飢寒老病、温存するを要す。悪語、争でか愛語の親しきに如かん。但だ好心有りて庶獄を憐まば、自然の陰報、人を虧《そこな》うことなし。

六には、刑禁を減省せよ。人間の至苦は獄囚より甚だしきはなく、万般悲酸なること名状に堪えず。時に与に暫く寛禁繫慎して理に非ざる摧残に至ること無く、勘鞫《かんきく》（取り調べ）の間に於いて、切に其れ重囚を鞭棰《べんすい》（むちうつ）するを減ずるを為せ。若し一百十人を減ずれば、一千の軽囚を減得す。若し五十千人を減ずれば、五万を減得す。斯の如く積累すれば、已に無限の陰功と成るなり。況や妙門有り、更に為に中に於て裁減（へらす）せよ。

地に画きて牢を為れば入ることは尚お難し。那んぞ堪えん枷鏁の重きこと山の如きに。従来、獄吏は陰徳を修す。只だ無情は棰楚《すいそ》（むち）に在り。

七には、法を用いるは軽きに従え。公案未だ成らざれば、先ず情に就いて軽くし、推勘して條を引きて罪を定め、亦た須く宛転すべし。軽きに従えば明らかに知る、牙を回らすことは稍や難く、更に為に出路を尋求すべし。若し大小の公案に於いて逐一是の如く用心すれば、天龍鬼神も常に相い祐護すべし。設使《たとえ》、官員、見に執するも、応当に方便もて諮聞（是非を評議）せよ。但だ自ら公廉（公正潔白）なれば罪責を憂うること勿れ。

残忍を将って衆生を害すること莫かれ。唯だ真慈を以て至平を運ぶべし。公案は大小を論ずるを須《もち》いざれ、一時に先ず且らく情の軽きを問うべし。

八には、三宝を護持せよ。末法の僧尼は、豈に罪なきことを容れんや。第一に且らく仏の面を看て、再三に袈裟を護惜せよ。若し過を改め修行すれば、実に謂《おも》えらく、此の恩は報い難しと。至若《も》し民に編じて過有れば、尚お刑を贖うを許す。僧尼は憲章に悞触（そむく）すれば寧んぞ矜免《きょうめん》（あわれみゆるす）することなからんや。

吾が門弟子は日びに衰微するも、全て官司に在いて暗に護持せらる。縦い万般に凡俗の行有るも、且らく三事福田衣を留むべし。

九には、全身、害より遠ざけよ。或いは職名、上に在るもの、或いは年事、稍や高きもの、応当《まさ》に供敬すること父の如く兄の如くすべし。或いは公門に乍入《さにゅう》せるもの、或いは後生年少のものには、応当に之を愛すること子の如く弟の如くすべし。官員の慈善は常に須く意を加えて小心なるべし。忽若《もし》も稍や威厳有れば、更に是れ慢易なることを得ざれ。切に忌む、酒色に耽迷し、枉《ま》げて銭財を費やすことを。縦え理に非ずして多く求むるは、争《いか》でか如法の倹用に似《し》かん。若し乃ち官物を主持するには、応に須らく眼睛を護るが如くせよ。常に出納分明ならしめ、侵欺損壊するを得ざれ。身を滅ぼすの禍は貪婪《どんらん》を出るなく、安楽の法門も清倹に如くはなし。人の言える有り、云く、法を避けて安んじ、知りて為さず。法を冒して険、為して知らず。此の言、甚だ好し、辺復して之を思うべし。

謙と和を俯仰すれば福自ずから生じ、常に清倹を思い厳刑を畏る。公家の財物は多少なく、護惜して応に眼睛を護るが如くせよ。
十には、力に随って修行せよ。命有る物は、一蟻も傷《やぶ》らず、不義の財は一銭も取ることなかれ。邪染を断除し、口を以て相応せしめ、諸仏の前に対して、懺して先の罪を除き、大弘願を発し、誓いて菩提を証せよ。或いは常なる斎を守り、或いは常なる素を持すべし。或いは未だ永く葷酒を断ずること能わざれば、且らく戒めて日中已前にせよ。或いは参禅問道して仏心宗に契い、或いは大乗を読誦して正見を薫発すべし。或いは衆善を兼ね修して深く福田を種え、或いは専ら弥陀を念じて、求めて浄土に生ぜよ。但だ随力随分を知りて、皆な成仏の正因と為すべし。若し相い勧めて奉持すること能うれば、便ち是れ灯灯、続焔すべし。
公門、何の処にか修行せざる。戒定薫修すれば道愈いよ精なり。此の自利と利他に従えば、一輪の明月、寰瀛《かんえい》を照らす。

内容を概観すれば次のようになろうか。すなわち公門になった者は聴法の機会も少なかろうから、ここで十勧を述べ求道と衆生救済の思いを起こさせようという。大まかながらそれは次のようになろう。

一には身は官吏であっても発心すべきこと。二には国家に忠義をつくすべきこと。三には父母に孝養をつくすべきこと。四には仕事をてきぱきと行うべきこと。無罪の者は速やかに釈放し、有罪の者はただちに立件する。五には罪人ではあっても温情をもって接すべきこと。六には減刑を心がけるべきこと。七には罪は軽くすべきこと。八には仏法僧の三宝を護持すべきこと。九には危険を避け慈善を心がけるべきこと。一〇には応分の修行を心がけるべきこと。

参禅問道して仏心宗に契うか、念仏して浄土に生まれるか、それは随力随分であると説かれるものの、ともかく一〇が中心になることは自明であろう。一から九までは官吏という身分においていささかでも仏縁を結ぶべきことを具体的に述べたものと言える。

このような宗賾の説示は、先にも述べたように当時の禅僧が民衆にたいしてどのような視線を持っていたかを窺わせて貴重であること言うまでもない。しかもそこでは二や三のように体制擁護や儒教倫理をそのまま容認し、加えて第一では「公事も仏事に非ざることなし。公門は即ち是れ仏門なり」とし「須く知るべし、仏事に他事なきことを。此の塵縁に即せば是れ道縁なり」と、全き現状肯定をもって終始しているのを見ると、考えるべき点少なくないことを知る。

多分宗賾は、心底、禅思想を社会的な枠組みの中で捉えると右のようになると考えていたのであろうし、そこでは「出家」の意味を根底から捉え直すということは殆どなかったとも言える。「事親仏事」の部分でも触れたが、それぞれの仏事が共通して「父母への孝養」を述べるのは、唐代における李翺や韓愈の主張を承けて、宋儒とよばれる人々が仏教、特に禅宗批判を強くしていることを意識しつつ、仏教側にも父母への孝養があり、それは世間的な孝に優れることを示したものであることは疑いない。すでに宗賾より一時代前の人である仏日契嵩（一〇〇七―一〇七二）の『輔教篇』が儒教における仁義礼智信の五常と仏教の五戒の一致を述べているように、儒教倫理と仏教の説くところが一致するという考え方は、多かれ少なかれ当時の禅者の共通した理解であった。宗賾の「孝」肯定も、またその編集になる『禅苑清規』における国家観――祝祷諷経等を行うことで国の平安や皇帝の長寿をねがうなど――も、ともに疑いのない当然の義務だったのである。そしてそのような義務に忠実であればあるほど、権力の側から優遇されたであろう事も想像に難くない。宗賾が、さほど有名であったとも思われぬ河北の洪済禅院から、ついに甲刹《かっさつ》の一つである南京郊外の長蘆寺へ晋住することは、いかに実力があったにしても生やさしいことでは決してない。

ともあれ宗賾の説示は権力側に立つ人への、無意識のうちでの配慮とその丁寧さの故に、受け容れやすいものであったように思う。

宗賾と王日休、顔丙

しかしこのような宗賾の言葉を、次の二人の公門の信仰をめぐる発言と比較してみるとどうか。王日休も顔丙も、心を寄せたのが浄土教、禅宗の違いはあっても、ともに在俗に身を置く居士であり、しかもかなり深く仏教を学んだらしき共通点を持つ。まず王日休について見よう。王日休が浄土教の熱心な鼓吹者であったことは言うを待たないが、彼は禅の立場を無視して念仏を勧めているわけではない。

参禅者は多く浄土を信ぜず。以て相に著すと謂い、直指人心見性成仏するを欲す。此の説、甚だ善きも、極めて到ること易からず。反って弊を成す者多し。（王日休『龍舒増広浄土文』巻七、大正蔵四七―二七五ａ）

参禅を否定はしないが、それは難行であると王日休は考える。それは僧俗にかかわらないし、参禅者にとっても難行なのである。王日休は念仏は参禅を補うものであると考える。

「参禅の者に勧む」に言う。

参禅して大悟し、遂に生死輪廻を脱するは、固より上たり。然るに此こに至る者は百に二三もなし。若し西方を修すれば、則ち直に輪廻を出ずること、生死の自ら万に一も漏らさざるが如し。故に予、僧家に勧めんと欲す。上根の器の者、参禅の外、毎日、頃刻の暇を以て西方を修すべし。若し参禅して大悟し、遂に輪廻を超脱するも、尚お仏地を去ること極めて遠ければ、更に往きて阿弥陀仏に見え、展礼致敬するに何の不可なること有らん。若し未だ大悟を得ずして、寿数、忽ち尽きなば、且らく径ちに西方に往きて見仏聞法せば、何ぞ其の大悟せざるを患わん。若し西方を修せざれば業縁に随い去るを免れざらん。（『龍舒増広浄土文』巻六、大正蔵四七―二七〇c）

上根の人でさえ参禅し大悟するのは困難なのであるから、専一な修行が不可能な在家の人々はなおさらである。だからこそ念仏することが大事になる。

「公門に在る者に勧む」を見よう。

公門に在る者は当に自ら念ずべし。云く、彼は有官為《た》り、我は乃ち彼に事《つか》う。彼は尊く我は卑しし。彼は逸《やすらか》にして我は労《ほねおれ》り。事を奉ずれば常に喜び、以て虞《おそれ》なきを得べし。或いは触忤《そくご》（罪を犯すこと）有れば之に譴責を加え、是れ我が前世の修する所にして、彼に於いて及ばざるが故に、此こに於いて至る。我、但だ小心にて謹み行じ、以て此の身を保つ。事に大小なく随宜に方便すれば、目前の人、見て歓悦し、必ず後の患いなかるべし。積善して已まざれば、福、子孫に及べり。当に思うべし、公門に在りし者は、其の子孫の栄顕、必ずや祖より上に積徳すること天道昭明す、信ぜざるべからず。更に常に阿弥陀仏を念じ、極楽世界に生ずることを願えば、又た転じて此れを以て人を化し、更に相い勧化せしむれば、徒らに現世にて福を獲るのみに非ず、身は後に中の上品に生ずべし。

（同前、大正蔵四七―二七〇a）

公門の職が一般民衆より権力に近いことで、それを傲ることなく、常に反省の心を持って身を保ち、善行をおこなえば必ず子孫が福を得ることとなる。その上で念仏すればそれなりの世界に生まれるというのである。次に見る顔丙の言辞ほどはげしくはないが、公門に対して「自分の分際をわきまえよ」というのは、やはり公門のあり方に反発の心を抱いていたことは疑いない。

次に顔丙について見よう。この人について筆者はつとに論じた部分があるが（拙稿「中国禅者の社会観――如如居士顔丙の場合――」『中国禅宗教団と民衆』所収）、ともかく南宋の禅宗を代表する大慧宗杲の法孫というれっきとした禅者でありながら、顔丙は終生、福建の地で在俗の生活を送る。残された『如如居士語録』『如如居士三教大全語録』という二種の語録は、他に類例を見ない極めてユニークなものである。葬儀を行い、時には寺で上堂もするという、常識では考えられないような顔丙の行動を記録する。そのような顔丙が、さまざまな職業の人々に、それぞれの境遇における仏教徒らしい生き方、さらにどうしたら仏法と契当できるかを説いたものが、「方便修行」である。そこではすべてで一四種の職業が方便修行の対象となる。「公門方便修行」を見よう（拙稿参照）。

古詩に云く、正に好し、修行するに身を公に寄す。我が心、仏の心に似るも同じきこと難し。船、灘頭に到るも把《つかま》え也た拖《ひ》けり。箭、絃上に当たれば定《かなら》ず弓を拈る。炉、正に熱する時、炭を進むるを休め、扇、涼に遇う時、風を使うことなし。危に臨みて若し方便を行ぜざれば、弥陀を念得するも総じて是れ空しし。若し人、已むを得ずして権《か》りに公門に入れば、常に方便の二字を行じ、後代の子孫の為の長久の計とせよ。蓋し公門の中の利害要衝は手を得失し易し。所以に古より云く、既に人身を得るも、吏身と作らざれ。既に吏身と作れば、必ず人身を失うべし。試みに之を思うべし、公門に入りて後、豈に過失なからんや。早に宜しく過を悔ゆべし。兼是《さら》に此の門は最も罪と福とを為す。既是《すで》に吉人なれば、豈に宜しく久しく処せんや。若し未だ脱得せざれば、且らく諸悪莫作衆善奉行して、更に能く看経念仏して、正心に意を説くべし。常に己を以て人に方《あた》り、己の欲せざる所は、人に施す勿れ。常に此の志を持《たも》てば陰徳無限なり。偈に曰く、人間の罪悪は是れ公門、既に公門に処《お》りて方便を行ず。毎日、但だ存す方寸の地、它時《たじ》、留めて子孫の与に耕せ。

顔丙が言う「公門」は、宗賾が捉えたそれとは微妙な異なりのあることが分かる。顔丙の言う「公門」は宗賾のそれ以上に社会に密着した存在だった。その社会も市井と言えば聞こえがいいが、封建社会ではもっとも底辺に位置する人々に近しい。彼らは官僚組織の末端に位置しつつも、権力をかさに着て、庶民をいじめ抜くといった行為の少なくない、そういったレベルの人たちである。たしかに公門に身を置く人は「此の門は最も罪と福とを為す」のだが、罪をなす人の方が圧倒的に多い。少なくとも文言からすれば顔丙は徹底して公門が嫌いである。しかしこのような人たちでも仏教を信じ実践しうると顔丙は説く。ただし「若し人、已むを得ずして権《か》りに公門に入れば、常に方便の二字を行じ、後代の子孫の為の長久の計とせよ」と言うのが、『易経』で言う「積善の家に余慶有り、云々」の考え方と通底することからすれば、顔丙の禅の特徴の一つに三教一致のあることは自明であろう。

いずれにしても懺悔し、作善しさらに看経念仏せよというのは、顔丙にすればもっとも仏縁の薄い人がせめてもなしうる仏行ということになる。宗賾がいうような「公事は仏事」などという考え方は全くない。

いま宗賾、王日休、顔丙三人の公門に対する説示を概観したが、宗賾の禅が王日休や顔丙に比して公門に対して丁寧であることは否定できない。同じ公門という言い方でも、その対象がかなり広いことが分かる。あるいは士大夫までも視野に入れているのかもしれないが、ともかく権力を掌中におさめている対象に遠慮しての説示は、社会の情勢を勘案しても当時の禅者の政治に対する姿勢をうかがわせて興味深い。

第七節　慈受懐深《じじゆえしん》――真っ当ゆえの異端――

略伝

ここでいま一人、やはり慧林禅院に住した慈受懐深《じじゆえしん》（一〇七七―一一三二）について触れておきたい。

慈受懐深は、

雲門―香林澄遠―智門光祚―雪竇重顕―天衣義懐―慧林宗本―長蘆崇信―慈受懐深

と次第する。『慈受深和尚広録』（以下『慈受広録』と略す）四巻が残っており、『普灯録』巻九や『五灯会元』巻一六などに立伝される。寿春府（安徽省）六安の人で俗姓は夏氏。一四歳で出家し、秀州

（浙江省）資聖寺で崇信に参じて得法、政和三年（一一一三）八月一〇日、儀真（江蘇省）の資福寺に住す。資福寺が神霄宮となったため蔣山に入る。同七年九月六日、焦山に入り、さらに宣和三年（一一二一）五月、勅により東京大相国寺慧林禅院に住す。靖康二年（一一二七）、慧林禅院を退く。退居にあたって、

師、四衆を顧視して云く、六年、皇家の寺を洒掃し、一日、君恩にて遊還するを得たり。拄杖、重きも旧瓶鉢を挑げ、者回、脚に信《まか》せて青山に入る、云々。（『慈受広録』巻一、続蔵二－三一－三、二八二d）

なる言葉をのこす。大相国寺慧林禅院を「皇家寺」と捉え、さまざまな意味でそこから解放された喜びが読み取れよう。

さらに天台の石橋を経て蘇州霊巌寺に入り、久しくして蔣山に勅住、数ヶ月の後、洞庭の包山顕慶禅院に退き、王氏の請を受けて思渓（浙江省）の円覚の第一祖となる。紹興二年四月二〇日、世寿五六、法臘三六、包山顕慶、思渓の円覚に塔が立てられた。語録や伝記資料によるかぎり懐深に慈受大師や普照大師の号が下された時期を特定できない。多分、懐深が慧林禅院に入院した時であろう。さらに『宋会要』道釈一によれば懐深には普照大師の号もあったらしく、隆興二年（一一六四）三月には、その塔に「普明」の額が下されたことが知られる。

人物と生きざま

このように記すと懐深については詳しい伝記や思想が知られていそうであるが、基本資料たるべき

「広録」も名ばかりで、内容的には寄せ集めの感がある。『慈受広録』巻三所収の紹興五年（一一三五）の「東京慧林慈受広録序」は、文中、次のように述べる。

師、住世の日、衆、板を鏤《きざ》まんと欲するも、師、力《つと》めて之を止《とど》む。因って侍者に命じて私かに記すを尽く取りて焚き棄てしむ。故に師の身終わるも、語録は未だ刊行するを聞かず。師、円寂の後、得法の沙門有り、師の六処住持の語を聚め、編次を銓簡して上下の録と為す。尽く衲子と与にする林下の語なり。若し其れ逢場游戯《ほうじようゆげ》、放言肆説、衆生をして類に随いて解を得せしむるも、多くは録を見ることなし、云々。（同前、二九二b）

「逢場游戯」はその場その場で自由自在に教化すること、「放言肆説」は自由自在に仏法を説くことを言う。いずれにせよ、懐深は自らの語の記録に否定的であった。『慈受広録』巻二「禅者の、語録を編するを欲するに因み、偈を以て之を止む」において次のように記される。

吾が祖、初めて来るに字脚なし。児孫、後代、書を編むを競う。子《なんじ》、今、文字に苦著《くる》しむこと莫かれ。円明なる頂顆の珠を秘取せよ。（同前、二八八c）

「初めて禅の教えを伝えたダルマは文字面での学びを教えたわけではない。にもかかわらず後代の遠孫は語録を編集したがる。お前たち今、語録を編集するなどの苦労をしてはならぬ。円明に輝く頭上の珠を吾がものにせよ」の意であろう。このようにその生前から、語録の編纂を望んでいなかったため、結局、ほとんど散逸しかかっている語を集めて語録として刊行すると言い、それは上下二巻であるというから、四巻から成る現存の語録（『慈受広録』）はその後さらに増幅したものとみてよい。

また慧林禅院に入ったことだけを見ると名聞利養を求めた人のように思われるが、当人は枯淡な生活を旨としたらしい。肉食を否定した句「素を食すを勧む」(『慈受広録』巻二)は言う。

肉を喫するは、何ぞ如かん菜根を咬むには。且らく図るべし、身口に戒香の薫ることを。言うこと莫かれ、死後に因果なしと。八両、須く他に半斤を還すべし。(同前、二八七a)

菜根を食べることは肉食に勝る、身や口において戒を守っていることが知られるように努めよ。死後に因果の道理がないなどと思ってはならぬ、八両は半斤で、肉食も菜食も(他の命を断つということでは)似たりよったりだが、因果を信じる仏弟子は菜食せよ、となろう。素食(精進料理)を勧める句は別に「晨朝に素を食すを進む」(『慈受広録』巻二)などがある。あえて肉食が否定されることは逆に北宋の禅界の様子を彷彿とさせる。また同巻には「枯髏酒色財気頌(ドクロと酒色と財欲のうた)」「枯骨頌」などがあって、諸行無常の道理をわきまえずただ欲望のままに生きることに厳しい警句を発している。

このようなことは当然と言えば当然のことで今更ながらだが、破戒すら辞さない禅者の自由さが尊ばれる当時の禅界の風潮からすれば、真っ当なだけに、異質な生きざまと言えよう。変に禅者めいて力まないが故に浄土への関心もある。晩年、慧林宗本も入った蘇州の霊巌寺へ入るのも故なしとはしない。「念弥陀頌(阿弥陀を念ずるうた)」では次のように詠う。

万人の同志、弥陀を念ず。衆力、相い成す願力多し。一朶の蓮開き、親しく仏を見る。方に知るべし、浄土は娑婆に勝ることを。(同前、二八四a)

沢山の人々が阿弥陀仏を念じられ、それらの願力で功徳が成る。一束の蓮が花開き阿弥陀仏を目の当たりにする。浄土が娑婆世界より優れることを知らなくてはならぬ。

樹林水鳥、各おの宣揚す。宝網金台、尽く道場たり。鐘鳴并びに鼓響を会得すれば、弥陀の触処に毫光を現ず。(同前)

木々も鳥も、それぞれが阿弥陀の浄土を宣揚している。一切合切が道場。鐘や太鼓のひびきが阿弥陀の説法であることを会得するなら、随所に阿弥陀仏の功徳が光を発す。

鬒髪、看よ看よ染まること雪霜のごとし。心猿意馬、尚お顛狂のごとし。一朝、目を掩《おお》い虚しく帰去《え》る。始めて信ず、泥犂《ないり》、歳月長きことを。(同前)

鬒《びん》の髪が白くなっても、心のうごめきは止まることなく、ある日、ハタと気がつき、ようやく泥犂(地獄)の日々の長いことに気がつくのだ。

業報は差殊《ことな》り、事は同じからず。労して何れの地に生まれ、樊籠を出でん。自性の弥陀仏を知らんと欲せば、汝の朝昏の一念の中に在り。(同前、二八四b)

因果の結果には違いがある。苦労してどこに生まれ、どうやってしがらみを抜け出ようか。それぞれが本性としての阿弥陀仏を知ろうと思ったら、朝から晩までの一瞬一瞬の心の内にある。

衆生の苦海は業坑深し。因縁を信ぜざれば久しく溺沈す。叉声《いきかう》を聞得《き》けば方に念仏なり、始めて知る妻子の老婆心。(同前)

衆生の世界は悪業が深く、因縁を信じないものはいっそう長く苦海に沈む。行き交う声は念仏の声で、はじめて妻子が己のために念仏してくれることを知るのである。

山僧にあらざれば是非を説くべし。魔事を修行して君に知らしめんと要す。直に須く草鞋を緊峭する底《もの》にして、娑婆の五欲の池を透過す。（同前）

私でなければ是非を説くであろうが、その私は魔事を修行してあなた方に仏法を知らせようと思う。必ず草鞋をしっかりと結んで道を求めるものが、娑婆の五欲の池をわたることができよう。

在家信者の葬儀

このような枯淡な生活を旨としつつ、いま一つ注意して好いのは懐深の『慈受広録』に在家信者の葬儀に際しての法語がのこることであろう。筆者はかつて仏教と葬送儀礼をめぐっていささかの論を前掲・拙著の中で展開したが、その一部で禅僧と葬送儀礼の関係についても触れた。概略を述べるなら、おおよそ北宋代には亡僧（修行の途上で亡くなった僧）の葬儀が行われ、成文化されたものとして一一〇三年成立の『禅苑清規』「亡僧」が表れる。一方、禅僧は在家信者の葬儀も行ったらしく、残された最も古い例としてこの懐深の『慈受広録』を挙げうると考えた。すなわち『慈受広録』巻四には「田六娘下火」「丁忠訓妻与娘同下火」「魏先生下火」「周秘校下火」などがある。下火は「あこ」であり、茶毘のための点火を指す。言うまでもなく、その際には法語が述べられる。当然その背景には何らかの儀礼のあることが予想される。もちろんこの場合、見ず知らずの在家者の葬儀を行ったわけではあるまい。多分生前、まじめな信仰の生活を送った結果として下火の法語があるのであろうから、今日的な感覚で論評することはできまい。それでも禅僧の語録に葬送に関わる言葉が残るのは、求道の生活を中心とした中国の禅僧の質的な変化を示唆してはいないであろうか。この点、注意してしかるべきように思う。

以上、北宋を代表する雲門宗の禅者の何人かを紹介した。『伝法正宗記』を著して禅宗の伝灯を確認し、『輔教篇』によって儒仏の一致を主張した仏日契嵩（一〇〇七―一〇七二）、『続灯録』を編輯した仏国惟白など触れるべき人物は少なくないが、すべて筆者の非力の故に割愛せざるを得なかった。ただ何人かの人物像を見ただけでも、雲門宗の人々がバラエティに富んでいることが分かる。なぜ雲門宗の人々は、一見、かくも宗祖に似ていないのであろうか。当然そこに「時、処、位」の違いがあることは当然なのだが、それだけではないように思われる。

この場合、雲門その人の禅風に原因の一端はないであろうか。

たとえば入矢義高氏が言われるように、雲門その人の禅を、固定化を拒否し、常に「向上」を求めるものであったと捉えるなら、どうであろうか。そのような自由な禅風の中に生きる派下の人々が、教条的ありようを否定し、徹底自由な生き方を容認するところに、むしろ雲門禅の継承者としての面目躍如たるところがあると考えていたと見ることはできないか。

また雲門の伝記の部分でも見たように、雲門は外護者である南漢との関係において――つまり仏法と王法（社会的価値観）の関係において――雲門個人のレベルでは、よく言えば絶妙なバランス感覚を見せるが、派下の人々もそうであったのか。たとえば大相国寺へ入院した僧達の考え方には、仏法と王法との間の緊張関係といったものを殆ど見出しえないように思える。そのほかの雲門宗の人々の立場においても王法と明確に一線を画した生き方を見出すことは少ないのではないか。

仏法と王法との関係をどう見るかということは、中国仏教にとって大きな命題であるが、うっかりすると現実のさまざまな矛盾を、宗教的な立場から絶対肯定してしまうという危険のあることを否定できない。

そのような意味で、雲門宗の人々の生き方や思想には——そこには対王法だけでなく、三教一致や禅浄一致、あるいは禅文学や公案禅成立への流れなどがあるが——北宋だけでなく、以後の中国禅の性格を語る上で解決すべきさまざまな問題のあることが理解できよう。

そしてそれら一つ一つの問題の淵源を、雲門その人の生き方に遡及することはさほど難しいことではないのではないかと、筆者はいま漠然と考えている。

参考文献一覧

主要テキスト

〈凡例〉

本書において主として使用したテキストはいずれも入手しやすいものを中心とした。したがって本文中においては、その頁数と段数のみを記載し、所収本についてはこれを省略した。

雲門広録　大正大蔵経　巻四七　所収
祖堂集　中文出版社本
景徳伝灯録　大正大蔵経　巻五一　所収
建中靖国続灯録をはじめとする「灯史」類　続蔵経第二編乙部に所収のもの

その他の資料については、本文中に所収本や頁数を記載したものもある。紙数の関係もあって訓読文とその現代語訳を記したが、末尾の頁数は原資料の所在である。

参考文献

本文中において利用し注記したもの（たとえば入矢義高氏や柳田聖山氏、椎名宏雄氏の成果など）については重複を避けるため、これを省略した。

藤田豊八「南漢劉氏の祖先につきて」『東西交渉史の研究』南海編所収
永井政之「雲門の語録の成立に関する一考察」『宗学研究』一三、一九七一年
永井政之「雲門文偃伝」『駒大大学院仏教学会年報』五、一九七一年
永井政之「雲門十二時偈に関する一考察」『印仏研究』二〇-一、一九七一年
永井政之「雪竇の語録の成立に関する一考察」(一)(二)(三)『駒大大学院仏教学会年報』六・七・八、一九七二年
永井政之「雪竇頌古の展開について」『印仏研究』二二-一、一九七三年
永井政之「祖庭事苑の基礎的研究」『駒大仏教学部論集』四、一九七三年
永井政之「慧林宗本とその所住地をめぐって――瑞光寺・浄慈寺・相国寺・霊巌寺――」『中国仏蹟見聞記』二、一九八一年
鈴木哲雄「雲門文偃と南漢」『印仏研究』三三-一、一九八四年
永井政之「雪竇山資聖寺考――宋代の寺院経済を考えるための序章――」『中国仏蹟見聞記』七、一九八六年
永井政之「雲門文偃の真身」『中国禅宗教団と民衆』所収(内山書店、二〇〇〇年)

永井 政之（ながい・まさし）
1946年、群馬県生まれ。駒澤大学仏教学部卒業。同大学院修士課程修了、博士課程満期退学。博士（仏教学）。現在、駒澤大学教授。
主な著書に、『中国禅宗教団と民衆』（内山書店、2000年）、分担執筆「元明代の禅」（田中良昭編『禅学研究入門』所収、大東出版社、1994年）、「独庵玄光と中国禅」（鏡島元隆編『独庵玄光と江戸思潮』所収、ぺりかん社、1995年）、責任監修『訓注曹洞宗禅語録全書』（四季社、2004年〜）、『ふっと心がかるくなる禅の言葉』（永岡書店、2006年）などがある。

雲門《うんもん》　立て前と本音のはざまに生きる　唐代の禅僧 11

二〇〇八年五月二十五日　初版発行

著者　永井政之
発行者　片岡英三
印刷・製本　亜細亜印刷株式会社

発行所　株式会社 臨川書店
606-8204 京都市左京区田中下柳町八番地
電話（〇七五）七二一-七一一一
郵便振替 〇一〇七〇-二-八〇〇

落丁本・乱丁本はお取替えいたします
定価はカバーに表示してあります

ISBN 978-4-653-04001-9　C0315
〔ISBN 978-4-653-03990-7　C0315　セット〕